Bundesgartenschau Heilbronn 2019

Die Garten- und Stadtausstellung

BUGA

Offizielle Dokumentation

Gefördert durch Baden-Württemberg

überwältigendes Engagement im Ehrenamt. Mit überzeugend gelebter Willkommenskultur haben Bürgerinnen und Bürger dazu beigetragen, dass sich Heilbronn und die Region von ihrer besten Seite präsentieren.
Das Heilbronner Sommermärchen 2019 ist die Krönung jahrelanger Vorbereitung und Vorarbeit. Zwölf Jahre Planung, sechs Jahre Bau – so lange beschäftigte die BUGA Kommunalpolitik, Stadtverwaltung sowie Bürgerinnen und Bürger. Machbarkeitsstudie, Wettbewerbe, Bürgerbeteiligung – 2,3 Millionen Besucher, mehr als ursprünglich kalkuliert, schauten sich das Ergebnis Bundesgartenschau Heilbronn 2019 an und trugen mit zum Erfolg bei.

Freude über das, was bleibt
Kaum war das große Abschiedsfest am 6. Oktober vorbei und die ersten Geländeteile nach dem Rückbau wieder für alle zugänglich, nahmen die Heilbronner sie gerne wieder in Besitz. Dass wegen der Absage aller Großveranstaltungen während der Coronakrise das Fest zum ersten Jahrestag ausfiel, trübt die Freude über das, was nach der BUGA den Heilbronnerinnen und Heilbronnern bleibt, nur kurz. 20 Hektar Grünfläche, drei zusätzliche Hektar Wasserfläche, anderthalb Kilometer ökologisch nachhaltiges erlebbares Neckarufer.

Allen, die an diesem Erfolg mitgewirkt haben, gilt mein herzlicher Dank. Sie haben – nicht nur im BUGA-Jahr 2019 - Großartiges geleistet. Ich wünsche Ihnen viel Freude beim Lesen dieses Berichts, der die BUGA in allen Stufen und Facetten noch einmal Revue passieren lässt.

Harry Mergel

Oberbürgermeister Stadt Heilbronn,
Vorsitzender des Aufsichtsrats der
Bundesgartenschau Heilbronn 2019 GmbH

EXPERIMENTIERFELD BUNDESGARTENSCHAU

Die BUGA Heilbronn 2019 ist Geschichte. Und doch ist sie aktueller denn je in der Reihe der Bundesgartenschauen seit 1951. Zum ersten Mal wagt eine BUGA das Experiment, Stadtentwicklung und Gartenausstellung in einem Reallabor einen Sommer lang zu überlagern. Auf der Bundesgartenschau leben bereits über 500 Menschen. Ihnen begegneten täglich über 10.000 Gäste mitten im Ausstellungsgelände. Der bewohnte Städtebau wird für die Gäste erlebbar und die Zukunft der grünen Stadt unter den Scheinwerfer der Bundesgartenschau gestellt.

Sehgewohnheiten brechen

Die Vorzeichen waren schwierig, ein leergeräumtes Bahnareal, kaputte Lagerschuppen und eine Bundesstraße, die mit 30.000 Fahrzeugen täglich den Neckar abtrennte. Für eine BUGA-Bewerbung im Jahr 2003 gab es keinen Glanz eines Schlosses oder historische Gärten von Weltrang, keine Seilbahn durch ein Weltkulturerbe oder wenigstens ein touristisch erschlossener Regionalpark. Nein, diese BUGA hatte nur die Aufgabe, Motor der Stadtentwicklung in Heilbronn zu sein, das neue Stadtquartier Neckarbogen zu gebären. Dass am Ende über 2,3 Millionen Besucher diese Stadtbaustelle besucht haben, ist vielen Menschen zu verdanken, die trotz dieser Vorzeichen an die BUGA in Heilbronn geglaubt haben, die uns über Jahre mit Ermutigung und Tatkraft unterstützt und das Projekt mit finanziellen und persönlichen Ressourcen getragen haben.

10 Thesen zur BUGA Heilbronn

Eine Dokumentation kann nie die gesamte Planungs- und Bauzeit oder nur annähernd die Vielfalt der fast 10.000 Veranstaltungen abbilden. Sie kann aber versuchen, die Schwingungen der 173 Tage bei denen aufleben zu lassen, die den Sommer 2019 in Heilbronn genossen haben und jenen, die nicht da waren, eine Handrei-

06
DIE BUGA IST DER 14. SEPTEMBER

07
DIE BUGA SIND GANZ VIELE

08
DIE BUGA BEWEGT UNS

09
DIE BUGA IST KARL
#BUGAZWERG

10
DIE BUGA IST POLITISCH

ZAHLEN UND FAKTEN

ZEITSTEMPEL

KONTRAPUNKTE

Die BUGA ist ein Störfall. Die BUGA durchkreuzt Gewissheiten. Der Anspruch an die Bundesgartenschau, eine Stadt nachhaltig zu verändern, war noch nie so groß wie bei der BUGA HN 2019. Die Eingriffe in die bestehende Verkehrsinfrastruktur waren noch nie so radikal und mutig wie in Heilbronn. Die Beteiligung der Bürger war noch nie so konsequent. Die BUGA kostet Kraft. Sie braucht Visionäre, Planer und Kämpfer, Fürsprecher, Strategen und Entscheider. In keiner anderen BUGA-Stadt haben sich Verwaltung und Bürgerschaft bis dahin so intensiv mit den Planungen für eine BUGA als Motor der Stadtentwicklung auseinandergesetzt.

STO ERF ALL

01
DIE BUGA IST EIN STÖRFALL

► Heilbronner Bürger besetzen die Bundesstraße. Die Sitzprobe des österreichischen Künstlers Willi Dorner verdeutlicht das Potential, wenn Nicht-Orte am Neckar zu bewohntem Stadtraum werden.

39 Schwäbisch Hall
Bahnhof
Zentrum
experimenta
HHN Campus
Am Europaplatz
OHNE ZUSÄTZLICHE
KÄUFERPROVISION

SPURENSUCHE

„Ich sehe das als eine Riesenchance für Heilbronn. Damit ließe sich endlich auch der Neckarpark realisieren. Heilbronn hat ein großes Plus: Die Bundesgartenschau wäre mitten in der Stadt, das käme auch dem Handel zugute."

Wolfgang Palm,
Einzelhändler und damals Vorsitzender der Stadtinitiative, 2003

„Die Entente Florale 2000 mit temporären, schwimmenden, fahrenden Gärten und dem Seerosenteich auf dem Kiliansplatz bringt eine fröhliche Heiterkeit in die Stadt."

Hans-Peter Barz,
Grünflächenamtsleiter, 2000

„Noch nach 70 Jahren tragen viele Heilbronner das Trauma ihrer 1944 zerstörten stolzen Reichsstadt in sich. Mit der BUGA und dem neuen Stadtteil Neckarbogen besteht die Chance, dieses Nachkriegstrauma endgültig zu überwinden und den Bürgerstolz zurückzugewinnen."

Wilfried Hajek,
Baubürgermeister, 2018

„Dass sich so viele Vereine einbringen, zeigt das große bürgerschaftliche Engagement und den guten Zusammenhalt in der Stadt."

Agnes Christner,
Bürgermeisterin, 2017

„Aufgabe der BUGA GmbH ist es einen Schneeball zu werfen, der in der Region eine Lawine in Gang setzt."

Hanspeter Faas,
Geschäftsführer Bundesgartenschau Heilbronn 2019 GmbH, 2013

„Wir kämpfen sehr dafür, dass die Bundesgartenschau 2019 stattfindet. Wenn sich auch erst nach Fertigstellung der Pläne zeigen sollte, dass die BUGA in Heilbronn nicht machbar ist, dann muss man den Mut haben, das zu sagen."

Helmut Himmelsbach,
ehemaliger OB, 2009

„Wir müssen den Mut haben, Visionen zu entwickeln und anzugehen, die noch unseren Kindern und Kindeskindern zugute kommen werden."

Helmut Himmelsbach,
ehemaliger OB, 2003

„Das Geld wird in Investitionen mit einem großem Gegenwert angelegt, aus denen künftige Generationen Kapital generieren können. Heilbronn wird im Jahre 2019 finanziell und wirtschaftlich gesund dastehen."

Martin Diepgen,
Erster Bürgermeister, 2014

„Ich sehe nur blankes Gelände und einen klammen Haushalt."

Uwe Ahrens,
Lokale Agenda 21, 2010

„Ohne ein Grünflächenamt gäbe es in Heilbronn keine BUGA. Dazu muss man die Vorgeschichte kennen. Der ehemalige OB Himmelsbach beauftragte uns 2003, eine Machbarkeitsstudie zu erstellen. Die dafür nötigen 100.000 Euro mussten wir aus unserem Haushalt nehmen. Die halbe Stadtverwaltung stand über das Ergebnis Kopf, mancher hielt uns für größenwahnsinnig. Der damalige Stadtkämmerer befürchtete gar den finanziellen Ruin Heilbronns und empfahl, das Projekt zurückzugeben."

Hans-Peter Barz,
Grünflächenamtsleiter, 2019

„Wäre es völlig vermessen, eine Bundesgartenschau nach Heilbronn zu holen? In einem Gespräch mit dem CDU-Fraktionsvorsitzenden Thomas Strobl haben wir diesen Gedanken entwickelt. (.....)
Fast zeitgleich hat übrigens Baubürgermeister Frey Hinweise von Gartenschau-Fachleuten erhalten, dass Heilbronn gute Voraussetzungen für eine Bundesgartenschau hätte."

Helmut Himmelsbach,
ehemaliger OB, 2002

„Die Menschen wollen ernst genommen werden, denn erst dann begeistern sie sich für eine Sache."

Uwe Ahrens,
Lokale Agenda 21, 2010

„Es geht darum, den Besuchern die Lebensqualität, die Wirtschaftskraft und die touristischen Angebote des Kreises zu zeigen.
Es werden mehr als zwei Millionen Menschen erwartet. Das ist eine tolle Chance für uns."

Detlef Piepenburg,
Landrat, 2017

„Die BUGA mit ihrer Stadt-Expo ist ein harmonisches Gesamtkunstwerk. Sie ist ein Meilenstein unserer Stadtentwicklung."

Harry Mergel
Oberbürgermeister, 2017

„Die Bundesgartenschau ist ein städtebaulicher Motor, der Heilbronn über Jahrzehnte nach vorne bringen wird. Ich freue mich auf diese Aufgaben."

Oliver Toellner,
BUGA Projektleiter
Grünflächenamt, 2008

„Wir trauen uns das zu, was sich unsere Vorfahren im 19. Jahrhundert auch zugetraut haben. Im 19. Jahrhundert ist die Bahnhofsvorstadt entstanden in Verbindung mit der Bahnerschließung der Stadt Heilbronn - und jetzt haben wir vor, die Neckarvorstadt zu entwickeln in Zusammenhang mit einer Bundesgartenschau. Und das wird das Jahrhundertprojekt des 21. Jahrhunderts in Heilbronn sein."

Ulrich Frey,
Baubürgermeister, 2003

„Gebt den Bürgern ihre Stadt zurück."

Ursula Funke,
Professorin für Stadtkonzeption, 2013

„Wir haben mit der BUGA die Chance, zehn bis 15 verlorene Jahre der Stadtentwicklung aufzuholen. Auf dem Gelände entsteht ein Stück Stadt und keine Siedlung."

Wilfried Hajek,
Baubürgermeister, 2010

Bewerbung der
Stadt Heilbronn
Insel im Fluss
Bundesgartenschau 2019 in Heilbronn

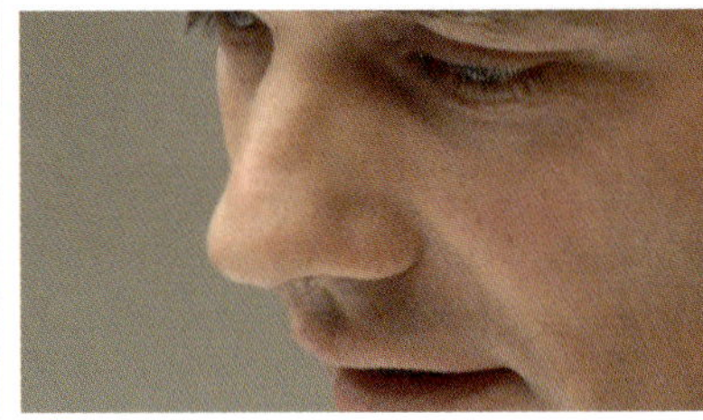

Böckinger
Bogen
Bahn
Freizeitpark
Sport

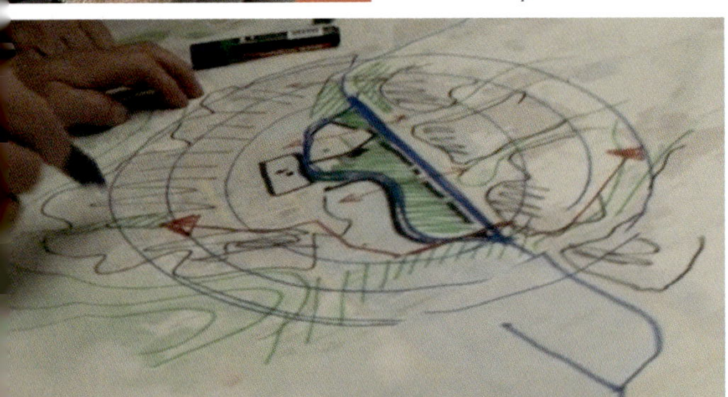

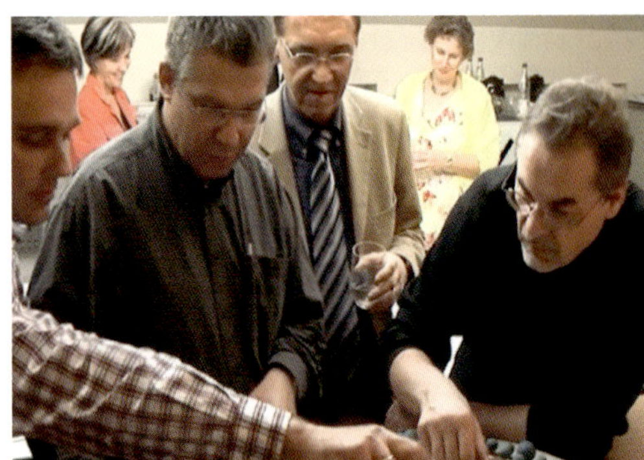

▲ **Der BUGA-Bewerbungsfilm 2005.** Heilbronn bewirbt sich mit bunten Visionen zu einem kaputten Bahnareal. Das Land Baden-Württemberg unterstützt die Bewerbung. Skizzen: Stötzer

28.04.2009, 12:54, BLICK VOM KILIANSTURM

▲ Infobox Bundesgartenschau im stillgelegten Fruchtschuppenareal jenseits der Bahnlinie, leerstehende Lagerhallen, der Neckar nicht warnehmbar, jede Führung ein „walk of pain“.

DER WEG ZUR BUGA

Machbarkeitsstudie

Wer kann sich noch vorstellen, wie Neckarbogen und Bundesgartenschaugelände bis vor einem Jahrzehnt ausgesehen haben?
Das Fruchtschuppenareal ist gleichbedeutend mit Bergen von Schutt, Schrott und Altpapier: ein vergessenes Viertel, eine Terra incognita, kaum einen Steinwurf vom Herzen der Stadt entfernt. Der Neckar ist unzugänglich, das Ufer ein unwirtlicher Raum.

▲ Die Bahnbrache Fruchtschuppenareal zehn Jahre vor der BUGA - eine Insel im Fluss, mitten in der Stadt.

Auch die Erinnerung an die Kalistraße dürfte bei den meisten Heilbronnern verblasst sein. Bis 2017 quälen sich Tag für Tag rund 30.000 Autos und Lastwagen über die damalige Bundesstraße am Neckar entlang. Jetzt ist sie vom Stadtplan ausradiert, als wäre sie niemals dagewesen.

Mit der Machbarkeitsstudie 2003 unter Federführung des damaligen Baubürgermeisters Ulrich Frey und des Landschaftsarchitekten Professor Jörg Stötzer konkretisiert sich erstmals die Idee einer Bundesgartenschau mit Plänen für einen neuen Stadtteil am Neckar. Eine Hürde zum damaligen Zeitpunkt ist die Tatsache, dass ein Teil der benötigten Fläche noch der Bahn gehört, Kaufverhandlungen waren bislang langwierig und fruchtlos.

In ersten, städtebaulichen Überlegungen ist noch keine Rede davon, die Hauptverkehrsader Kalistraße zu verlegen. Die Idee kommt erstmals 2008 von einer Buga-Arbeitsgruppe auf, im Rahmen einer Klausurtagung des Gemeinderats.

Mit der Kalistraße wäre aus Lärmschutzgründen vermutlich keine Nutzung als Wohngebiet möglich gewesen. Auch im zweiten Schritt beweist die Autostadt Heilbronn Mut: Die Kalistraße wird nicht auf der anderen Seite des Neckars neu gebaut, stattdessen wird der Verkehr auf die bestehende Füger- und Weipertstraße verlagert, die Karl-Nägele-Brücke ausgebaut.

Über die Zukunft einer zweiten Stadtstraße im Ausstellungsgelände, die Kranenstraße an der experimenta, sollte nach der BUGA entschieden werden. Die Planer erhalten den Auftrag, eine florale Inszenierung auf der temporär gesperrten Kranenstraße umzusetzen, eine Herausforderung, die zweispurige Asphalttrasse an der Bahnunterführung für die Besucher zu einem Park auf Zeit umzubauen.

Um für die Bundesgartenschau möglichst viele Mitstreiter und Ideengeber aus Bürgerschaft, Vereinen und Verbänden zu gewinnen, setzt das Rathaus auf einen offenen Meinungsbildungsprozess. Allerdings kommen zur ersten

BUGA 2019

Informationsveranstaltung im Oktober 2004 nur rund 60 Zuhörer in die Harmonie. Die erste Bürgerbefragung 2006 bringt allerdings bereits eine Zustimmung von 81 Prozent bei 3.000 befragten Bürgern.

Angesichts der Dimensionen und Kosten und unter dem Eindruck der Finanzkrise werden auch Stimmen laut, die an dem Projekt zweifeln. Verwaltung und mehrheitlich auch Mitglieder des Gemeinderats bekräftigen den großen Stellenwert einer Bundesgartenschau für die Stadtentwicklung jenseits der temporären Veranstaltung und die einmaligen Chancen, die sich für Heilbronn eröffnen: eine Brache in einen Wohn-, Lebens- und Freizeitraum zu verwandeln, die Stadt attraktiv und zukunftsfähig zu machen. Die Buga steht für einen Paradigmenwechsel.

▲ Die BUGA-Infobox ist seit 2009 Anlaufpunkt für Führungen und Baustein der intensiven Bürgerbeteiligung.

2012 wird die Bürgerbefragung wiederholt. Sie bringt ein noch besseres Ergebnis mit 89 Prozent Zustimmung. Für OB Himmelsbach ist es die Legitimation für die Bundesgartenschau. Im Dezember 2012 legt der Gemeinderat in einer Leitentscheidung fest, dass das Buga-Areal rund 40 Hektar groß sein soll und den Neckarpark, den Neckarbogen und Teile des Wohlgelegen umfassen wird. Für die Infrastruktur des neuen Stadtquartiers werden etwa 141 Millionen Euro investiert, die Durchführung der Gartenschau kostet etwa 44 Millionen Euro.

▲ Im Städtebaumodell 2015 ist die Bedeutung der Brücke am Bahnhof für die Neckarvorstadt erkennbar. Visualisierung: Machleidt/ Sinai

Der ursprüngliche Umfang des Geländes wird reduziert. Der Bau der Rad- und Fußgängerbrücke über die Bahngleise wird 2017 aufgrund stark gestiegener Baukosten zurückgestellt.

Der städtebauliche Wettbewerb

Für den neuen Stadtteil Neckarvorstadt auf dem Gelände der Bundesgartenschau beschließt die Stadt Heilbronn 2008 einen städtebaulichen Ideenwettbewerb, aus dem 2009 das Münchener Büro Steidle Architekten als Sieger hervorgeht.

Die Aufgabe des Rahmenplans für die Neckarvorstadt ist, dem neuen Quartier eine eigenständige Qualität und Identität zu verleihen, gleichzeitig soll sich die Neckarvorstadt im Gefüge der Stadt behaupten. Mit der Freilegung der zwei in den 60er Jahren zugeschütteten Hafenbecken entwickelt Steidle Architekten die beiden zentralen Wasserflächen: der von Mauern eingefasste Floßhafen und der von Landschaft geprägte Karlssee.

Die Planer definieren drei Baufelder und die Parklandschaft für die Bundesgartenschau, und sie sprechen sich für Brücke über die Bahngleise aus als Wahrzeichen der Gesamtstadt und des neuen Quartiers und als visueller Ankerpunkt für die BUGA. Das renommierte Büro hat die Aufgabe in Heilbronn gereizt, weil eine Bundesgartenschau die Chance biete, im Städtebau Maßstäbe zu setzen und innovativ zu sein.

„In der Schönheit des entstehenden Raumes aus Park, See und Stadt" sieht der verantwortliche Planer Johannes Ernst die Besonderheit des Entwurfs. Er spricht sich 2009 in einem Interview mit der Heilbronner Stimme dafür aus, dass zur BUGA 2019 einzelne innovative und ökologische Gebäude realisiert sein sollen, und dass die Stadt parallel zur BUGA eine Bauausstellung anbieten solle.

In der ersten Steidle-Planung waren nur 750 Wohnungen für 1.500 Menschen vorgesehen. Mit der Überarbeitung des Rahmenplans durch das Büro Machleidt wird die städtebauliche Dichte im Jahr 2014 auf 3.500 Einwohner erhöht, damit das Quartier als eigenständiges Stadtviertel funktionieren kann.

Der Ideen- und Realisierungswettbewerb

2010 fällt im Gemeinderat die Entscheidung für die Namensgebung Neckarbogen und für die Auslobung des Ideen- und Realisierungswettbewerbs für das Gartenschaugelände auf Basis des Rahmenplans Neckarvorstadt. Für die Planung der Bundesgartenschau und des neuen Stadtquartiers ist dieser freiraumplanerische Wettbewerb die entscheidende Grundlage.

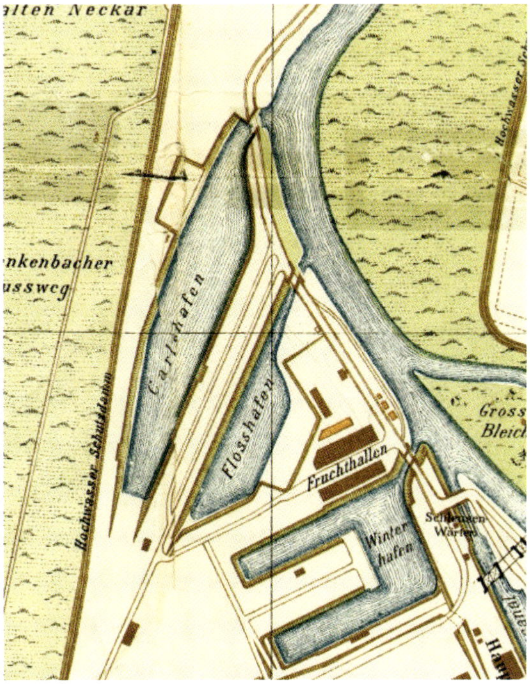

▲ Historischer Lageplan von 1897 vor dem Neckar-Kanalbau, Karlshafen, Floßhafen und Winterhafen im Anschnitt

▼ Städtebaulicher Rahmenplan Steidle, die zugeschütteten Hafenbecken werden als Seen wieder freigelegt

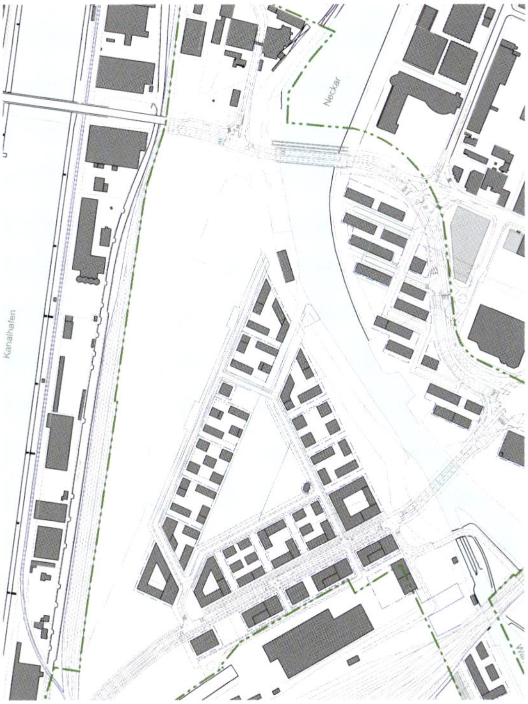

▲ Der Alt-Neckar als Industriekanal, Blick in Richtung Rettenmaier, Solvay-Chemiefabrik im Wohlgelegen
▼ Die Idee vom urbanen Wohnen am Neckarufer, Flussansicht städtebaulicher Wettbewerb 2010, Visualisierung: Steidle

Im Mai 2011 erklärt das Preisgericht einstimmig die Berliner Büros Sinai Landschaftsarchitekten und Machleidt Städtebau und Stadtplanung zu den Siegern des Wettbewerbs. Der Entwurf konkretisiert den Neckarbogen als Herzstück der städtebaulichen und freiräumlichen Entwicklung am Neckar und als Teil des Ausstellungsgeländes der BUGA.

Die vorgelegten Pläne haben die Jury unter Vorsitz der Münchner Landschaftsarchitektin Professor Donata Valentien unter anderem durch eine Mischung aus „urbaner Gestaltung" und „Inszenierung von Ökologie" überzeugt.

Der zweite Preis geht an das Büro RMP (Bonn), der dritte an das Büro bbz, ebenfalls Berlin. Das Preisgericht empfiehlt damals, für einzelne, später gestrichene Teilbereiche (Theresienwiese/ Frankenstadion bzw. Böckinger Bahnbogen) auch Ideen aus diesen beiden Entwürfen für weitere Planungen heranzuziehen. Das Preisgericht hatte die Wahl zwischen zehn Arbeiten.

Als Ausstellungsfläche rund um die „Insel im Fluss" geht die Stadtverwaltung zu diesem Zeitpunkt noch von rund 70 Hektar aus. Die Flächen erstrecken sich entlang des Altneckars und Neckarkanals mit den Kerngebieten Neckarbogen, Neckarpark, Innovationspark (hip), Teilen des Wohlgelegens, Theresienwiese, Frankenstadion und Bahnbogen Böckingen. Mit der Leitentscheidung 2012 wird das Buga-Gelände auf 40 Hektar verkleinert.

Mit der Fortschreibung des Rahmenplans Neckarbogen entwickeln Machleidt und Sinai im Auftrag des Stadtplanungsamts ein Gestaltungshandbuch als Instrument der Qualitätssicherung. Als Grundlage für die nachhaltige Quartiersentwicklung gilt das Prinzip der Mischung: Dazu gehören unterschiedliche Nutzungen wie Wohnen, Gewerbe, Arbeiten und Freizeit ebenso wie die soziale Mischung der Bewohner sowie eine Mischung aus Eigentümern und Mietern.

Gestalterische Vorgaben legen kompakte Baukörper fest.Eine Zerklüftung soll vermieden werden, Balkone und Loggien müssen integriert werden. Vorbild ist der Heilbronner Block, der als Mischung einzelner und aneinandergebauter Häuser weiterentwickelt werden soll. Das Gestaltungshandbuch gibt Orientierung zur Freiraumplanung, um soziales Miteinander, aber auch private Rückzugsbereiche für die Bewohner zu schaffen. Fassadengestaltung, Spielplatzgestaltung, Oberflächen und Vegetation sind weitere Inhalte. Ein zentrales Anliegen des Rahmenplans ist die Entwicklung eines innovativen Mobilitätskonzepts.

▲ Versiegelte Flächen im Neubau eingrenzen: 1/3 Grün, 1/3 Wasser, 1/3 Baufläche, der Städtebaulicher Rahmenplan Neckarvorstadt 2010 steht für die kompakte Stadt. Planung: Arbeitsgemeinschaft Steidle/ t17/ Vössing

Kontinuierliche Bürgerbeteiligung

Eine offensive Öffentlichkeitsarbeit sowie frühzeitige und kontinuierliche Bürgerbeteiligung sind von Anfang an das Ziel der Stadtverwaltung. Im April 2009 wird auf dem Fruchtschuppenareal die grüne Info-Box mit Plänen und Modellen aufgestellt. Zahlreiche Info-Veranstaltungen und Führungen folgen, um die Heilbronner über aktuelle Planungen für die Neckarvorstadt und die Bundesgartenschau zu informieren.

2010 starten die BUGA-Bürgerwerkstätten zu Themen wie Städtebau, Architektur, Freiraum, Mobilität und Sozialstruktur. Die dort entwickelten Ideen fließen in den weiteren Beratungsprozess ein. Auch der Jungendgemeinderat ist einbezogen. Regelmäßig trifft sich ein Fachbeirat, untern anderem aus Vertretern des Gemeinderates, der Hochschule Heilbronn und externen Stadtplanern. Die Sitzungen des Runden Tisches sind öffentlich.

Aufbruch.Heilbronn: 2017 öffnet unterhalb der Friedrich-Ebert-Brücke unter diesem Titel der Knotenpunkt Inselspitze als Ausstellungs- und Kommunikationsort, an dem sich Bürger über den Stadtentwicklungsprozess informieren und sich einbringen können. In der ehemaligen Galerie steht ein neues, dreidimensionales Stadtmodell, das die künftige städtebauliche Entwicklung aufzeigt mit Neckarbogen, Experimenta, Bildungscampus und Zukunftspark Wohlgelegen.

In der Inselspitze finden in den Sommermonaten 2017 und 2018 insgesamt 125 Veranstaltungen statt: BUGA-Cafés, Werkberichte der Architekten der Stadtausstellung, Ausstellungen, Vorträge und Podiumsdiskussionen sind für viele Heilbronner Einstimmung auf die BUGA.

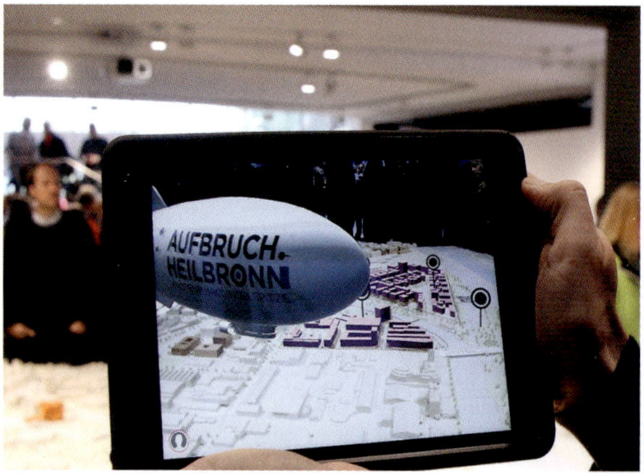

▲ **Neue Wege der Teilhabe.** Die treibenden Kräfte der Stadtentwicklung aus Verwaltung, Wirtschaft, Stiftung und BUGA HN GmbH diskutieren mit der Bürgerschaft über den Aufbruch in Heilbronn.

▲ **Die besten Ideen für das Leben am Fluss.** Internationale Wettbewerbe - Teams von Stadtplanern, Landschaftsarchitekten und Verkehrsplanern liefern Qualität. Visualisierung: Sinai

A. W. Faust, Büro Sinai überzeugt die Jury, Baubürgermeister Hajek und die Besucher der Ausstellung mit den neuen Landschaften am Neckar zwischen Artenschutz und Erholungsraum.

▼ Das landschaftliche Neckarhabitat als verbindendes Element zwischen Wohlgelegen und Stadtquartier war mit ausschlaggebend für den ersten Preis des Büros Sinai. Der Steg in der Flussaue ist schon erkennbar. Visualisierung: Sinai

▼ Der erste konkrete planerische Blick auf den zukünftigen Floßhafen. Die markante dreieckige Form als neue Quartiersmitte ist schon im Rahmenplan angelegt worden. Visualisierung: Sinai

▲ Im BUGA-Realisierungswettbewerb mussten zwei Planebenen dargestellt werden. Die Ausstellung im Jahr 2019 (links) und die dauerhafte Aufsiedlung des Neckarbogens gemäß Rahmenplan bis 2030 (oben). Pläne: Sinai

▼ Die Theresienwiese als multifunktional nutzbarer Park und Veranstaltungsfläche der Bahnhofsvorstadt. Der zweite Preisträger Büro RMP, Bonn entwarf diese Variante mit Neckarzugang. Visualisierung: RMP

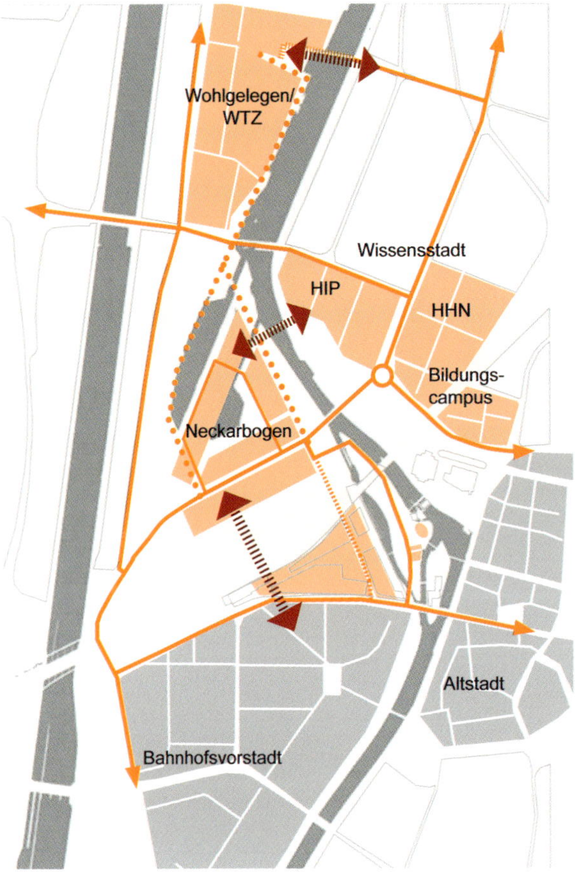

▲ Strategieplan Neckartalraum - das Stadtquartier lebt von seinen Verbindungen über den Fluss und die Bahnlinie. Die Entwicklung erfolgt gemeinsam mit Bildungscampus und Technologiezentrum Wohlgelegen am Neckar. Plan: Machleidt

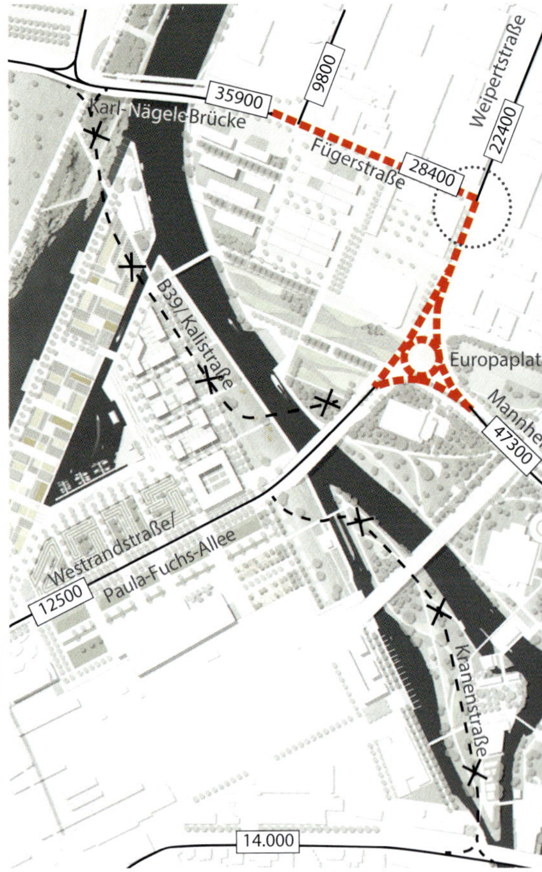

▲ Verkehrsplan am Neckar. Die B39/ Kalistraße wird ohne Trassenneubau auf die optimierte Füger-, Weipertstraße verlagert. Die Kranenstraße wird als Verkehrsexperiment temporär gesperrt. Plan: Sinai

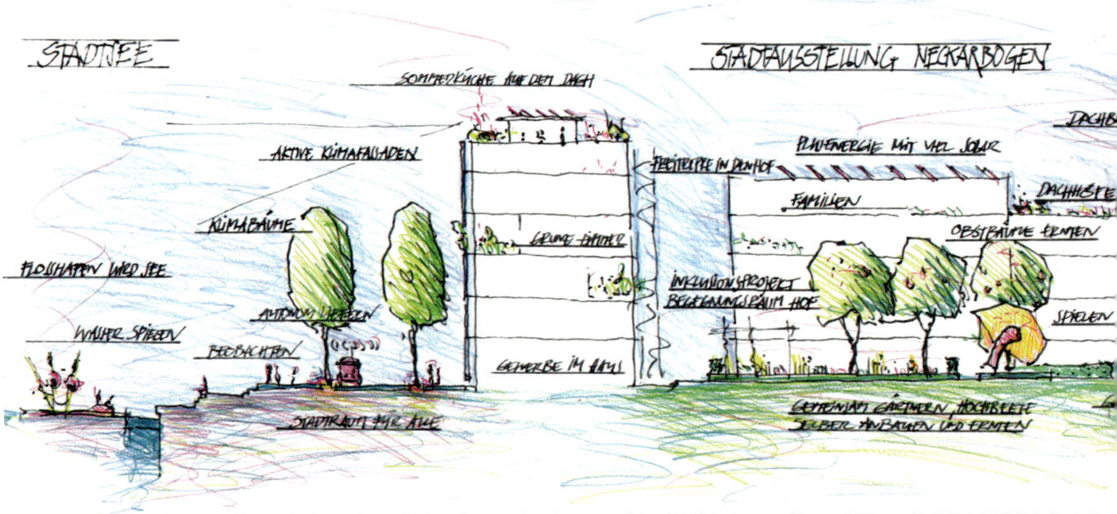

▲ Die Idee der Stadtausstellung als bewohnte Zukunftsstadt mitten auf der BUGA-Ausstellung. Skizze: BUGA HN 2019 GmbH

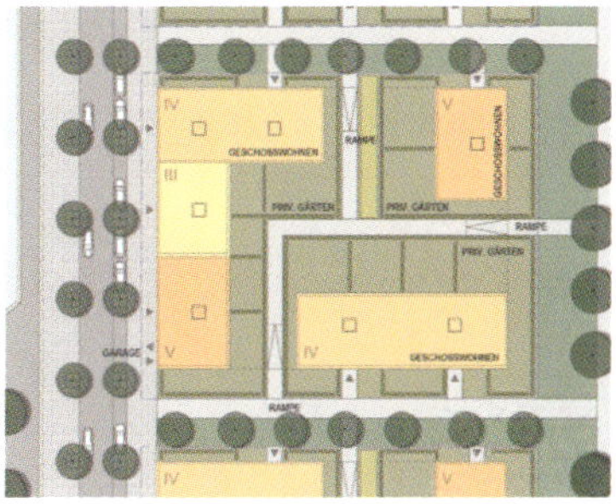

Private Höfe im Entwurf Steidle 2011

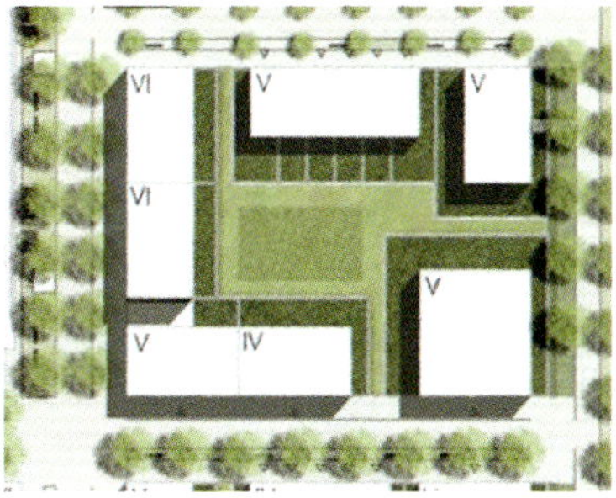

„Heilbronner Block“ bei Machleidt 2013

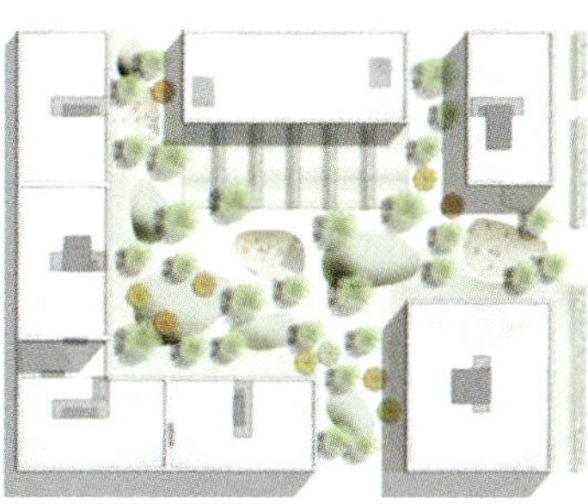

Urbane Höfe im Konzept Sinai 2015

▲ Der erste Entwurf des städtebaulichen Rahmenplans von Steidle und t17 in 2009 wurde im Auftrag des städtischen Planungs- und Baurechtsamtes behutsam weiterentwickelt. Mit der Erhöhung der Einwohnerzahl in 2014 von 1.500 auf 3.500 Bewohner und der Überarbeitung der Blockrandbebauung nach Heilbronner Vorbild entsteht das grüne, urbane Stadtquartier Neckarbogen. Visualisierung: Machleidt

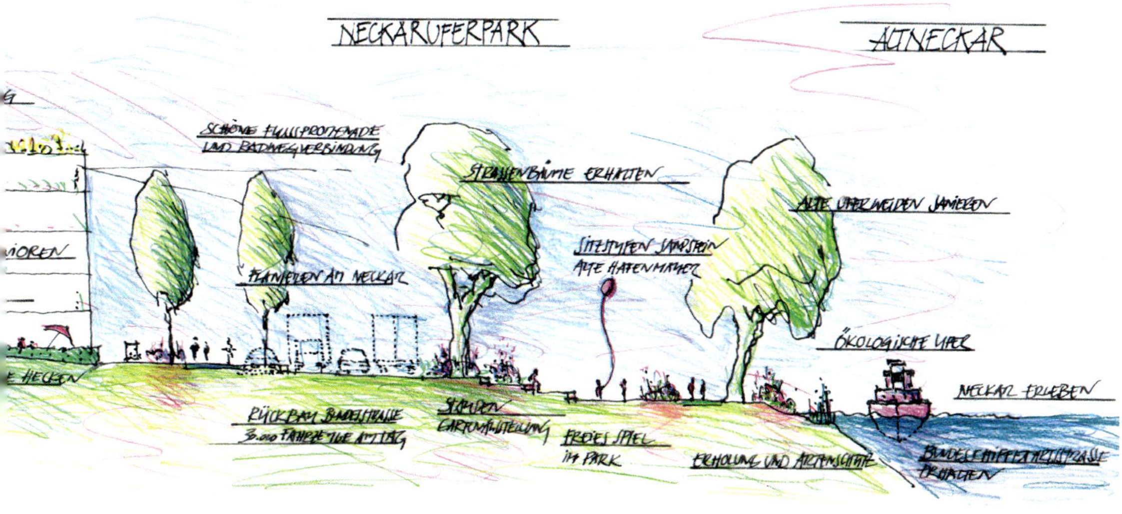

▲ Die flussbegleitende Bundesstraße B39/ Kalistraße mit über 30.000 KFZ/Tg ist Geschichte. Mit der Umverlegung auf das vorhandene Straßennetz geht Heilbronn neue Wege in der Verkehrsplanung. Die Bürgerschaft trägt diesen Weg mit.

Die neuen Qualitäten der Fuß- und Radwegverbindung entlang des Neckars sind schon seit den Baustellenführungen ein Genuss für die Besucher. Der Fluss kehrt mit dem Neckaruferpark zurück in die Stadt.

BUGA

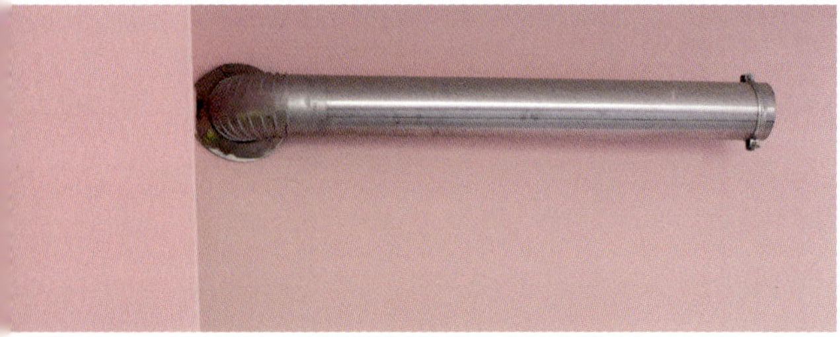

42

▲ **Häuser abreissen.** Für die Geh- und Radwegverbindung zum Wohlgelegen unter der neuen Vorlandbrücke musste ein mehrgeschossiges Wohnhaus direkt am Neckar weichen.

WIEVIEL
GRÜN
BRAUCHT DIE
STADT?

▲ **Stadtstraßen sperren.** Die Kranenstraße mit 11.000 KFZ/Tg wurde nach der Bauphase als Stadtdschungel floral inszeniert. Im Ergebnis bleibt sie dauerhaft geschlossen. Visual.: frei raum concept

20 JAHRE STADTENTWICKLUNG

Heilbronn wird beim europaweiten Wettbewerb Entente Florale mit einer Goldmedaille ausgezeichnet.
2000

Grundsatzbeschluss des Gemeinderates, sich für die BUGA 2019 zu bewerben. OB Helmut Himmelsbach, Baubürgermeister Ulrich Frey und Gartenamtsleiter Hans-Peter Barz präsentieren bei der Deutschen Bundesgartenschau-Gesellschaft mbH in Bonn die Planung.
2004

Erste Bürgerbefragung bringt 81 Prozent Zustimmung für die BUGA.
2006

Städtebaulicher Ideenwettbewerb für einen Rahmenplan für das Stadtquartier Neckarbogen. Bürc Steidle gewinnt.
2008

Ministerpräsidenten BW: Erwin Teufel, CDU – Günther Oettinger, CDU

Oberbürgermeister HN: Helmut Himmelsbach

2000 … **2005**

Zeitgeschehen

Sep.2001
9/11

Sep.2008
Lehman-Pleite

2003
Idee einer Bundesgartenschau entsteht. Die Stadt gibt eine Machbarkeitsstudie in Auftrag.

2005
Heilbronn erhält die Option auf die BUGA 2019. Die Stadt kauft nach schwierigen Verhandlungen das Fruchtschuppenareal von Aurelis für rund 30 Millionen Euro. Das Geld stammt aus dem Erlös der Zeag-Aktien.

2007
Die Stadt schließt am 19. Dezember mit der Deutschen Bundesgartenschau-Gesellschaft mbH einen Vertrag zur Durchführung der BUGA.

Büro Sinai gewinnt den Realisierungswettbewerb als Basis für die Entwicklung der Daueranlagen und für das Ausstellungskonzept.
2011

Der erste Spatenstich erfolgt im November, 2000 Tage vor der Eröffnung.
2013

Im Juli ist Baubeginn der Stadtausstellung Neckarbogen. Zertifizierung des neuen Stadtquartiers durch die Deutsche Gesellschaft für nachhaltiges Bauen (DGNB).
2016

Einzug der ersten Bewohner im Mai. Die Einweihung der Jugendherberge ist im Oktober.
2018

Stefan Mappus, CDU · Winfried Kretschmann, Grüne · Stellvertreter Thomas Strobl, CDU

Harry Mergel

2010 · **2015** · **2020**

Mär.2011 Fukushima

Aug.2015 Flüchtlingskrise

17.04.2019 Eröffnung BUGA

Mär.2020 Corona-Krise

2010
Im Februar Gründung der Bundesgartenschau Heilbronn 2019 GmbH. Im Mai erste Bürgerwerkstatt für die Daueranlagen. Im Juli beschließt der Gemeinderat den städtebaulichen Rahmenplan Neckarbogen.

2012
Hanspeter Faas beginnt im Juli als Geschäftsführer der BUGA HN GmbH. Am 17. Dezember sagt der Gemeinderat endgültig Ja zur BUGA. Zustimmung von 89 Prozent bei der zweiten Bürgerbefragung.

2015
Interessenbekundungsverfahren für die Grundstücksvergabe im Neckarbogen. Ab Herbst Pflanzung von insgesamt 1.700 Pappeln für den Inzwischenwald. Erstes BUGA-Café als Instrument der Bürgerbeteiligung für die Gartenausstellung.

2017
Im Mai werden die BUGA-Seen geflutet. Kali- und Kranenstraße werden ab Juli gesperrt, Verkehrsführung erfolgt über die Karl-Nägele-Brücke. Die ersten Rohbauten sind fertig.

Die BUGA ist visionär. Wie kann eine Bundesgartenschau gelingen, die nichts von alledem zu bieten hat, was Erfolg sonst befördert? Heilbronn hat kein Schloss und keine Seilbahn und ist für Touristen ein weißer Fleck auf der Landkarte. Die Stärke der Heilbronner Bundesgartenschau ist ihr Konzept. Diese BUGA hat sich der zentralen Aufgabe unserer Zeit angenommen, Antworten auf die Fragen zu finden, wie wir in Zukunft leben und vielleicht auch überleben. Die BUGA ist eine Vision der Stadt von morgen, die dicht und zugleich grün ist.

VIS ION AER

02
DIE BUGA IST VISIONÄR

02 | Die BUGA ist visionär.

► Die BUGA präsentiert sich erstmalig 2016 mit dem Konzept der Stadtbaustelle auf der Landesgartenschau Öhringen. Kontraste im Stadtumbau und der Blick auf den Menschen in diesem Wandel werden Hauptthema der BUGA HN 2019.

nrwoche
tehen nicht nur aus Straßen
rn, sondern aus Menschen
Hoffnungen.
Augustinus von Hippo

AUFBRUCH

75 Jahre nach Kriegsende wirkt in Heilbronn die Zerstörung immer noch nach. Viele Heilbronner, auch wenn sie erst nach dem Krieg geboren sind, tragen das Trauma des 4. Dezember 1944 in sich, als die ehemals stolze Reichsstadt in Schutt und Asche fiel.

Die BUGA mit dem neuen Stadtquartier Neckarbogen bietet die Chance, dieses Trauma zu überwinden, die Bürger können erstmals wieder stolz sein auf ihre Stadt. Die BUGA ist der Aufbruch in eine neue Zukunft. Inmitten der Stadt entsteht ein Ort der Identifikation mit dem Neckar als Lebensader: ein neues, grünes und urbanes Heilbronn.

Der Neckaruferpark schafft bisher nie gekannte Freiräume in unmittelbarer Nähe der Stadtmitte. Den Freiraumplanern gelingt es mit der BUGA, die seit Jahrzehnten existierende Fragmentierung der Heilbronner Stadtteile ein Stück weit zu heilen. Das bereits vorhandene Grün in der Stadt ist durch die BUGA enger miteinander verbunden.

Das neue Stadtquartier Neckarbogen wird zum Beispiel für eine europäische Stadt der Vielfalt und der kompakten Struktur, die an ihr regionales Erbe anknüpft und es architektonisch weiterentwickelt.

Augustinus von Hippo prägte den Leitsatz, der für den architektonischen und gesellschaftlichen Heilbronner Aufbruch stehen kann: „Städte bestehen nicht nur aus Straßen und Häusern, sondern aus Menschen und Ihren Hoffnungen."

HEILBRONN STEHT UNTER DRUCK

Um eine erfolgreiche Bundesgartenschau zu sein, muss sich Heilbronn mehr anstrengen als jene Städte, die ohnehin mit touristischen Highlights locken. Nach den drei Gartenschauen IGS Hamburg 2013, BUGA Havelland 2015, IGA Berlin 2017, die die Besuchererwartungen verfehlt haben, lastet auf Heilbronn ein hoher Druck.

Die drei vorangegangenen Schauen sind hinter den Besucherprognosen zurückgeblieben, die Erwartungen an die Heilbronner Bundesgartenschau sind deshalb umso größer. Das neue und überraschende Konzept, das zum ersten Mal eine Gartenausstellung mit einer Stadtausstellung verbindet, soll dazu beitragen, die Besucherzahlen wieder nach oben zu bringen. Bewohner, die mitten auf der Gartenschau wohnen, hat es bis dahin noch nicht gegeben.

Dass die Stadtausstellung realisiert wird, steht zeitweilig auf der Kippe. Es gibt Bestrebungen in der Verwaltung, die Bebauung auf die Zeit nach der BUGA zu verschieben und nur einen Infrastrukturpark zu realisieren. Die Vision ist stärker als alle Zweifel. Die Stadt beauftragt 2015 die BUGA HN GmbH eine eigene Projektentwicklungsabteilung zu gründen. Dass alle 22 Wohngebäude auf den drei Baufeldern bis zur Eröffnung der BUGA fertiggestellt sind, ist damit noch nicht sichergestellt. Unter anderem steigt der Investor des Holzhochhauses Ende 2015 aus. Mit dem kommunalen Wohnungsbauunternehmen Stadtsiedlung findet sich Anfang 2016 ein Nachfolger für das als Leuchtturmprojekt geltende Gebäude am Eingang der Stadtausstellung. Schwierigkeiten bereitet auch der Baugrund, der die Arbeiten vor allem im Baufeld J verzögert. Doch das noch nie Dagewesene gelingt unter großen Anstrengungen: 500 Bewohner sind bis zum 17. April 2019 eingezogen. Sogar im laufenden BUGA-Betrieb finden Umzüge statt.

▼ Die Bundesgartenschau nur ein grünes Infrastrukturprojekt? Die Zweifel liegen schwer, ob in der begrenzten Zeit bis 2019 auf den zukünftigen Baufeldern wirklich Gebäude stehen werden. Blick auf die Baustelle in 2016.

08.09.2014, 15:36, VIER METER UNTER NULL

▲ Baugrundmanagement Fruchtschuppenareal, Kampfmittelräumung und Altlastenbeseitigung, 600.000m² wurden im Tagebau bewegt, das Meiste wurde vor Ort neu modelliert.

HEILBRONN VERNETZT DIE STADT AM FLUSS

Die fragmentierte Flusslandschaft in einem neuen Zusammenhang zu interpretieren: Das ist für Heilbronn die einmalige Chance, die die Bundesgartenschau bietet.

„Landschaft im Fluss: Freiraum als Prozess oder lernende Landschaften"

Die Planungsabteilung der BUGA beschäftigt vor über zehn Jahren die Frage nach dem übergreifenden Leitmotiv der Bundesgartenschau mit einer Stadtausstellung und was eine Stadtbaustelle dieses Ausmaßes erzählen kann. Hintergrund war die damals einsetzende Diskussion über Nachhaltigkeit, die den Umbruch des Landschaftsverständnisses ankündigte. Die Planer schlagen vor, „auf allzu gegenständliche Themensetzungen zu verzichten und den Veränderungsprozess selbst in den Mittelpunkt der Erzählungen zu stellen". Landschaften sind aus ihrer Sicht „nichts Statisches, sondern Ergebnis einer fortdauernden Gestaltungs- und Aneignungsgeschichte". Landschaften befinden sich demnach in einem ständigen Fluss: „Mit etwas Optimismus lässt sich behaupten, dass sie einen menschlichen Lernprozess dabei begleiten, dass unsere Landschaften mit uns lernen." Der Blick der Planer auf das BUGA-Jahr ist visionär: „2019 ist vielleicht ein guter Zeitpunkt, um von diesen Veränderungsprozessen zu erzählen und zu helfen, Landschaft lesen zu lernen. Und das sich verändernde Heilbronn ist vielleicht ein besonders geeigneter Ort dafür."

Um die Jahrtausendwende beginnt Heilbronn, den Neckar zu entdecken, und mit den ersten Plänen für die Bundesgartenschau rückt auch der Fluss als Lebensachse in den Fokus. Die BUGA nimmt diese Aufbruchstimmung in der Stadt auf und trägt sie weiter. Es gelingt, den verborgenen Schatz zu heben, das Potenzial zu wecken und erlebbar zu machen. Der Neckar wird durch die BUGA die tragende Achse, die bisher getrennte Räume miteinander verbindet. Die BUGA trifft den Nerv der Zeit: Landschaftsarchitektur gewinnt eine neue Bedeutung für die Stadtentwicklung. Eine zentrale Aufgabe von Städten ist es, neue Stadtquartiere zu bauen, die dichter sind, gleichzeitig aber auch grüner. Heilbronn setzt mit dem Konzept, eine Stadtausstellung zu integrieren, neue Maßstäbe für Bundesgartenschauen. Es entsteht keine Kulisse, die danach wieder verschwindet. Die BUGA ist mit der Stadtausstellung selbst die Kulisse, die sich zum Thema macht. Nicht ein isolierter Park oder temporäre Grünflächen sind das Besondere, sondern die dauerhafte grüne Infrastruktur für das Stadtquartier Neckarbogen.

„Das Programm für die Landschaft explodiert, Landschaft muss immer mehr können. Gleichzeitig wollen wir die Flächen für Landschaft innerhalb der Stadt nicht endlos ausweiten, wir wollen die Stadt ökonomisch halten. Was Landschaft jetzt also gerade lernt, ist all diese Funktionen gleichzeitig zu übernehmen. Sie wird „smart" und das produziert auch neue Landschaftsbilder."

BERNHARD SCHWARZ | SINAI

▲ Das 3D-gedruckte Stadtmodell zeigt seit 2017 die baulichen Entwicklungen entlang des Neckars. Die Bürger setzen sich intensiv mit der baulichen Zukunft der Stadt auseinander. Es gibt BUGA-Cafés, Führungen, Workshops.

▼ Während der Ausstellung 2019 wird das Modell in die BUGA-Lounge der Stadtausstellung verlagert. Ein kleiner Veranstaltungsbereich ergänzt die Lounge für Empfänge von Besuchergruppen.

▲ **Der „Bilbao-Effekt“.** Auf der Kraneninsel, dem städtebaulichen „Gelenk“ zwischen Innenstadt und Neckarbogen entsteht der experimenta-Platz, der Haupteingang der BUGA.

Mit den Bildungsinvestitionen der Dieter Schwarz Stiftung in den Neubau des Experimenta Science-Centers wächst die Strahlkraft von Heilbronn. Planung Freianlage: Hager

▲ Der Bildungscampus mit über 10.000 zusätzlichen Studenten grenzt östlich an das Bundesgartenschaugelände. Die Nachbarschaft ist nicht zufällig, die Hochschulen beteiligen sich intensiv an den BUGA-Ausstellungen.

▼ Der neue Sportpunkt im Campuspark entsteht in Kooperation mit den Hochschulen. Durchatmen & Bewegen mit calisthenics und Gradierwerk in einem frischen Zirkeltrainingdesign. Planung: Lavaland

Die BUGA setzt auch in Heilbronn selbst neue Maßstäbe. Die Stadtgesellschaft macht sich in einem bislang nicht erlebten Ausmaß die Themen Stadtentwicklung, Freiraumplanung und Architektur zu eigen. Die neuen Landschaften am Neckar und der Neckarbogen sind eine Grundlage für das neue Selbstbewusstsein in der Stadt. Die BUGA heilt damit ein Stück weit die Wunden der Zerstörung am 4. Dezember 1944. Die Stadt hat ihre Seele zurückbekommen.

Die Daueranlagen: Neckaruferpark, Hafenpark und Campuspark

Heilbronn mit der Bundesgartenschau zu neuen, innenstadtnahen Grünflächen zu verhelfen, ist von Anfang an das Ziel. Die Hälfte des 40 Hektar großen Geländes der Bundesgartenschau bleibt als dauerhafte Grünanlage hinterher erhalten. Neckaruferpark, Hafenpark und Campuspark sind 20 Hektar groß. Dazu kommen mit Karlssee und Floßhafen drei Hektar Wasserfläche sowie sechs Spiel- und Sportanlagen. Die Uferlandschaften am Neckar sind 1,5 Kilometer lang.

Die Parks und Spielflächen sollen auch den Bewohnern der hochverdichteten, umliegenden Quartieren Bahnhofsvorstadt, Innenstadt und Nordstadt neuen Erholungsraum bieten. Gleichzeitig entstehen multifunktionale Landschaften. Dass der Hafenpark die Funktion eines Lärmschutzwalls hat, ist neben der Verlegung der Kalistraße eine weitere Voraussetzung für die Wohnbebauung. Der Wall ist zudem Spielfläche mit Kletterwand und geschützte ökologische Ausgleichsfläche für Eidechsen auf der Seite zur Hafenstraße hin. Die Uferlandschaften des Neckaruferparks sind Lebensraum für Wasservögel, der Ufersteg verbindet die Innenstadt mit dem Wohlgelegen. Die Wasserflächen der beiden Seen sind ökologisch wertvoll für Tiere und Pflanzen, und sie sind gleichzeitig Regenrückhaltebecken und natürliche Kläranlage für das Oberflächenwasser. Der Campuspark ist Sportpunkt und bietet ein Habitat für Fledermäuse. Auch der Stadtdschungel auf der Kraneninsel bleibt bestehen. Der Weg von der Innenstadt über die Kranenstraße wird nicht wieder als Zufahrt genutzt, sondern ist als Fußgänger- und Radweg autofrei.

Wie es weitergeht

Nach der BUGA gibt es keinen klassischen Rückbau. Die temporären Ausstellungsbeiträge sind entfernt, die Ripples der Sommerinsel eingeebnet. Die Pappeln im Inzwischenwald sind geerntet und der Biomasseproduktion zugeführt. Die Flächen werden für die Bebauung der Bauabschnitte II und III vorbereitet, Leitungsverlegung und Straßenbau haben begonnen. Das Stadtquartier wird ab 2021 weitergebaut. Bis zum Jahr 2027 soll der Neckarbogen aufgesiedelt sein. Auf der Fläche des Fruchtschuppens entsteht eine von der Schwarz-Stiftung finanzierte Privatschule. Der 2017 zurückgestellte Bau der Fußgänger- und Radfahrer-Brücke über die Bahngleise wird 2020 fortgeführt mit Gesamtkosten von 19 Millionen Euro. Geplante Fertigstellung ist Ende 2021. Die für den Autoverkehr vorgesehene „Neue Kranenstraße" wird dagegen aus Kostengründen nicht gebaut. Die 44 Millionen Euro teure Unterführung hätte direkt vor der Jugendherberge in den Neckarbogen gemündet. Die Paula-Fuchs-Allee dagegen wird in Richtung Hafenstraße weitergebaut und unterquert die dortigen Bahngleise. Die Kosten für diese Maßnahme betragen 30 Millionen Euro.

Das Interesse der Bürger an dem Gelände ist auch nach der BUGA groß. Die Heilbronner sind neugierig zu erfahren, wie sich das Stadtquartier weiterentwickelt. Wichtige Themen sind der Stellenwert des Individualverkehrs und die Parksituation, aber vor allem die Art und Weise der Bebauung im Hinblick auf die soziale Durchmischung und den Anteil an Wohnraum für Geringverdiener und Menschen mit mittlerem Einkommen.

▲ **Kletterfelsen im Hafenpark.** Die Spiel- und Kletterlandschaft wurde in Zusammenarbeit mit dem Deutschen Alpenverein Sektion Heilbronn entwickelt. Visualierungen: Sinai

▲ Die Vision von offen zugänglichen Erholungslandschaften am Wasser, bis hin zur Detailebene des Mobilars. Der Strandspielplatz am Karlssee ermöglicht Abkühlung am Wasser und technische Regenrückhaltung zugleich. „Schön und nützlich" verbinden sich zu einem integrierten Entwurfsansatz in den Freianlagen. Visualisierungen: Sinai

▲ „Metamorphose des Froschlaichs", der Wasserspielplatz am Floßhafen, dem zukünftigen zentralen Freiraum im Neckarbogen überträgt den Naturraum der Neckaruferlandschaft spielerisch ins Stadtquartier. Visualisierungen: Sinai

15.09.2019, 17:12, WASSERSPIELPLATZ

▲ Der Wasserspielplatz am Floßhafen, die Quartiersmitte des fertig gebauten Stadtquartiers Neckarbogen. Während der BUGA erfolgte die erste Bewährungsprobe des urbanen Freiraums.

Der 17. April soll in Heilbronn in jedem Jahr ein besonderer Tag sein, an dem an die BUGA erinnert wird. Vorgesehen ist nicht eine sentimentale Nostalgieveranstaltung, sondern ein Event, an dem die Leichtigkeit zu spüren ist, die die BUGA getragen hat. Der Neckar steht auch an diesem Tag im Mittelpunkt. Der Fluss wird nach der BUGA seinen besonderen Stellenwert behalten und soll in Heilbronn langfristig als Veranstaltungsort positioniert werden. Das geplante Bürgerfest zum ersten BUGA-Jahrestag 2020 musste wegen der Corona-Pandemie entfallen. Eine besondere Aktion erinnerte dennoch an den BUGA-Start: Ein Tulpenmeer schmückte vier Tage lang den Kiliansplatz. Die 94.000 Tulpen entsprachen der Anzahl der verkauften Dauerkarten.

▼ Erst aus der Kombination einer hochbaulichen Entwicklung mit der grünen Infrastruktur am Neckar konnte die BUGA vor der schwierigen Kulisse einer Bahnbrache als Garten- und Stadtausstellung in Heilbronn überzeugen.

6

Spiel- und Sportanlagen bleiben im neuen Neckarbogen:

- Kletterwand
- Strandspielplatz
- Wasserspielplatz
- Lotto-Sportpunkt
- Multifunktionsfeld
- Beachvolleyballfeld

Das Datum des

17.04.

soll in Heilbronn in jedem Jahr ein besonderer Tag werden.

Die Hälfte des für BUGA HN 2019 erschlossenen Geländes bleibt als **dauerhafte Grünanlage** erhalten.

Es sind somit rund **20ha Park** entstanden, bestehend aus **Campuspark Hafenpark und Neckaruferpark.**

1.500 m **Naturufer**

600 m **Holzsteg**

Neue Ufer sind den Heilbronnern entlang des Neckars entstanden und machen diesen als Erholungslandschaft erlebbar.

Aufsiedlung des Neckarbogens

Im **neuen Stadtquartier Neckarbogen** werden bis zu

3.500

Bewohner leben und ca 1.000 Menschen arbeiten.

Fußgänger- und Fahrradbrücke bis

2021

Mit Kosten von 19 Mio € wird der Bau der Brücke über die Bahngleise 2020 fortgeführt.

Der Stadtdschungel auf der Kraneninsel bleibt weiterhin autofrei und als **Fußgänger- und Radweg** bestehen.

Mit den dauerhaft angelegten Seen

Karlssee

und

Floßhafen

bleiben **3ha Wasserfläche** bestehen.

▲ Die musikalischen Botschafter „mundARTmonika" auf der Fährlebühne am Neckar. Die A-Capella-Gruppe aus der Region vertritt mit Ihrem Song „Blühendes Leben" das Lebensgefühl der BUGA bei offiziellen Anlässen.

BLÜHENDES LEBEN

von mundARTmonika

Komm' mit mir - ich zeig' Dir meine Welt.
Wir hüpfen über die Dächer und durch die Gärten dieser Stadt.
Wir machen heute nur was uns gefällt.
Lassen uns auf dem Wasser treiben.
Nur dieser Augenblick der zählt.
Es gibt so viel zu erleben. Komm' schon, gib mir Deine Hand.

Hier ist das blühende Leben. Und du bist ein Teil von hier.
Lass' Dich von den Farben tragen. Grenzenlos. Hier bist Du frei.
Spürst Du das blühende Leben? Komm' - teil' Deine Zeit mit mir.
Lass' uns die Heimat neu entdecken. Hier sind wir daheim.

Komm' - ich zeig' Dir meinen Lieblingsplatz.
Da hinten unter den Bäumen finden noch Kinderträume statt.
Wir haben heute eine gute Zeit.
Es gibt so viel zu erforschen.
Mach' Dich fürs Abenteuer bereit.
Lass uns singen, tanzen, lachen, feiern - einfach glücklich sein.

Hier ist das blühende Leben. Und du bist ein Teil von hier.
Lass' Dich von den Farben tragen. Grenzenlos. Hier bist Du frei.
Spürst Du das blühende Leben? Komm' - teil' Deine Zeit mit mir.
Lass' uns die Heimat neu entdecken. Hier sind wir daheim.

Komponist: Robert Wanek
Text: Christian Schmierer, Robert Wanek

Die BUGA ist ein Reallabor. Die Bundesgartenschau ist Testfeld für die Zukunftsthemen der Stadtentwicklung. Die Stadtausstellung zeigt das Wohnen von morgen und gibt Einblick in das Bauen von übermorgen. Die Stadtausstellung erprobt die Digitalisierung des Alltags. Ein Novum für eine Bundesgartenschau ist das Miteinander von Bewohnern und Besuchern. Noch nie zuvor haben so viele Menschen mitten auf dem Gelände einer Gartenschau gewohnt. Die Vergabe der Grundstücke für das neue Stadtquartier nach Konzept und nicht über den Preis verändert den Anspruch in Heilbronn an künftiges Bauen. Mit der BUGA hält eine neue Baukultur Einzug in die Stadt.

REA LLA BOR

03
DIE BUGA IST EIN REALLABOR

03 | Die BUGA ist ein Reallabor.

► Das Bauen von Morgen und Übermorgen überlagert sich auf der BUGA. Im Bionik-Faserpavillon untersucht die interaktive Landesausstellung „Zukunftskarussell" spielerisch den Digitalisierungswandel in Baden-Württemberg. Alle Gäste sind eingeladen mitzumachen.

ARUSSELL

BUGA IST BAUKULTUR

Das neue Stadtquartier Neckarbogen steht im Kontext mit dem 2006 verabschiedeten Stadtentwicklungskonzept 2020. Damit will Heilbronn den Fokus auf innerstädtische Flächen bei der Siedlungsentwicklung legen. Verwaltung und Gemeinderat setzen sich seitdem intensiv auseinander mit der Ausrichtung der künftigen Stadtentwicklung: Welche Rolle spielen nachhaltige Siedlungsentwicklung? Welche Bedeutung hat Qualität in Städtebau, Architektur, Freiraumgestaltung? Gibt es eine Abkehr von der auto-orientierten Flächennutzung? Wie realisiert man eine durchmischte Quartiersentwicklung?

In der Bürgerschaft und in den lokalen Medien finden diese Themen eine sehr breite Resonanz. Mit der Entscheidung, mit der Bundesgartenschau auch eine Stadtausstellung zu realisieren, wächst bei den Heilbronner Bürgern das Interesse an Stadtentwicklung, an urbanem Wohnen und an Architektur.

Dieses Interesse findet auch in den zahlreichen und regelmäßig seit 2010 angebotenen Beteiligungsformaten seinen Ausdruck, zum Beispiel Bürgerwerkstätten, Runde Tische, BUGA-Cafés. Zum ersten Mal gelingt es in Heilbronn, dass sich Bürger in Baugemeinschaften zusammenfinden, die im Neckarbogen ausdrücklich zum Zuge kommen sollen.

Wichtiges Instrument der Grundstücksvergabe ist das Investorenauswahlverfahren, das die Bundesgartenschau Heilbronn 2019 GmbH und das Baudezernat der Stadt begleitet haben.

Die Begeisterung der Investoren, bei der Stadtausstellung der Bundesgartenschau dabei zu sein, ist überwältigend. Es gehen 85 Bewerbungen für die 22 Grundstücke ein. Im Juli 2015 tagt die Baukommission unter dem Vorsitz von Reiner Nagel, Vorstandsvorsitzender der Bundesstiftung Baukultur in Potsdam.

Nagel zollt dem vom Gemeinderat beschlossenen Investorenauswahlverfahren große Anerkennung: „Die Stadtausstellung Neckarbogen mit ihren 22 Grundstücken ist ein einzigartiges Projekt, das es bisher so in Deutschland noch nicht gegeben hat.“ Der Gemeinderat muss der Empfehlung des 13-köpfigen Bewertungsgremiums zustimmen. Diesem gehören neben Oberbürgermeister Harry Mergel und Baubürgermeister Wilfried Hajek, sechs Stadträte und Stadträtinnen aller Fraktionen sowie fünf Fachgutachter an. Nutzungsvielfalt, technische Innovation und Architektur sind die Auswahlkriterien. 15 Investoren, zumeist aus der Region, realisieren auf den 22 Grundstücken Entwürfe von 19 Architekten.

> „Die BUGA hat Heilbronn nachhaltig verändert und mit dem Neckarbogen ein gefragtes Quartier von herausragender architektonischer und ökologischer Qualität geschaffen. Wir freuen uns mit unseren Gebäuden, insbesondere mit dem Holzhochhaus Skaio, einen wesentlichen Teil dazu beigetragen zu haben.“
>
> DOMINIK BUCHTA | STADTSIEDLUNG

Eine wichtige Vorgabe lautete: Investoren dürfen sich auf beliebig viele Grundstücke in einem Baufeld bewerben, Architekten dürfen max. zwei nicht aneinander angrenzende Gebäude realisieren. Die dadurch entstehende architektonische Qualität und Vielfalt gehört zu den Erfolgsfaktoren der Stadtausstellung und sorgt bundesweit für große Beachtung. Der Verkauf der Grundstücke durch die Stadt ist an die Vorlage der Baugesuchsplanung gekoppelt. Erst danach ist die Vertragsunterzeichnung möglich. Dadurch sollen die Qualitätsstandards eingehalten und bis zum Ende weitergeführt werden.

Für die Vergabe der Grundstücke ist das Konzept entscheidend und nicht der Preis. Konzeptvergabe ist nicht neu in Deutschland. Der Heilbronner Weg ist aber besonders konsequent im Hinblick auf die Vorgaben an die Investoren. Mit der Stadtausstellung wird gezeigt, dass auch für Mehrfamilienhäuser eine hohe Qualität bei der Architektur eingefordert werden kann, bei der der Mensch wieder im Mittelpunkt der baulichen Entwicklung steht. Der Entstehungsprozess wird in einigen Medien mit dem zeitgleichen Bauhaus-Jubiläum in Verbindung gebracht.

Nutzungsvielfalt bedeutet einen Mix aus Miet- und Eigentumswohnungen für unterschiedliche Bewohner. Integriert sind eine Kindertagesstätte und inklusive Wohnprojekte. Das neue Quartier soll die Stadtgesellschaft abbilden, Menschen aus unterschiedlichen Gruppierungen sollen im Neckarbogen zu Hause sein.

Spatenstich für die Stadtausstellung ist am 1. Juli 2016. Der Prozess der Qualitätssicherung liegt in den Händen der BUGA. Eine enge Abstimmung der Investoren ist nötig über den Bau der Tiefgaragen, die Planung der Freiflächen und die Energieversorgung.
Der Zeitablauf von drei Jahren von der Vergabe bis zur Fertigstellung der Stadtausstellung, ist für ein Wohnbauprojekt dieser Größenordnung nahezu einzigartig in Deutschland.

KONZEPT DER STADTAUSSTELLUNG

Die Entscheidung für die Stadtausstellung mit der Errichtung von 22 Gebäuden auf drei Baufeldern stellt alle Beteiligten vor große Herausforderungen. Es herrscht nicht von Anfang an Konsens über den zeitlichen Ablauf, einige der Akteure wollen mit dem Bau des neuen Stadtquartiers erst nach der Bundesgartenschau beginnen. Die Befürworter des Experiments einer Wohnbebauung setzen sich durch. Zum ersten Mal in der 70-jährigen Geschichte wohnen Menschen mitten auf dem Gelände. Die ersten Bewohner ziehen im Sommer 2018 ein.

Die Stadtausstellung der Bundesgartenschau ist eine Symbiose städtebaulicher Entwicklung, urbaner Freiraumplanung und architektonischer Modellbebauung. Für die Bundesgartenschau wird in den Gebäuden ein Ausstellungskonzept

▼ Die zukünftigen Wohnräume im Neckarbogen verwandeln sich in barrierefrei zugängliche Ausstellungsorte

realisiert, das in das Gesamtkonzept der Gartenschau eingebunden ist. Ausstellungsbeiträge in den nicht von Gastronomie belegten Erdgeschossflächen greifen Zukunftsthemen auf.

▼ Geschirr aus Kaffeesatz, alle Ausstellungsobjekte können von den Besuchern berührt werden

Material Labyrinth ist der Titel einer Schau, die im Erdgeschoss eines Gebäudes am Neckaruferpark aufgebaut ist. Diese Räume werden später als Wohnung genutzt. Baustoffe der Zukunft werden in den Kabinetten präsentiert: biobasierte Werkstoffe aus Pflanzenfasern.

Der Name steht dafür, dass man in einem Labyrinth mit verschiedenen Richtungswechseln zum Ziel kommt. Die Ausstellung versammelt Prototypen internationaler Produktentwickler, die nach Prinzipien von Kreislaufwirtschaften, Recycling oder Ressourcenschonung produziert sind. Zusammengetragen hat die 84 Exponate der Materialexperte Sascha Peters aus Berlin.

Die Ausstellung will den Einsatz von Alternativen für die Bauindustrie und für die Herstellung von Konsumgütern zeigen und verblüfft mit außergewöhnlichen Materialien, ob Kaffeetassen aus Kaffeesatz, Waschbecken aus Birkenrinde oder Wandkacheln aus Trester.

BEWERTUNGSGREMIUM INVESTORENAUSWAHL

Fachgutachter*innen

- Wilfried Hajek, Baubürgermeister Heilbronn
- Prof. Joachim Frowein, HfT Stuttgart
- Reiner Nagel, Architekt, Vorstand Bundesstiftung Baukultur Potsdam
- Iris Neitmann, Architektin, Hamburg
- Wolfgang Riehle, Architekt, Stuttgart
- Prof. Dr. Christina Simon-Philipp, HfT Stuttgart

Stellv. Fachgutachter*innen

- Hanspeter Faas, GF BUGA HN GmbH

Sachgutachter

- Oberbürgermeister Harry Mergel
- Stadtrat Alexander Throm, MdL, Fraktionsvorsitzender CDU
- Stadträtin Helga Drauz, CDU
- Stadträtin Sibylle Mösse-Hagen, Fraktionsvorsitzende SPD
- Stadtrat Alexander Habermeier, Bündnis 90/Die Grünen
- Stadtrat Nico Weinmann, Fraktionsvorsitzender FDP
- Stadtrat Heiner Dörner, Freie Wähler

Berater ohne Stimmrecht

- Dr. Christoph Böhmer, Planungs- und Baurechtsamt Stadt Heilbronn
- Barbara Brakenhoff, BUGA HN GmbH
- Antje Ferchau, Planungs- und Baurechtsamt Stadt Heilbronn
- Jan Fries, BUGA HN GmbH
- Carsten Maerz, Machleidt GmbH, Berlin
- Bernhard Schwarz, sinai Ges. von Landschaftsarchitekten mbH, Berlin
- Oliver Toellner, Prokurist BUGA HN GmbH

REGELN DER KONZEPTVERGABE

1. **Grundlagen herstellen** Masterpläne, Gestaltungshandbuch etc. Vorrang Nutzungsmischung vor Grundstückspreis

2. **Überregionale Auswahljury berufen** unter Einbindung der Politik berufen

3. **Bewerbungsregularien festlegen** wie z.B.: Investoren: beliebig viele Grundstücke, Architekten: zwei nicht nebeneinander liegende Grundstücke

4. **Auswahlkriterien definieren** gleichwertiger Dreiklang von Architektur, technischer Innovation und Nutzung

5. **Anhandgabe tätigen,** Verkauf erst nach Genehmigung, Qualitätssicherung auch in den LP 5 ff. im Kaufvertrag

6. **Planungskultur entwickeln** Gesamt-Ensemble im Blick haben, Regeln gemeinsam festlegen: Mehrheitsbeschlüsse bindend, vorwärts diskutieren

7. **Synergien nutzen** für Gemeinschaftsthemen (z.B. Freianlagen, und Energieversorgung) nutzen

8. **Baukommission einrichten** („Gestaltungsbeirat"), Fachautorität aus Jury „neutral und sachlich" verhindert Verschlechterungen im Planungsprozess

9. **Kontinuierliche Bürgerinformation**, Öffentlich einsehbar und „kontrollierbar" (zweites Auge von außen)

10. **Qualitätskontrolle bis zur Fertigstellung**, Einhaltung der Auswahlkriterien in der Umsetzung

▲ Aufbruch Heilbronn. Das Stadtentwicklungsprojekt Neckarbogen präsentiert sich in Berlin.

„Heilbronn – Eine Stadt entwirft sich neu" ist eine weitere Ausstellung, die zunächst im November 2018 in der renommierten Berliner Architekturgalerie Aedes gezeigt wird. Die Schau thematisiert die Entstehung des Quartiers, zeigt strategische Veränderungen im Zuge der BUGA, präsentiert die unterschiedlichen Gebäude der Stadtausstellung und beleuchtet die wichtigen Projekte der Stadtentwicklung im Umfeld des Neckarbogens: experimenta, Bildungscampus und Zukunftspark Wohlgelegen. In der Stadtausstellung ist die Schau auf zwei Etagen im Gebäude „Grüne Ecke" zu sehen. Der aus Brandschutzgründen notwendige zweite Ausgang erfolgt über eine grüne Brücke, die selbst zum Ausstellungspunkt wird mit innovativer Vertikalbegrünung mit vollautomatisierter Strom- und Wasserversorgung.

▼ OB Harry Mergel stellt bei der Vernissage in der Architekturgalerie Aedes die ambitionierten Ziele der Stadt vor.

WOHNEN, LEBEN, ARBEITEN AUF DER BUGA

Wohnen, leben und arbeiten, mittendrin auf der BUGA. Das hat es bisher noch nie gegeben in der Geschichte der Bundesgartenschauen. In Heilbronn ist die BUGA Wohnort für rund 600 Bewohner: Paare und Familien, Kinder und Ältere, Alleinlebende und Wohngemeinschaften, Menschen mit und ohne Handicap. Im Eigentum und zur Miete. Ein Architekturbüro hat ebenfalls seine Räume bezogen. Ein Bewohnerleitfaden gibt die Regeln vor.

Manche Bewohner kommen nach Hause, wenn die Bundesgartenschau-Besucher das Gelände verlassen. Oder sie gehen am Morgen, bevor die ersten Gäste kommen. 22 Gebäude stehen in der Stadtausstellung als erster Bauabschnitt des neuen Quartiers Neckarbogen, verteilt auf drei Baufelder. Dazu kommt die Jugendherberge als Gebäude Nummer 23 mit Übernachtungsgästen und Tagungsteilnehmern.

Manche Bewohner der Stadtausstellung sind Monate vor der BUGA-Eröffnung eingezogen, sobald ihre Wohnungen bezugsfertig sind. Sie erleben die Bauarbeiten für die Gebäude, die noch nicht fertiggestellt sind. Unter Hochdruck wird im Stadtquartier gearbeitet, um auch Außenanlagen und Innenhöfe zum 17. April 2019 zu vollenden.

Was zunächst nicht vorgesehen war, erweist sich doch als praktikabel. Auch während der BUGA beziehen noch weitere Neckarbogen-Bewohner ihre Wohnungen. Umzugsfahrzeuge dürfen nur außerhalb der regulären Öffnungszeiten auf das Gelände fahren.

Wer auf der BUGA wohnt, hat Privilegien. Darf rund um die Uhr mit seinem Bewohnerausweis das Gelände betreten. Und Gäste empfangen, für die Besucherausweise in Form von Eintrittskarten ausgegeben werden. Wer auf der BUGA wohnt, kann frühmorgens, wenn noch kein Besucher unterwegs ist, den Weg am Neckarufer entlang joggen. Oder kann abends von einer der gemeinschaftlich genutzten Dachterrassen aus einem Konzert lauschen oder der Wassershow zuschauen.

Wer auf der BUGA wohnt, muss Einschränkungen akzeptieren. Mit dem Auto kann man nur bis 9 Uhr morgens oder nach 19 Uhr abends über die Bleichinselbrücke zu den Gebäuden fahren. Oberirdisch Parken ist nicht erlaubt. Wer mit dem Fahrrad kommt, muss es tagsüber schieben. Und wer einen Hund hat, darf mit ihm nicht auf dem Gelände spazieren gehen, sondern muss das Tier auf direktem Weg vom Eingang Campuspark zu seiner Wohnung bringen. Pakete müssen regulär außerhalb an einer eigens eingerichteten Station deponiert werden.

▼ Alltag im Neckarbogen, mitten in einer Ausstellung - auch die Bewohnerhunde brauchen einen Ausweis.

Ein Stück Alltag bringt auch die städtische Kindertagesstätte, die schon vor der BUGA ihren Betrieb aufgenommen hat. Nicht alle Kinder wohnen auf dem BUGA-Gelände, manche kommen von außerhalb. Auch sie haben spezielle Ausweise. Nach 9 Uhr werden die Kinder zu Fuß gebracht oder abgeholt, für die Kita-Eltern gelten in puncto Auto die gleichen Regeln wie für die Bewohner.

TAUSSTELLUNG
DESGARTENSCHAU
BRONN 2019

▲ Die Idee der grünen Brücke verbindet Stadt- und Gartenausstellung. Der Steg mit Vertikalbegrünung ermöglicht Orientierung über den Floßhafen hinweg. Skizze: Oficinaa

DAUERANLAGE DER BUGA 2019 MOTOR DER STADTENTWICKLUNG

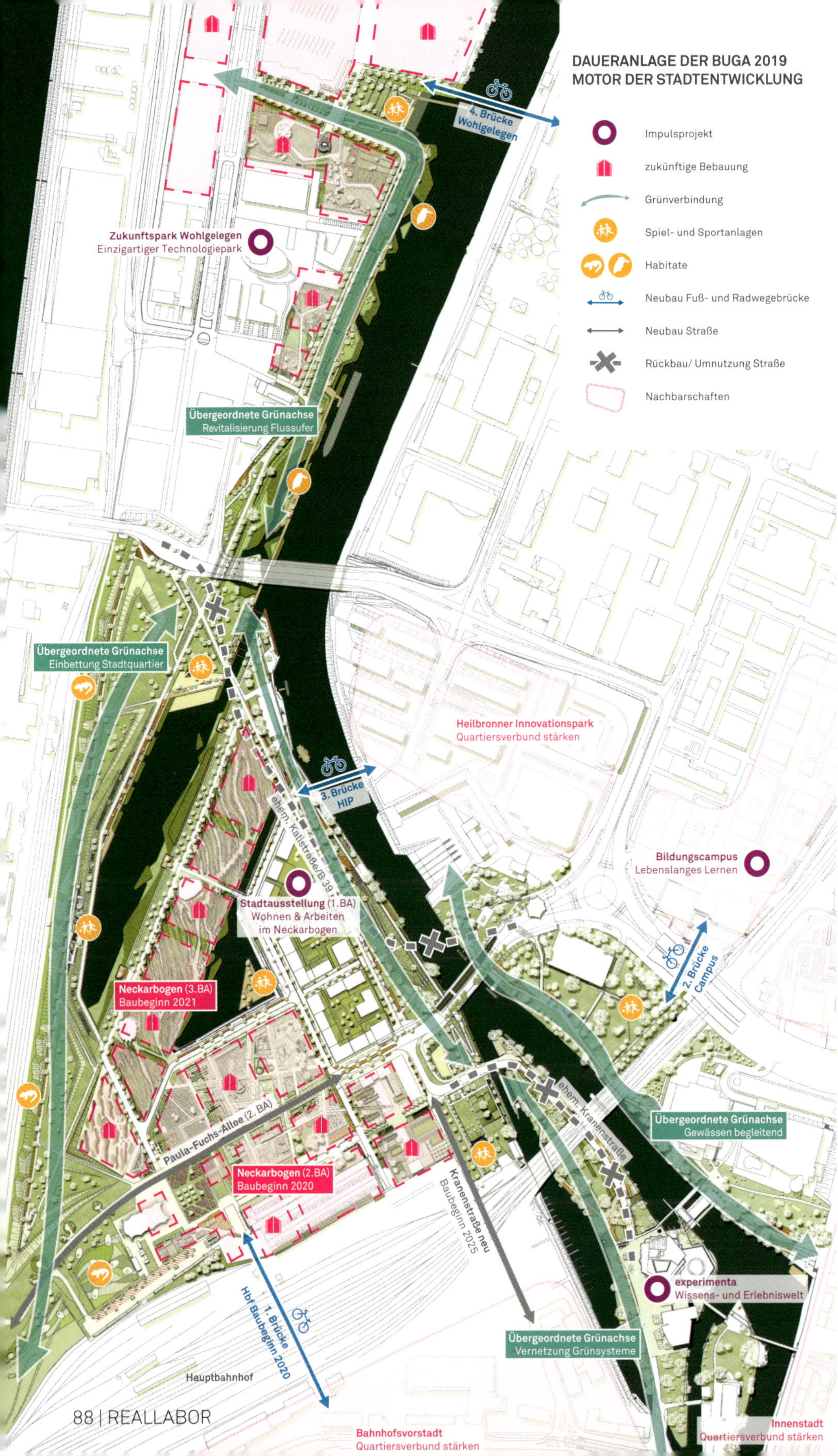

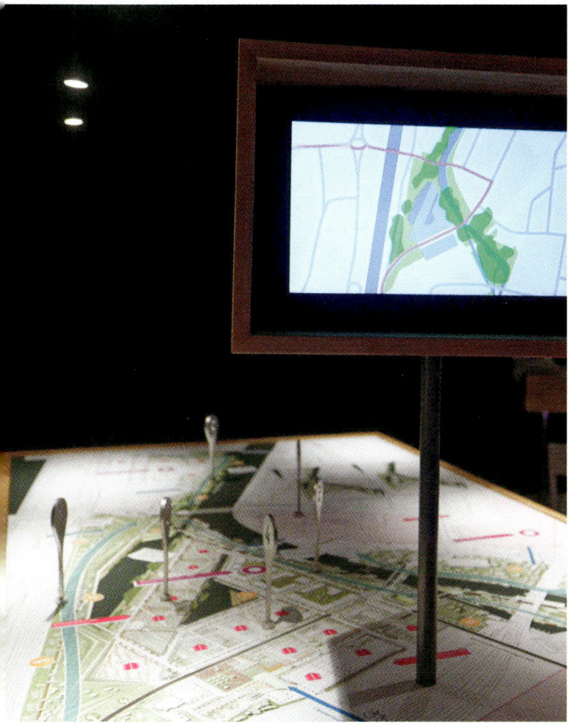

▲ Entdeckertische mit Plänen und Filmbeiträgen in der Ausstellung zur Stadtentwicklung in Heilbronn

▲ Aufbruch Heilbronn, neben dem Neckarbogen wird auch der neue Bildungscampus am BUGA-Gelände vorgestellt.

▲ Beleuchtete Modelle zeigen Architektur, technische Innovation und Nutzungsvielfalt

◄ Strategische Stadtentwicklung Neckarbogen mit Nachbarschaften bis 2030. Plan: BUGA 2019 GmbH

Stadtquartier Neckarbogen: Architekturqualität, Technische Innovation und Nutzungsvielfalt

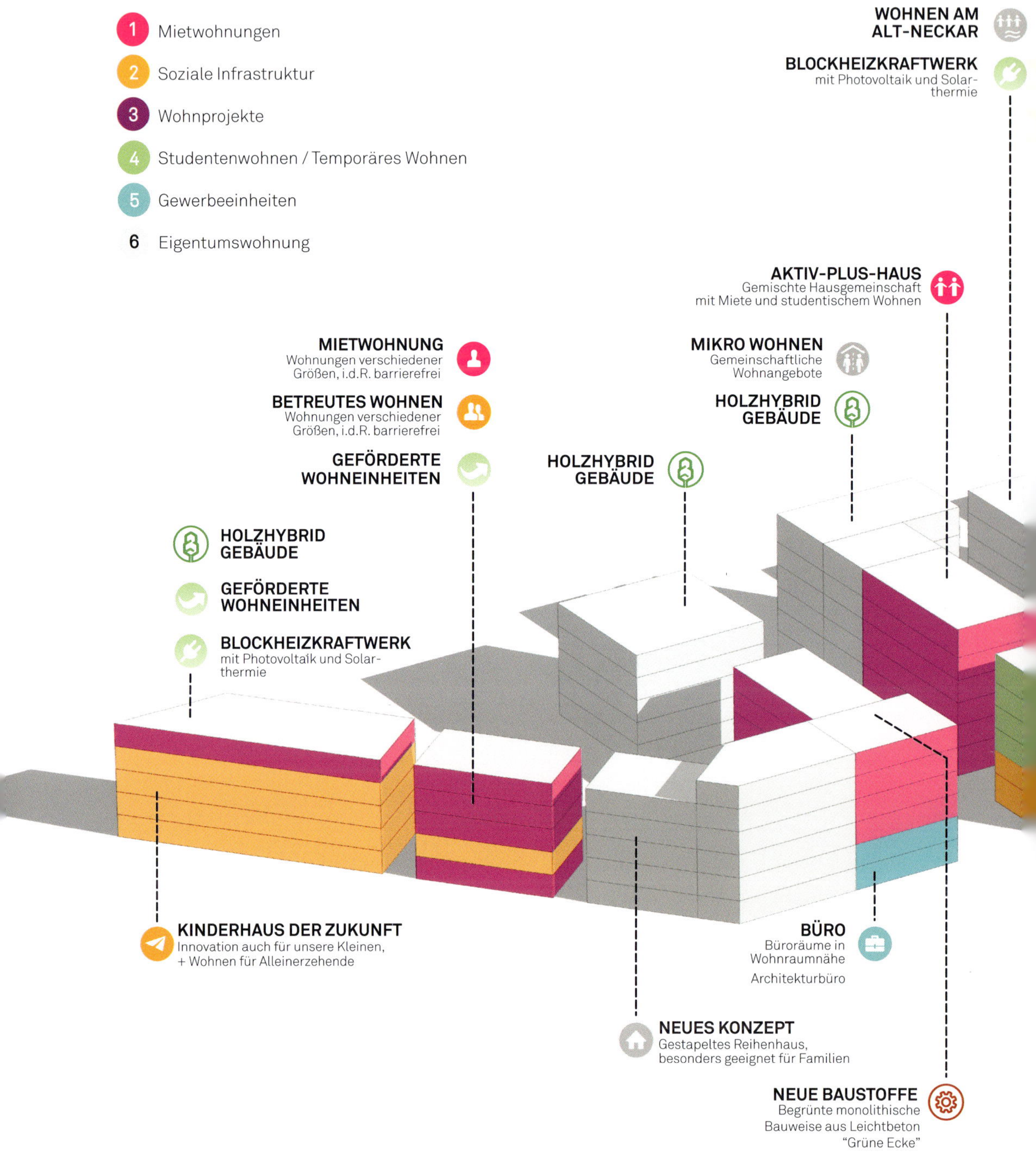

▲ Grafik aus der Ausstellung „Heilbronn - eine Stadt entwirft sich neu": BUGA HN 2019 GmbH / Oficinaa

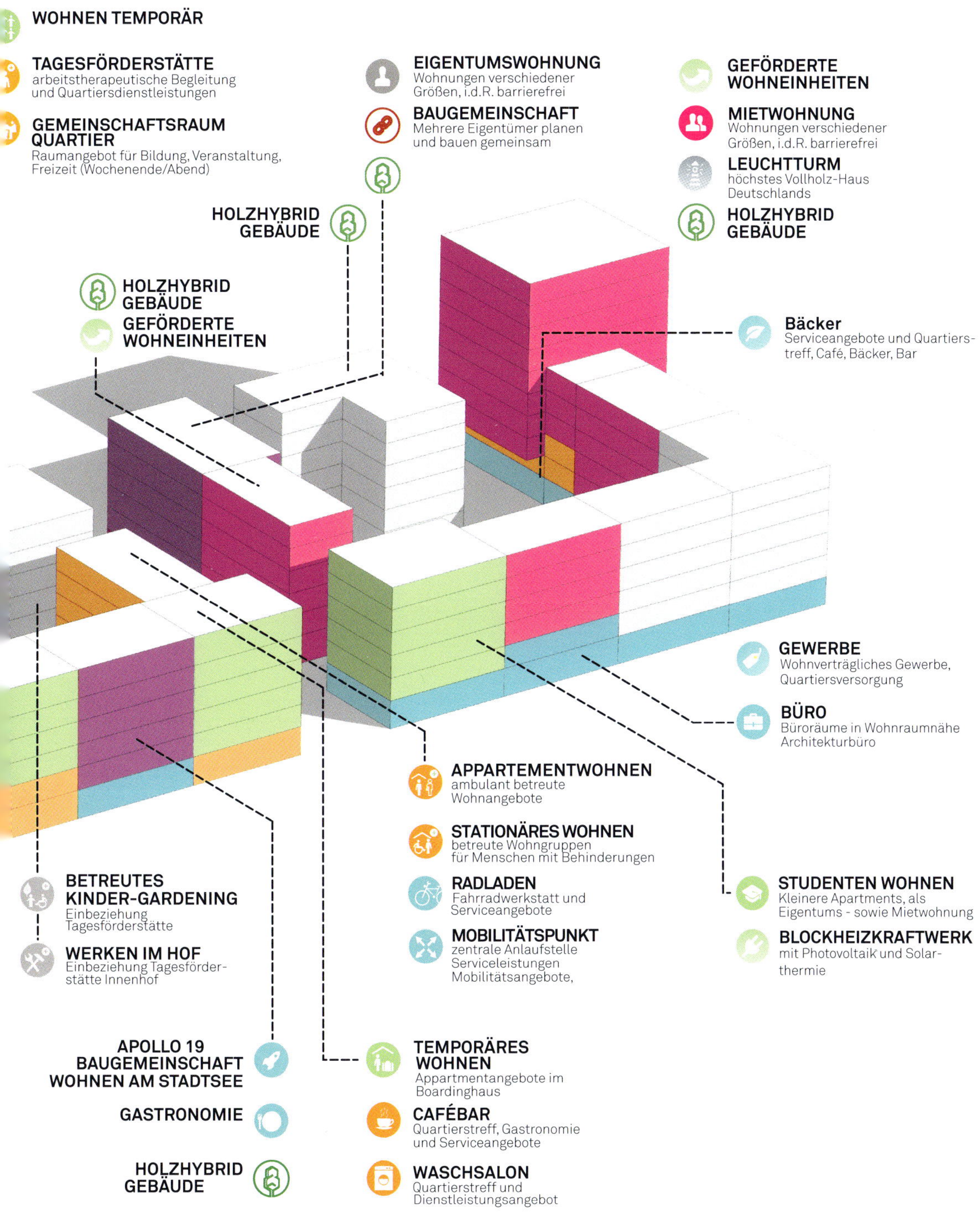

WOHNEN TEMPORÄR
TAGESFÖRDERSTÄTTE
arbeitstherapeutische Begleitung und Quartiersdienstleistungen
GEMEINSCHAFTSRAUM QUARTIER
Raumangebot für Bildung, Veranstaltung, Freizeit (Wochenende/Abend)
EIGENTUMSWOHNUNG
Wohnungen verschiedener Größen, i.d.R. barrierefrei
BAUGEMEINSCHAFT
Mehrere Eigentümer planen und bauen gemeinsam
GEFÖRDERTE WOHNEINHEITEN
MIETWOHNUNG
Wohnungen verschiedener Größen, i.d.R. barrierefrei
LEUCHTTURM
höchstes Vollholz-Haus Deutschlands
HOLZHYBRID GEBÄUDE
HOLZHYBRID GEBÄUDE
HOLZHYBRID GEBÄUDE
GEFÖRDERTE WOHNEINHEITEN
Bäcker
Serviceangebote und Quartierstreff, Café, Bäcker, Bar
GEWERBE
Wohnverträgliches Gewerbe, Quartiersversorgung
BÜRO
Büroräume in Wohnraumnähe Architekturbüro
APPARTEMENTWOHNEN
ambulant betreute Wohnangebote
STATIONÄRES WOHNEN
betreute Wohngruppen für Menschen mit Behinderungen
RADLADEN
Fahrradwerkstatt und Serviceangebote
MOBILITÄTSPUNKT
zentrale Anlaufstelle Serviceleistungen Mobilitätsangebote,
STUDENTEN WOHNEN
Kleinere Apartments, als Eigentums - sowie Mietwohnung
BLOCKHEIZKRAFTWERK
mit Photovoltaik und Solarthermie
BETREUTES KINDER-GARDENING
Einbeziehung Tagesförderstätte
WERKEN IM HOF
Einbeziehung Tagesförderstätte Innenhof
APOLLO 19 BAUGEMEINSCHAFT WOHNEN AM STADTSEE
GASTRONOMIE
HOLZHYBRID GEBÄUDE
TEMPORÄRES WOHNEN
Appartmentangebote im Boardinghaus
CAFÉBAR
Quartierstreff, Gastronomie und Serviceangebote
WASCHSALON
Quartierstreff und Dienstleistungsangebot

▲ Erprobt wird auf der BUGA der Einsatz autonomer Fahrzeuge zur Nahversorgung im städtischen Raum. Gleichzeitig soll deren Akzeptanz bei Bewohnern und BUGA-Gästen untersucht werden.

BUGA:log – Vision für die Stadt von Morgen

Die Stadtausstellung der BUGA ist prädestiniert als logistisches Reallabor für ein selbstfahrendes Transportfahrzeug. Die Hochschule Heilbronn hat das Kooperationsprojekt BUGA:log entwickelt. Ein Teil der Bewohner kann sich Paketpost von einem autonom fahrenden Fahrzeug zustellen lassen – am gewünschten Tag zur gewünschten Uhrzeit. Das Forschungsprojekt BUGA:log wird aus dem Förderprogramm „Reallabor Stadt“ vom baden-württembergischen Ministerium für Wissenschaft, Forschung und Kunst gefördert. Das Fahrzeug ist ein Hingucker. Wenn es langsam und fast lautlos über das BUGA-Gelände rollt, wird es von Studierenden begleitet und überwacht. Wie das Gefährt funktioniert, wird im Ausstellungsraum der Hochschulen in der Stadtausstellung gezeigt. Sensoren erfassen, wenn sich Personen im Umfeld befinden.

Skaio – Höchstes Holzhochhaus

Das Stadtquartier wartet am Eingang mit einem Superlativ auf: Mit seinen zehn Stockwerken ist das Holzhochhaus Skaio das derzeit höchste Holzhybrid-Gebäude in Deutschland. Auch tragende Elemente sind aus heimischem Fichtenholz gefertigt, nur das Treppenhaus besteht aus Beton. Die Aluminiumfassade ist dem Brandschutz geschuldet, seinen Holzcharakter offenbart das Gebäude erst auf den zweiten Blick.

Zur Anwendung kommt konsequent das innovative Cradle-to-Cradle-Prinzip: Das Gebäude ist so geplant und gebaut, dass ein sortenreiner Rückbau und eine Wiederverwertung der Baustoffe möglich ist. Das Holzhochhaus ist ein Beitrag zum nachhaltigen Geschosswohnungsbau.

Das Skaio, erbaut von der Stadtsiedlung Heilbronn, steht zudem für die soziale Mischung im Neckarbogen: 25 der 60 Mietwohnungen sind sozial gefördert. Deshalb wohnen auch Menschen mit geringem Einkommen in dem innovativen Gebäude. Es gibt zudem mehrere Wohngemeinschaften für Bewohner mit Handicap und besonderem Betreuungsbedarf.

Eine Besonderheit ist die Dachterrasse in dem 34 Meter hohen Gebäude, die allen Bewohnern zur Verfügung steht. Die gemeinschaftliche Nutzung von Dachterrassen ist Teil des Konzepts im Stadtquartier Neckarbogen. Exklusive Penthouse-Wohnungen sind nicht vorgesehen.

Deutschlands
höchstes Holzhybridhaus
Skaio ist 34 m hoch.

Die Stadtausstellung umfasst etwa
2ha
Fläche.

14 Ausstellungen sind während der BUGA in den Erdgeschossflächen der Stadtausstellung zu finden.

Themen sind:

- Mobilität
- Digitalisierung
- innovative Materialien
- Stadtausstellung

374
Wohnungen werden im 1. Bauabschnitt bis zur BUGA gebaut.

22 Gebäude auf drei Baufeldern zwischen Floßhafen und Alt-Neckar

Gebäude Nr. 23 ist die Jugendherberge im vierten Baufeld.

Verdichtete Bauweise im Sinne der
Nachhaltigkeit.
Dafür sorgen unter anderem **15 Investoren, 19 Architekten und 3 Landschaftsarchitekten.**

Inklusionswohnen und –arbeiten.
Begegnungsräume und Serviceangebote für Jung und Alt.

Das Holzhochhaus SKAIO beherbergt 60 Wohneinheiten auf zehn Stockwerken.

Baubeginn 1. Bauabschnitt:
01. Juli 2016

In der Stadtausstellung wird wert gelegt auf **hohe funktionale und soziale Mischung** auf engem Raum.

Eigentum, Miete, Baugruppen, Genossenschafts- und Studentenwohnungen

Leben, Arbeiten, Einkaufen, Freizeit, Kommunizieren, Integrieren

rund 600
Bewohner und Bewohnerinnen, sowie **3 Bewohnerhunde** wohnen während der BUGA im Stadtquartier Neckarbogen.

180 Betten verteilt auf **51 Zimmer** in der Jugendherberge

07.03.2018, 17:42, STADTBAUSTELLE

▲ Ein Jahr vor der Bundesgartenschau drehen sich überall die Baukrane. Am ersten Bauabschnitt des Neckarbogens stehen noch die Gerüste, im Hintergrund wächst der Bildungscampus auf der anderen Neckarseite heran.

BIONISCHE PAVILLONS – BAUEN FÜR ÜBERMORGEN

Die Pavillons sind ein Beispiel für die Bereitschaft der BUGA, Neues auszuprobieren. Die zwei einzigartigen Bauten finden international Beachtung und machen die BUGA zum Mekka für Planer und Ingenieure. Sie zeigen die außergewöhnliche Kompetenz in Leichtbau, Holzbau, Bionik und digitaler Technologie in Baden-Württemberg. Der Faserpavillon und der Holzpavillon werden an der Universität Stuttgart, Fakultät für Architektur und Stadtplanung entwickelt, an den beiden renommierten Instituten für Computerbasiertes Entwerfen (ICD) und am für Tragkonstruktion und Konstruktives Entwerfen (ITKE). Die Professoren Achim Menges und Jan Knippers arbeiten mit einem internationalen Team von Studierenden und Doktoranden aus der ganzen Welt, für die Heilbronn zu einem wichtigen Ort wird.

▲ Einblicke in das Forschungslabor der Universität Stuttgart, vom Computerentwurf zum digitalen „Webstuhl"

Beide Leichtbaukonstruktionen sind komplett digital geplant und robotisch gefertigt, sie sind wegweisend für Leichtbau-Architektur der Zukunft. Biologische Strukturen bieten einen hohen Grad an Leistungsfähigkeit und Effizienz des Materials. Die Konstruktion des Faserpavillons aus Glas- und Karbonfasern ist der leichten und stabilen Struktur eines Käferflügels nachempfunden. Beim Holzpavillon ist die Plattenstruktur eines Seeigels Vorbild für einen sparsamen Umgang mit Ressourcen. Hohle Kassetten reduzieren Materialverbrauch und Gewicht um 30 Prozent. Die Fertigung mittels zweier Roboter bei der Firma Müller-Blaustein ist ein Novum. Das BUGA-Projekt leistet einen Beitrag, den Holzbau zu revolutionieren und ihn rationeller und kostengünstiger zu machen.

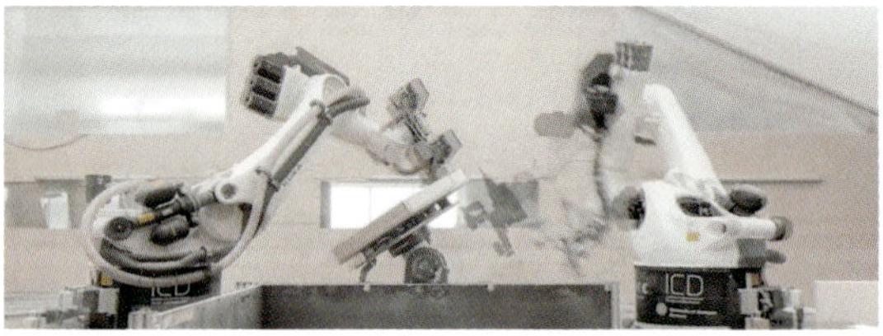

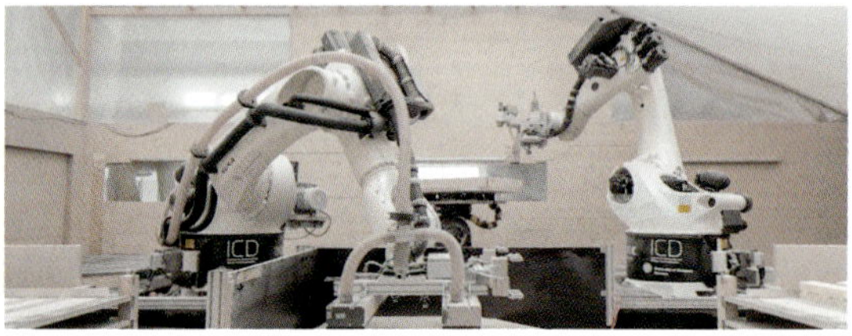

▲ Handwerk 4.0: Kooperierende Industrieroboter im automatisierten Holzbau des Bionok-Pavillons

Mit den hochinnovativen Bauten, die Baden-Württemberg mit rund 2,5 Millionen Euro finanziert, zeigt das Land Präsenz auf der BUGA. Ohne die Landesmittel wäre das Projekt nicht finanzierbar gewesen. Ende 2017 werden erst die Gelder bewilligt. Die Prüf- und Genehmigungsverfahren sind eine große Herausforderung. Grünes Licht kommt erst wenige Monate vor Beginn der BUGA.

Die Pavillons auf der Sommerinsel bieten Architektur zum Anfassen. Im Faserpavillon präsentiert das Land eine Schau zum digitalen Wandel. Bei Nacht wirkt die beleuchtete Faser-Konstruktion besonders beeindruckend. Der Holzpavillon ist ein beliebter Treffpunkt und eine stimmungsvolle Kulisse für eine Vielzahl von Veranstaltungen: Konzerte, Podiumsdiskussionen, Pfingstgottesdienst. Beide Pavillons werden weiterentwickelt und auf der BUGA in Mannheim 2023 wieder aufgebaut.

▲ Richtfest Holzpavillon, OB Harry Mergel, Reinhold Müller, Innenminister Thomas Strobl, GF Hanspeter Faas. Der Holzpavillon als Veranstaltungsort auf der Sommerinsel am Karlssee.

▲ Sonderausstellung „Zukunftskarusell“ zum Digitalisierungswandel in Baden-Württemberg
◄ Der Holzpavillon steht im Reallabor der Stadtausstellung für das „Bauen von Übermorgen“
▼ Bionischer Faserpavillon am Karlssee vor der Nachtsilhouette Heilbronns

▲ Das futuristische Erscheinungsbild des Bionik-Faserpavillons dient als Kulisse für diverse Inszenierungen. Baubürgermeister Hajek begrüßt Darth Vader auf der Bundesgartenschau.

Der 7 m hohe

Holzpavillon

dient mit seiner Spannweite von 30 m und der indirekten Beleuchtung als stimmungsvolle Umgebung für viele Konzerte.

Der Flügel des Käfers Elytra und ein **Seeigel** dienen als Vorbild für die beiden bionischen Pavillons.

Die

60

Einzelelemente

des Faserpavillons sind aus jeweils **1.100 m Glas- und 1.600 m Karbonfaser** gefertigt.

BUGA:log

Ein autonomes Fahrzeug übernimmt die Paketzulieferung der Bewohner. Sudierende begleiten das Fahrzeug und überwachen den Prozess.

Im automatisierten Zusammenspiel fertigen zwei kooperierende Roboter die 376 individuellen Teile.

376

individuelle Hohlraumplattensegmente

bilden die 500 m² große Oberfläche des Holzpavillons.

Attraktivität bei den Besuchern

In **nur 10 Tagen** nimmt der Holzpavillon vor Ort Gestalt an.

Der

Faserpavillon

besteht bei einer Höhe von 7 m und einer Gesamtfläche von 500 m² aus **150 km Glas- und Karbonfasern.**

Leichtbauweise

Material Holz:
36 kg/m²
Faserbauweise:
7,6 kg/m²

▲ Die nachhaltige Kulisse des Großprojektes BUGA / Neckarbogen wird in der Ausstellung durch eine Vielzahl von innovativen Projekten engagierter Partner zu einem emotionalen Gesamtwerk, das bei Jurierungen überzeugen kann.

INNOVATIV UND NACHHALTIG

Mit der Bundesgartenschau gehen viele renommierte Auszeichnungen nach Heilbronn. Sie werden verliehen für herausragende Bauten, Konzepte und Projekte. Mehrfach ausgezeichnet für den innovativen Charakter wurden der Holzpavillon und der Faserpavillon. Eine Vielzahl der Preise steht im Zusammenhang mit dem Beitrag der BUGA für Baukultur in Deutschland und für nachhaltige Stadtentwicklung. Diese honorieren das Experiment, eine BUGA mit einer Stadtausstellung zu verknüpfen.

Die wichtigste Auszeichnung ist der Staatsehrenpreis Baukultur Baden-Württemberg für die neuen Landschaften im Neckarbogen in der Kategorie Städtebau und Freiraum. „Das Planungskonzept zeigt einen beispielhaften Ansatz, wie komplexe Stadträume grundlegend neu ausgerichtet werden können", heißt es in der Begründung der Jury.

Eine große Rolle spielen diverse Auszeichnungen aus dem Bereich der Nachhaltigkeit. Verliehen werden die Diamant-Zertifizierung für das Holzhochhaus Skaio der Deutschen Gesellschaft für Nachhaltiges Bauen, der Deutsche Nachhaltigkeitspreis für den Holzpavillon oder die EMAS-Zertifizierung der Europäischen Kommission für das Umweltmanagement. Diese wurde erstmals für eine Großveranstaltung in der Dimension einer Bundesgartenschau vergeben.

Das gesellschaftspolitische Engagement der BUGA 2019 zeigt sich in Preisen wie der Goldene Rollstuhl für das inklusive Konzept und die Umsetzung als barrierefreie Veranstaltung.

BAUKULTUR BADEN-WÜRTTEMBERG

Staatsehrenpreis Baukultur 2020
Kat.: Städtebau und Freiraum
für: Daueranlage Neckarbogen

Beispielhaftes Bauen

Beispielhaftes Bauen 2020
Kat.: Quartiere
für: Stadtquarier Neckarbogen

DAUERANLAGE NECKARBOGEN

DGNB Vorzertifikat Platin 2016
Kat.: Quartiere
für: Stadtquartier Neckarbogen

FSC-Zertifizierung 2017
für: Holzsteg Neckaruferpark

Polis Award 2017
für: urbanes Flächenrecycling

BRIDGE-Preis 2018
für: Barrierefreier Ausbau der Freianlagen auf der BUGA

Contracting Preis BW 2018
für: Energieversorgung Neckarbogen

Deutscher Brückenbaupreis 2018
für: Bleichinselbrücke

DGNB Zertifizierung Diamant 2019
Kat.: Wohngebäude
für: Holzhochhaus Skaio

Anerkennung Staatsehrenpreis Baukultur 2020
Kat: Wohnungsbau
für: Holzhochhaus Skaio

Beispielhaftes Bauen 2020
Kat.: Gebäude
für: Haus 17, Skaio, Grüne Ecke, Apollo 19, Kinderhaus

TEMPORÄRE AUSSTELLUNG

German Brand Award 2017
für: BUGA-Logo

IF Design Award 2017
für: Corporate Design

DIN-geprüft Barrierefrei 2018
für: Gutachter- und Planunterlagen

EMAS Zertifizierung 2018
für: Engagement in Sachen Umweltschutz und Biodiversität

Omnicert der Umweltgutachter 2018
für: Begutachtung- und Validierungstätigkeiten

Annual Multimedia Award 2019 silber
für: Konzept Aufbruch Heilbronn, Knotenpunkt Inselspitze

Beyond Bauhaus Award 2019
für: Faserpavillon

darc awards 2019
Kat.: structures high budget
für: Beleuchtungskonzept Holzpavillon

darc awards 2019
Kat.: structures low budgets
für: Beleuchtungskonzept Faserpavillon

Deutscher Nachhaltigkeitspreis

Deutscher Nachhaltigkeitspreis 2019
Kat.: Architektur
für: Holzpavillon

Goldener Rollstuhl 2019
für: Konzept und Umsetzung einer weitgehend barrierefreien Veranstaltung

Iconic Award 2019 best of best
Kat.: innovative material
für: Holzpavillon

Iconic Award 2019 Winner
Kat.: Innovative Architecture
für: Faserpavillon

leben.natur.vielfalt
die UN-Dekade

UN-Dekade Biologische Vielfalt 2019
Kat.: Soziale Natur-Natur für alle
für: IKUGA-Projekt

Deutscher Nachhaltigkeitspreis

Deutscher Nachhaltigkeitspreis 2020
Sonderpreis Digitalisierung
für: Holzpavillon

GERMAN DESIGN AWARD WINNER 2020

German Design Award 2020
Kat.: Excellent Architecture
für: Holzpavillon,

GERMAN DESIGN AWARD WINNER 2020

German Design Award 2020
Kat.: Excellent Architecture
für: Faserpavillon

PROMOTIONAL GIFT AWARD 2020

Promotional gift award 2020
Kat.: Merchandising
für: Merchandisingkonzept

Die BUGA ist Tradition. Farbenprächtige Pflanzenwelten und moderne Gartenkunst: Bei der BUGA Heilbronn spielen Blumen, Pflanzen und Gärten eine Hauptrolle. Die BUGA bietet verschiedene Bühnen für großes gärtnerisches Können. Die Gartenschau setzt Maßstäbe in der Inszenierung von Pflanzen und in der Gestaltung individueller Gärten und öffentlicher Grünräume. Die BUGA inspiriert, informiert und begeistert Hobbygärtner und Fachleute. Zur Tradition einer Gartenausstellung kommt in Heilbronn mit der „Stadt im Werden" eine Kulisse in Mitten der Ausstellungsfläche hinzu, eine Chance die „Gärten der Stadt", urban und floral den Gartenschaugästen zu vermitteln und neue Besuchergruppen für die Bundesgartenschauen zu begeistern.

TRA DIT ION

04

DIE BUGA IST TRADITION

04 | Die BUGA ist Tradition.

► Was passiert, wenn man ein altes Lagergebäude, den Fruchtschuppen zu einer Blumenhalle umbaut? An der Schnittstelle zwischen alten Stahlträgern und überbordender Blütenfülle entsteht ein Heilbronner Märchen in 23 Szenen, entwickelt von Szenografen und Floristen.

20.12.2016, 12:25, STADTGALERIE HEILBRONN

▲ Vier Tage vor Weihnachten entert die BUGA HN 2019 GmbH einen Shop in der Innenstadt von Heilbronn. Masterstudenten der Innenarchitektur und Floristenmeisterschüler präsentieren Modelle der Fruchtschuppen-Blumenhalle.

HALLENSCHAUEN

Im Fruchtschuppen schlägt das gärtnerische Herz der BUGA. Die ehemalige Industriehalle der Bahn beherbergt die 23 Blumenschauen und bietet der Inszenierung der Pflanzen eine besondere Kulisse. Das Bestandsgebäude erweist sich als idealer Standort mit viel Atmosphäre. Ein Flair, das die häufig bei Gartenschauen zum Einsatz kommenden Zeltbauten nicht bieten können. In den vier Hallenschiffen des Fruchtschuppens sind zwei Blumenhallen mit je 1.100 Quadratmeter Fläche untergebracht.

▼ Der Fruchtschuppen der BUGA war die alte ABX-Logistikhalle mit 8.000m² zusammenhängender Innenraum.

Die traditionellen Hallenschauen stehen in der Publikumsgunst bei Gartenschauen weit oben. Das gilt auch für die BUGA in Heilbronn: Bei Tagesbesuchern und Dauerkarteninhabern haben die Blumenschauen viele Fans. Einige Ausstellungen laufen über zwei Wochen, manche sind nur eine Woche zu sehen. An den Wochenenden sind immer zwei parallel geöffnet. Unter der Woche läuft der Aufbau für die neue Schau, die freitags von der Jury begutachtet wird. Für jede Schau werden Große Goldmedaillen der Deut-

▲ Die ersten Entwürfe der Student zeigen den Fruchtschuppen als märchenhafte Wunderwelt. Visual.: HFT

schen Bundesgartenschau-Gesellschaft mbH verliehen (DBG). Kriterien sind unter anderem Pflanzenqualität, Sortimente, Wuchsformen und Ausführung. Dazu gibt es Gold-, Silber- und Bronzemedaillen sowie Ehrenpreise verschiedener Verbände und Institutionen (DBG). Zum Ende der BUGA werden Ehrenpreise des Bundesministeriums für Ernährung und Landwirtschaft und des Zentralverbands Gartenbau e. V. (ZVG) vergeben. Betriebe mit der höchsten Punktzahl werden mit Staatsehrenpreisen ausgezeichnet.

Blumenschauen sind ein unverzichtbarer Teil einer BUGA und IGA, deren Themen von den jeweils zuständigen Fachverbänden in Zusammenarbeit mit der DBG gestaltet werden. Das Interesse der Betriebe an einer Beteiligung bei den Schauen ist groß, sie bieten Floristen einen Rahmen für Kreativität. Je nach Thema bewerben sich bis zu 50 Floristenteams aus ganz Deutschland. Eine Herausforderung ist das Wetter. Die Arrangements müssen dem heißen Sommer 2019 bei Tagen mit 38 Grad und mehr standhalten. Auch Pflege, Verwendung von torffreien Substraten und die Logistik mit 600 LKW-Ladungen vor und während der BUGA sind herausfordernd für die Betriebe.

Die 23 thematischen Schauen basieren auf einem Konzept des Stuttgarter Szenografen Professor Wolfgang Grillitsch und der Floristin

Gabriele Haufe, fachliche Leiterin der Floristenmeisterschule in Stuttgart-Hohenheim. Für den interdisziplinären Ansatz haben Gärtner, Floristen, Architekten, Innenarchitekten, Tontechniker und Lichtdesigner zusammengewirkt und innovative und kreative Ideen entwickelt, die sich in den teils kuriosen Titeln wiederfinden.

▼ Erste Skizzen aus der Umsetzung, die Blumenschauen sollen mit einem Märchen als Narrativ verbunden werden. Skizze: um.nutz

23 BLUMENSCHAUEN

#YOLO
Jung, frech und verrückt kann Blume sein, nur nicht langweilig

Koloss von Rhodos
Rhododendron und Azaleen - die imposanten Schönheiten

Mischen Sie mit
Das Blumenpowerprogramm zum Mitmachen

We love Vintage - der Stil der Zeit
Sie lieben Design mit Geschichte? Dann werden Sie diese Blumenschau lieben!

Smoothie Overdose
Rund um Gesund geht nur mit Pflanzen

LiebesSchlösser / Herzrasen
Der schönste Tag im Leben geht nicht ohne Blumen

Vergiss die Rose nicht!
Eine Hommage an die Königin der Blumen

Die besten Dinge im Leben
NRW mit Blumen für ein ganzes Leben

Fremdgehen
Exotische Schönheiten locken

Hygge
Das Lifestyle Glücksprinzip, Fashion & Living mit Blumen und Pflanzen, so steigern Sie ihr persönliches Wohlbefinden.

Guck mal, der Neckar schwimmt / Rand voll
Lebensraum Wasser, denn ohne Wasser geht nichts!

In stillen Nächten - eine Nachtschau
Stille Momente - die Blumenschau zum Innehalten

23 BLUMENSCHAUEN ...

Feel the (heart) beat
Am Puls der Zeit

We are Family- wo das Leben beginnt
Das Wichtigste im Leben durch die Blumen ausgedrückt. Zum Schauen und Mitmachen für die ganze Familie.

Ein Fuchs muss tun, was ein Fuchs tun muss
Den Glockenblüten und ihren Begleitern gehört der Sommer

Pink Flamingo
80er-Jahre Feeling garantiert, denn das hier ist Miami!

Ran an die Farbe
Blumen- und Farbenvielfalt

IKEBANA
Kontrast und Harmonie

Da blüht Ihnen was
Dahlia - die Grande Dame des Spätsommers

Vom Genießen/ Wein, Weib und ....
Augenweide und Gaumenschmaus - ein Wohlgefühl für alle Sinne

Love is all you need
Geschichten von der Liebe

Natürlich Kostbar
Wir sagen „Danke" für die Kostbarkeiten der Natur

Florale Hingucker
Kreativität und handwerkliches Können vereint Blumen zu floralen Kunstwerken

Eine Auswahl:

„We love Vintage" - Design mit Geschichte: Nostalgische Requisiten wie alte Stühle, Vasen, Gläser und Gefäße kommen zum Einsatz. Eine Tafel wie für eine Hochzeitsgesellschaft der 1920er Jahre thront in der Mitte der Halle, bekrönt von üppigen Sträußen mit Lilien, Pfingstrosen und Löwenmäulchen. Ergänzt sind die Inszenierungen in den Pflanzbeeten von einer Hortensienschau.

"Smoothie overdose": „Überdosiertes Mixgetränk" ist eine ironische Anspielung auf den Smoothie-Hype. Kräuter und Grünzeug aller Art sprießen in der Halle. Es gibt Gurken, Tomaten, Obstbäume. Hier wird experimentiert, ein Labor ist aufgebaut. „Regrowing" heißt der Trend gegen Verschwendung von Lebensmitteln. Grünabfall wächst in Reagenzgläsern zu neuem Gemüse heran. Aus Strünken von Salat, Lauch und Frühlingszwiebeln sprießen in kurzer Zeit neue Blätter, die sich zu Smoothies verarbeiten lassen.

„Guck" mal, der Neckar schwimmt - randvoll": 52.000 Liter Wasser hat die Feuerwehr in den Fruchtschuppen gepumpt, für eine 350 Quadratmeter große Wasserlandschaft. Ein barrierefreier Holzsteg führt die Besucher in eine fantastisch arrangierte Pflanzenwelt: Dicke Rosensträuße und Gladiolen wachsen aus dem dunklen Neckarwasser, dazu Froschlöffel und Wassersalat. Fleischfressende Pflanzen warten in Zinkwannen auf Insekten. Eine technische Installation, versteckt in alten Bauernschränken, bringt Bewegung in das Arrangement, zieht unsichtbar an den Schnüren, die spinnwebengleich in der Halle gespannt sind. Aus Lautsprechern kreischen Papageien und zwitschern Vögel. Am Grund des Teiches gurgelt und brodelt es. Aus alten Duschköpfen spritzt Wasser in alle Richtungen. Auch junge Zuschauer lassen sich von dieser Installation begeistern.

► Blumenschauen: „Guck mal der Neckar schwimmt", „Der Koloss von Rhodos", die Stellagen sind veränderbar für die raumhohen, gärtnerischen Installationen

Hallengestaltung
Roth Floral Projects GbR & Team
44287 Dortmund
info@roth-floralprojects.de

▲ **Fruchtschuppen - Halle der Vielfalt.** Im Fruchtschuppen fließen die Nutzungen Blumen, Gastro, Veranstaltung ineinander, Innenarchitekten, Gastronomen und Floristen kooperieren.

▲ Zwischen den Blumenhallen befindet sich die Pflanzbar, ein Gärtnermarkt als Conceptstore neu gedacht. Er bietet den Besuchern Genuss mit allen Sinnen.

DAS KONZEPT DER GARTENAUSSTELLUNG

Die fünf Atmosphären

Aus einer Industriebrache eine verwandelte Stadtlandschaft entstehen zu lassen, war in Heilbronn die besondere Herausforderung. Überall sind die Spuren der industriellen Vornutzung spürbar. Warum die Konversion, die Transformation einer Stadtlandschaft nicht als eigenes, kontrastreiches Kulissenspiel einsetzen, die Stadt im Wandel als Bühnenraum am Fluß zu zeigen und damit die Qualitäten des Wandels in Heilbronn spürbar zu machen ?

▲ Baustellenbaken als Ausstellungsobjekte: Die Stadtbaustelle ist augenzwinkernd zu Gast auf der LGS Öhringen.

Das Ausstellungskonzept der BUGA basiert auf fünf Themenwelten, fünf Stimmungen, fünf Atmosphären, die zusammengefügt für eine vielfältige Ausstellung voller Kontraste stehen. Impulsgeber für dieses Konzept waren die Ergebnisse des städtebaulichen und des freiraumplanerischen Wettbewerbs, die Vorgaben der Stadt Heilbronn sowie die Gegebenheiten des Geländes.

Die BUGA will kein botanischer Garten sein, aber über Gartenthemen das klassische Gartenschau-Publikum ansprechen. Botanische Raritäten und Besonderheiten und auch das Experimentieren mit Pflanzen gehören dazu.

Auf dem Gelände gedeihen mehr als 1.000 verschiedene Sorten und Arten. Informationen über Pflanzen direkt am Objekt sind den Besuchern wichtig, an manchen Stellen kommen sie zu kurz. Auf der Bleichinselbrücke wird nachgebessert. An den Großgehölzen der schwebenden Baumschule werden zusätzlich runde, bunte Tafeln angebracht, die über Merkmale, Alter und Herkunft der Bäume Aufschluss geben. Seitdem bleiben dort mehr Leute stehen.

Die neuen Ufer

Im nördlichen Bereich des BUGA-Geländes im Wohlgelegen, spüren die Besucher die Transformation des Neckars und den neuen Umgang mit der Flusslandschaft. Über den 600 Meter langen Holzsteg ist das neue Ufer als Erholungslandschaft erlebbar, die auch Tieren und Pflanzen Lebensraum bietet. Je nach Wasserstand sind die Bereiche überflutet. Das erfahren die BUGA-Besucher in der zweiten Mai-Hälfte, als der Holzsteg zum Wohlgelegen einen halben Tag lang gesperrt bleibt. Die neuen Ufer zeigen den spannenden Kontrast zwischen Industrieareal und ökologischen Wasserlandschaften.

Oberhalb der Auenlandschaft befinden sich die Spuren der Industriegeschichte. Im Anbau der Rettenmaier-Fabrik erzählt das Landesamt für Denkmalpflege die Geschichte der industriellen Nutzung des Neckars und öffnet für die Besucher damit diese kontrastreiche Kulisse direkt neben dem Neubau des Technologiezentrums Wohlgelegen am Neckar. Die Ausstellungsbereiche auf den zukünftigen Bauflächen des Technologieparks machen neugierig auf Spielarten des naturnahen Gärtnerns.

▲ Der isometrische Ausstellungsplan leitet die Besucher durch das BUGA-Gelände. Über 100 Ausstellungspunkte in fünf Atmosphären versprechen einen genussvollen Tag. Plan: BUGA HN 2019 GmbH/ Gruppe Sepia

„In Heilbronn wurden mit Hilfe des Formats Bundesgartenschau ökologische, soziale und ökonomische Aspekte eines integrierten Stadtentwicklungsprozesses erfolgreich umgesetzt. Dabei konnte der gärtnerische Berufsstand in seiner ganzen Bandbreite beispielhaft demonstrieren, wie durch zeitgemäße Planung und Ausführung sowie mit geeigneten Pflanzen und Bäumen nachhaltige grüne Infrastruktur geschaffen wird."

JOCHEN SANDNER | DBG

▲ **Angebeetet - Schönheit der Pflanze.** Die Vielfalt der Pflanzenausstellung ist verbindendes Element auf der Gartenschaufläche. Thematisch reagieren die Pflanzplaner auf die

Ausstellungen. Blühender Wechselflor kombiniert mit strukturbildenden Nahrungsmittelpflanzen im Schaufenster der Regionen/ Landwirtschaft in Baden-Württemberg. Planung: Pelz

Beim Hochwasser am 22. Mai rückt die Feuerwehr Heilbronn mit fünf Einsatzkräften aus, um das Nest einer Schwanenfamilie zu sichern. Taucher schieben einen aus Holz gezimmerten Schwimmponton unter das Nest, in dem fünf Eier liegen. Die mit Seilen gesicherte Holzkonstruktion verschafft dem Nest Auftrieb. Die Schwaneneltern kehren zurück und brüten alle Eier aus. Von den anfänglich fünf Schwanenküken überleben drei Tiere.

Im Garten der Umweltverbände wird der Kleingarten neu gedacht. Hobbygärtner werden ermuntert, den Garten als Naturraum zu sehen. Erlebbar wird sommerliche Hitze in einem „Garten des Grauens“: Unter diesem Namen sind die mit Gabionen und Schotter gestalteten Steingärten bekannt geworden.

Den nördlichen Auftakt in das BUGA-Gelände im Wohlgelegen übernimmt das Feld Region Heilbronn-Franken. Darin eingebettet ist auch der Landkreispavillon. Die Region zeigt sich den Gästen in der ganzen Vielfalt der Wirtschaftsstärke, des Genußes in der Kulturlandschaft und des sanften Tourismus an Neckar, Jagst und Kocher. Im Wohlgelegen sehen Besucher einen Querschnitt durch die Landwirtschaft der Region.

Dort wachsen alte Getreidesorten, Kartoffeln, Mais, Gemüse, Zuckerrüben, Himbeeren und Kirschen sowie seltenere Pflanzen wie Soja, Amarant oder Schlafmohn. Was reif und direkt essbar ist, dürfen Besucher naschen. Bauern zeigen am Wochenende Präsenz, informieren über ihre Arbeit.

Das landwirtschaftliche Technologiezentrum des Landes Baden-Württemberg diskutiert in Seinem Beitrag die Folgen des Klimawandels auf die Landschaft von Starkregen bis Dürre.

▾ Das „Schaufenster der Region“ in der Atmosphäre „Die neuen Ufer“. Auf zukünftigen Baufeldern des Technologieparks Wohlgelegen begrüßen der Landkreis und die Region Heilbronn-Franken die Bustouristen am nördlichen Eingang.

▲ „Made in Heilbronn-Franken“ heißt das Feld, auf dem eine Vielzahl von Akteuren die Region zwischen Wirtschaftsstärke und Lebensart vorstellen und bekannt machen.

▲ Von der ersten Skizze 2017 bis zum Bau der Ausstellung im Frühjahr 2019 war ein langer Weg. Die Idee, der Fabrikbesitzer rollt seinen „roten Teppich“ für die Gäste aus, war schwierig umzusetzen, denn die Holzmehlfabrik ist noch aktiv. Skizze: BUGA HN 2019 GmbH

▲ Das Landesamt für Denkmalpflege gestaltet im Bauhausjahr die Ausstellung zum Industriekanal Neckar. In der alten Rettenmaierfabrik lässt sich die Neckargeschichte authentisch erfühlen.

Die Sommerinsel

Lieblingsort vieler Besucher sind von Anfang an die Ripples, die von Gras bewachsenen Wellenhügel der Sommerinsel: Dort trifft man sich zum Picknick und schaut den Wasserspielen zu. Für Kinder ist es ein Spielplatz zum Tollen und sich hinunter Rollen. Ein informeller Ort, ein Raum zwischen den Seen, wo zukünftig einmal der westliche Flügel des Stadtquartieres stehen wird. Der Boden war vom Baugrundmanagement noch als Restmenge zur Abfuhr in einen externen Lärmschutzwall übrig und wurde den Landschaftsarchitekten für die Ausstellung als Modelliermasse auf Zeit zur Verfügung gestellt.

In der Frühlingszeit wachsen Tulpen auf den Hügeln. Am Saum der Wellen gedeihen später silberlaubige Blumen und Stauden im hellen Kies. An die wellenförmigen Strukturen, die das Wasser in den Meeresboden zeichnet, sollen die Hügel erinnern, die am Computer entworfen und die von Baggern mittels GPS-Steuerung nachgebaut werden.

Die Sommerinsel mit Karlssee und Floßhafen ist ein Ort der Leichtigkeit, der bunte Sommerflor bringt eine heitere Stimmung. An den Ufern wachsen Gräser und Stauden. Am Karlssee ragen Holzdecks wie Halbinseln ins Wasser. Die offenen bionischen Pavillons stehen für die Verknüpfung von Architektur und Landschaft.

Und schließlich ist der 1.500 Quadratmeter große Rosengarten in der Besucherbefragung eines der Highlights. 8.000 Rosen wachsen auf der BUGA insgesamt. Rosenfreunde können sich entscheiden zwischen dem neobarocken Duftrosengarten von Kölle oder den progressiven Dünenrosenlandschaften, die sich so gar nicht in das Motiv eines Rosengartens drängen lassen, aber emotional authentische neue Bilder auf der Gartenschau erzeugen. Die Strandkörbe an der Beachbar dürfen dabei zum Gesamteindruck nicht fehlen.

▲ Im Gegensatz zu klassichen Wechselflorbeeten zwischen Holzkanten entwickeln sich die Pflanzungen auf der Sommerinsel organisch, von ruderal bis kultiviert. Planung: Loma

3.00
2.00

◄ Rasen-Ripples, Landschaften auf Zeit aus überschüssigem Erdmaterial Skizzen: Loma
▲ Die Sommerinsel bietet Aufenthaltsqualität und beherbergt die Wechselflorausstellung

▲ Der Rosengarten zwischen Tradition und Progression: Vom „neobarocken“ Heilbronner Käthchenmotiv zum experimentellen Dünenrosengarten mit Strandbar

Die Stadt im Werden

Die BUGA-Besucher nehmen am Entstehungsprozess des Stadtteils Neckarbogens teil. An diesem Ort demonstriert die BUGA, dass Natur und städtischer Raum in Einklang zu bringen sind. Der Rückbau der Kalistraße ermöglicht den südlichen Neckaruferpark mit der Promenade am Fluss. Die Verbindung von Gebautem und belebten grünen Freiräumen finden die Besucher in den Innenhöfen der Stadtausstellung. Die Stadt im Werden ist eine neue, urbane Kulisse auf einer Gartenschau.

Auf dem großen, angefangenen Baufeld neben der Jugendherberge präsentiert der Verband Garten-, Landschafts- und Sportplatzbau das erste Mal auf einer Gartenschau ein gemeinsames, thematisches Planungsfeld der Gartenwelten. Sechs Regionengärten gliedern einen städtischen Freiraum, der als modularer Baukasten die Kompetenz Grün im Klimawandel den Gästen aufzeigt. Wasser in der Stadt, modulare Schattierung, helle Materialien, hitzeangepasste Pflanzungen sind erlebbare Bausteine, die Klimawandelfolgen in der Stadt zu begrenzen. Das mehrere tausend Quadratmetergroße Planungsfeld ist Anlaufpunkt für Konferenzen, Führungen und Bildungseinheiten im „Haus der Landschaft".

Der temporäre Pavillon Forum Heilbronn neben der Jugendherberge ist ein multimediales Kunstwerk. Besucher sitzen auf besonderen Schaukeln, die am oberen Ende mit Monitoren bestückt sind. In Endlosschleife laufen Spots, Interviews und ein satirischer Beitrag über Heilbronn. Der Pavillon steht an der Schnittstelle zwischen Gartenschau und Stadtausstellung. Er steht für die Zusammenarbeit von Stadtverwaltung und Bundesgartenschau, ein bislang für eine BUGA einmaliges, gemeinsames Projekt.

▲ Die BUGA zeigt die Gärten der Stadt. Promenaden, Tribünen, Innenhöfe und urbane Pocketgärten bieten fachliche Anregung, Raum für Erholung und Kulisse für Performances.

H|N

Das Forum Heilbronn ist kontemplativer und repräsentativer Ort der Gastgeberstadt. Bundespräsident Frank-Walter Steinmeier trägt sich ins goldene Buch der Stadt ein. Visualisierung: Joos Keller

Das Inzwischenland

Gartenkabinette, ein Pappelwald auf Zeit, ein Eventort mit der Sparkassenbühne: Das Inzwischenland steht für die große Vielfalt der Heilbronner BUGA. 1.700 Pappeln wurden bereits im Herbst 2015 als Energiewald gepflanzt und sind in vier Jahren so hochgewachsen, dass der Inzwischenwald als Schattenspender eine bedeutende Funktion erfüllt.

▲ Das Inzwischenland wird nach der BUGA der zweite Bauabschnitt des Neckarbogens.

Über zwanzig Gartenräume gliedern sich in drei Bereiche: Im Süden das gemeinsame Gärtnern als „community" von den Kleingärtnern bis urban gardening, die Gartenexperimente im Zentrum und im Norden die Gärten als Lebensgrundlage von Ernährung, Heilung bis Spiritualität.

Die Vielzahl der Einzelbeiträge wird durch eine gemeinsame Kommunikationsstrategie zusammengehalten. Die Gartenabgrenzungen aus Bannerstoffen dienen der Orientierung und Kommunikation im Raum. In den Gartenkabinetten reicht die Bandbreite von klassischen gärtnerischen Themen bis zum experimentellen Gärtnern. Mehr.WERT.Garten und Imkergarten thematisieren hochaktuelle Fragen zum Umgang mit Umwelt und Natur.

Der Kirchengarten mit seinem Motto „Leben schmecken" rückt das Thema Wertschätzung der Schöpfung in den Mittelpunkt. Der interkulturelle Garten IKUGA ist ein Beispiel für die Vernetzung der BUGA mit der Bürgerschaft. Dort bewirtschaften Heilbronner unterschiedlicher Herkunft seit 2018 gemeinsam eine Parzelle. Im Salzgarten steht ein acht Kubikmeter großer Quader aus dem Salzbergwerk Heilbronn. Der 20 Tonnen schwere Salzblock verändert in 173 BUGA-Tagen seine Gestalt, bekommt Risse und Einkerbungen. Regen löst das Salz, nachdem die Feuchtigkeit verdunstet ist, bleiben weiße Salzblüten zurück.

Und schließlich ist der Dahliengarten ein Höhepunkt für Blumenliebhaber. 2.500 Pflanzen - Hirschgeweihdahlien, Kaktusdahlien, Stellardahlien, Pompon- oder Balldahlien – wachsen ab Spätsommer auf der Fläche vor der Sparkassenbühne. Dahlien-Experte und Planer Tim Meyer experimentiert dort mit dunkelroten Sorten. Eine Neuheit der Heilbronner BUGA: Pflanzfelder sind nur zu 70 Prozent mit Dahlien und dafür zu 30 Prozent mit Sommerblumen und Gräsern durchsetzt.

Zum Inzwischenland gehört auch der Bereich zwischen Sparkassenbühne und Hauptbahnhof. Auf der Holzverlade, die temporär angemietet wurde, wachsen sukkulente Pflanzen in die Höhe. Nördlich schließen sich die Ausgleichsflächen für die Eidechsen an, in dem steinernen und heißen Abschnitt der Gartenschau fühlen sich diese Pflanzen auf extremen Standorten sehr wohl.

Mit Unterstützung des süddeutschen Eisenbahnmuseums entsteht ein stimmiger Übergang zu den Gleisanlagen am Hauptbahnhof.

▲ Auch der Kakteengarten ist ein gärtnerischer Ausstellungsbeitrag. Die BUGA sucht nach authentischen Antworten für die originären Atmosphären, hier die ehemalige Bahnlogistik.

▲ **Das Inzwischenland - Gärten auf Zeit.** 21 Gartenkabinette zwischen Communitygärtnern und Gartenexperimenten, bunte Klassenzimmer unter 1.700 Pappeln.

Apothekergarten mit Kräuterbeeten, audiovisueller Bienengarten, Kunsthandwerkergarten mit Werkstatt, Salzgarten der Südwestdeutschen Salzwerke,... Skizze Übersichtsplan: Sinai

▲ **Pappeln als Energiewald und Schattenspender.** Im Labyrinth der Gartenkabinette ist Orientierung gefragt, Die Kabinette gliedern sich in drei Bereiche: Communitygärtnern

mit dem Landfrauengarten, Gartenexperimente wie Terra Australis und essbare Gärten wie der Pilzgarten mit gekühltem Ausstellungscontainer. Visualisierung: Sinai/ Gruppe Sepia

▲ Ein Blick hinter Kulissen, der Asphalt der Bleichinselbrücke ist ideal für eine Containerbaumschule.

▼ Pflanzenproduktion mit Automatisierung in dieser Dimension zu zeigen, trifft den Nerv der Region.

Die Forscherinsel

Spektakuläre experimenta, denkmalgeschützte Wilhelm-Schleuse, alter Baumbestand: Vom Eingang Innenstadt führen mehrere Wege durch den Stadtdschungel mit seinen üppigen Stauden und Gräsern. Die Licht-Wasser-Installation mit dem Stahlgeflecht setzt in der Straßenunterführung das Fassadengrün eindrucksvoll in Szene.

An heißen Tagen genießen Besucher die feuchte, kühle Luft im Durchgang unter der Eisenbahnbrücke. Es gibt verschlungene Pfade und überraschende Ecken. Aus einem kaum zugänglichen Grünzug schafft die BUGA auf der Kraneninsel als Teil des Neckaruferparks eine bleibende Gartenlandschaft, der die Innenstadt mit den neuen Grünflächen des Neckarbogens verbindet.

Der Campuspark auf der anderen Seite des Neckars ist vor allem für die Heilbronner eine Entdeckung. Bislang war das Gelände kaum zugänglich. Nun sind die ältesten Platanen Heilbronns zu bestaunen, der Zugang zum Neckar ist frei. Es ist ein Ort zum Durchatmen und Bewegen: Mit dauerhaft installierten Sportgeräten und einem Gradierwerk und während der BUGA für Sport im Park.

Während der BUGA ist die Bleichinselbrücke begrünt, der Zugang aufs Gelände vom Eingang Campuspark. 40 seltene Solitärgehölze in Pflanzkübeln auf der einen sowie 3.000 Stauden und Sträucher auf der anderen Seite überdecken den Asphalt und lassen für Fußgänger und Fahrzeuge nur einen schmalen Streifen frei.

Die Gehölze der schwebenden Baumschule, beispielsweise Mahagoni-Kirsche, Flaumeiche, Eisenholzbaum oder Zimtahorn sind bis zu 25 Jahre alt. Der Topfteppich gibt erstmals bei einer BUGA Einblick in die Produktion. Ein automatischer Gießwagen rollt über die Brücke und wässert die Stauden. Die anfängliche Skepsis der Planer, ob Besucher technische Geräte im

▲ Solitärbäume an Tröpfchenbewässerung, wo zukünftig Autos fahren sollen. Urbane Gärten auf dem Straßenbelag.

Einsatz sehen wollen, ist unbegründet. Viele Besucher finden das tatsächlich spannend und bleiben stehen.

Zur Forscherinsel gehört auch der Bereich mit der Grabgestaltung mit 67 Mustergräbern direkt am Eingang Campuspark. Die Gestaltung mit Frühjahrs-, Sommer- und Herbstbepflanzung ist zugleich ein spannender gärtnerischer Wettbewerb und eine friedhofsgärtnerische Leistungsschau des Bunds deutscher Friedhofsgärtner (BdF) im Zentralverband Gartenbau e.V. (ZVG). Nach einem festen Punktespiegel werden Medaillen und Ehrenpreise vergeben.

Die drei Gräber, die während der gesamten Laufzeit die höchsten Bewertungen erhalten, werden zum Abschluss mit dem Staatsehrenpreis ausgezeichnet. Schwerpunkte der Bewertung sind die Saisonbepflanzung sowie die sachgerechte Verwendung aller Pflanzen und deren Dauerhaftigkeit. Eine besondere Rolle in der Bewertung spielt das stimmige Gesamtbild von Grabmal und Bepflanzung.

▼ Am Anfang steht die verrückte Idee, die sich den vielen Anforderungen des öffentlichen Raums stellen muss, eine Autobrücke als Containerbaumschule - undenkbar. Auf einer BUGA kann man Dinge ausprobieren, die sonst auf gewidmeten, öffentlichen Straßenräumen nicht möglich wären. Skizzen: BUGA HN 2019 GmbH

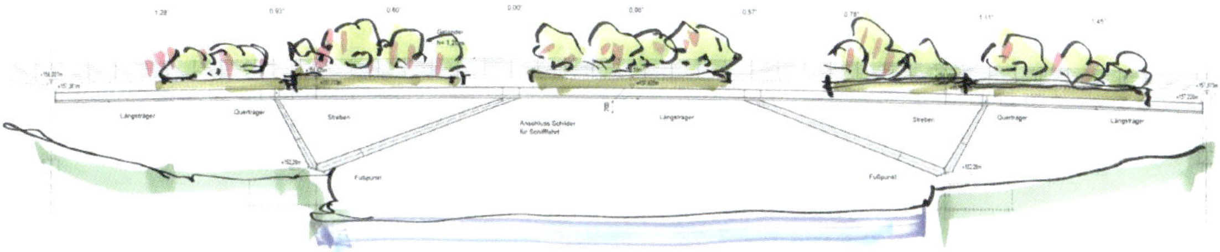

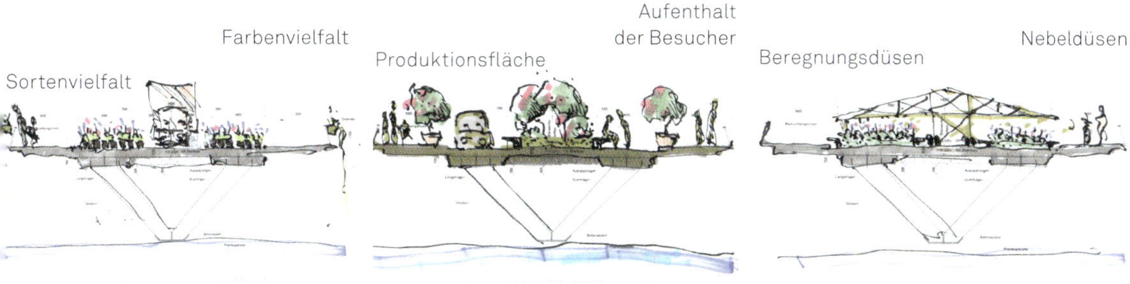

14.04.2019, 12:28, NUR NOCH DREI TAGE

▲ In drei Tagen ist die Eröffnung der Bundesgartenschau Heilbronn 2019. Auf dem Gelände der Friedhofsgärtner herrscht bei regnerischem Wetter geschäftiges Treiben. Die Wettbewerbsteilnehmer des BdF und BIV drängeln sich an ihren Beiträgen.

▲ Der Friedhof liegt gegenüber dem Stadtquartier am anderen Neckarufer. Neben der klassischen Wettbewerbsfläche führt der Kunstbeitrag Capella von Daniel Bräg in die Friedhofsatmosphäre ein.

GÄRTNERISCHE WETTBEWERBE

Freilandwettbewerbe	Staatsehrenpreisträger	
Frühjahrsblüher und Sommerblumen	Gold	ARGE Gärtnereien Hofmann, Pudell, Roth
	Silber	Gärtnerei & Floristik Bauer
	Bronze	Gärtnerei - Floristik Rainer Heckel
Frühjahrs- und sommerblühende Blumenzwiebeln und Knollen	Gold	Verver Export GmbH
	Silber	Küpper Blumenzwiebeln & Saaten GmbH
	Bronze	Gartenbau Paul Panzer
Grabgestaltung	Gold	AST Konzelmann/ Schmid/ Walz
	Silber	AST Rankl/ Haag
	Bronze	Friedhofsgärtnerei und Blumenhaus Hellekamps-Rottler e.K.
Landschaftsgärtn. Bauwettbewerb	Gold	Bietigheimer Gartengestaltung GmbH
Landschaftsgärtn. Pflegewettbewerb	Gold	Bietigheimer Gartengestaltung GmbH
Landschaftsgärtn. Bausituationen	Gold	Region Enzgärten Mühlacker

Hallenwettbewerbe	Staatsehrenpreisträger	
Grünpflanzen, Blühende Topfpflanzen und andere Klassen, Einzelaussteller	Gold	E. Heublein Gartenbau
	Silber	Orchideengarten Inh. Morei Karge-Liphard
	Bronze	Bonsai Werkstatt Inh. Werner M. Busch
Schnittblumen, Einzelaussteller	Gold	Peter‘s Gärtnerei
	Silber	Gartenbau Paul Panzer
	Bronze	Dahlien-Schwieters GbR
Gemüse und Obst	Gold	Fischer-Gemüse GmbH & Co. KG
	Silber	Peter Marseille
	Bronze	Andreas, Martin und Gustav Löwer GbR
Standaufbau	Gold	Roth Floral Projects & Team
	Silber	Florwerk
	Bronze	BlumenTeamBäuerle GbR
Floristikschau	Gold	Creativ-Team
	Silber	Team Creativ and Friends
	Bronze	GBF-floralARTinternational
Anwendungsbezogene Information in Gold/ ZVG	Gold	Thüringer Landesamt für Landwirtschaft und Ländlichen Raum, Lehr- und Versuchszentrum Gartenbau
	Silber	Prager´s Blumen & Floristik
	Bronze	Erfurter Garten- und Ausstellungs gGmbH (ega)

Freiland- und Hallenwettbewerbe	Staatsehrenpreisträger	
Stauden	Gold	Stauden Becker GmbH
	Silber	Gärtnerei und Gartengestaltung Bruchmüller
	Bronze	Rieckhoff Floristik & Gartenbau
Gehölzwettbewerbe	Gold	Rabben Baumschulen G. Rabben GbR
	Silber	Bruns Pflanzen-Export GmbH & Co. KG
	Bronze	Weinsberger Rosenkulturen GbR
Neuheitenwettbewerb	Gold	Peter‘s Gärtnerei
	Silber	W. Kordes‘ Söhne - Rosenschulen GmbH & Co. KG
	Bronze	Rosen Tantau Vertrieb GmbH Co. KG

▲Anlässlich der BUGA 2019 wird im Kölle Rosengarten die neue Sorte „Käthchen von Heilbronn" der Rosenzucht Noack getauft. Grünflächenamtsleiter Hans-Peter Barz hält die Ansprache.

Die 5 Atmosphären der Gartenausstellung:

- Die neuen Ufer
- Forscherinsel
- Sommerinsel
- Stadt im Werden
- Inzwischenland

8.000 Rosen wachsen insgesamt auf der BUGA. Ein Großteil im **1.500 qm großen Rosengarten.**

100.000 Stauden

67 Mustergräber werden als Wettbewerb der BdF und BIV mit Frühjahrs-, Sommer- und Herbstbepflanzung gestaltet.

In **23 thematischen Blumenschauen** werden Pflanzen besonders und kreativ inszeniert. Bis zu **50 Floristenteams aus ganz Deutschland bewerben sich** je nach Thema.

ca. 40 Staatsehrenpreise werden während der BUGA vergeben.

1 Mio. Blumenzwiebeln

Im Fruchtschuppen sind je **zwei 1.100qm große Blumenhallen** untergebracht.

Immer an den Wochenenden sind beide **Blumenschauen parallel geöffnet.**

250.000 Frühlings-, Sommer- und Herbstblüher

Mehr als **1.000** verschiedene **Sorten und Arten an Pflanzen** gedeihen auf dem Gelände.

Als Lieblingsort vieler Besucher gelten die

Ripples.

Die Wellenhügel wurden am Computer entworfen und **mittels GPS-Steuerung von Baggern nachgebaut.**

964 Bäume und **1.700 Pappeln** wurden gepflanzt

21 Gartenkabinette im Inzwischenwald reichen von klassischen Themen bis zum experimentellen Gärtnern.

Die BUGA ist emotional. Fröhlich, bunt, leuchtend, leicht. Die Bundesgartenschau trifft mitten ins Herz: Kein anderes Ereignis hat in Heilbronn jemals so viele positive Emotionen geweckt und Menschen begeistert. Mit der BUGA hält eine neue Leichtigkeit Einzug in Heilbronn. Die BUGA versöhnt die Heilbronner mit ihrer viel geschmähten Stadt und bringt ihnen den Bürgerstolz zurück. Von Anfang an haben sich die Heilbronner ihre BUGA angeeignet und haben Besitz genommen von dem Gelände. Die BUGA ist Lebensfreude, Festivalsommer, Blumenrausch und Treffpunkt für alle Generationen. Ein Glas Wein bei der Wein Villa. Ein Picknick auf der Sommerinsel. Eine entspannte Pause unter den Pappeln im Inzwischenland. Ein außergewöhnliches Konzerterlebnis. Ein spannender Vortrag. Die BUGA ist aber auch konsumfreie Zone. Die Besucher können einfach nur da sein und genießen.

EMO TIO NAL

05
DIE BUGA IST EMOTIONAL

05 | Die BUGA ist emotional.

► BUGA begeistert bis zur Erschöpfung. Die sonniggelben Sitzsäcke im Campuspark bieten Erholung im Schatten großer Bäume.

BUGA BEGEISTERT

Für viele Heilbronner wird die BUGA zum Sehnsuchtsort. Wer das Gelände betritt, fühlt sich wie verwandelt und wird Teil einer Welt des Schönen, des Erlebens, des Erholens und des Wissens. Bei den Heilbronnern weckt die BUGA nie gekannte Emotionen für ihre Stadt und eine über den ganzen Zeitraum anhaltende Begeisterung für das Großereignis. Doch auch bei den auswärtigen Gästen kommt die BUGA 2019 an. Das zeigt sich in der Endauswertung der Besucherbefragung.

Für die offizielle Besucherbefragung werden in der Zeit zwischen 17. April bis 20. September 1014 Personen ab 15 Jahren befragt. Die Fragestellungen decken alle Bereiche ab: Aufgeführt sind unter anderem Besuchsgrund, Anreise und Parkmöglichkeiten, Beurteilung ausgewählter Angebote, Image und Gesamteinschätzung, Preisniveau und Tagesausgaben, Sponsoring und Kaufverhalten sowie soziodemographische Daten.

Die ganz große Mehrheit der Befragten ist mit dem Besuch der BUGA sehr zufrieden: 98 Prozent stimmen dieser Frage zu. Ebenso wollen nahezu alle Besucher - 97 Prozent - die BUGA Freunden, Bekannten oder Kollegen weiterempfehlen. Ebenso gut wird das Konzept der kombinierten Stadt- und Gartenausstellung bewertet.

Ob gärtnerische Bereiche, die Aufteilung in Atmosphären, die Kunst, die vielen Spielplätze, der Kletterfelsen, der Boots-Shuttle und das Veranstaltungsprogramm: Diese Angebote erhalten fast ausschließlich gute und sehr gute Noten. Schlechte Bewertungen liegen im Bereich von ein bis zwei Prozent. Einzig bei Infrastruktur, Sitzmöglichkeiten und sanitären Anlagen steht den 45 Prozent sehr guten und 39 Prozent guten Beurteilungen ein kleiner Anteil von 5 Prozent gegenüber, die diese Bereiche als schlecht empfunden haben.

Das allgemeine Preisniveau wird überwiegend als in Ordnung bewertet. Weniger als ein Drittel empfindet die Angebote auf der BUGA als zu teuer. Bei Eintrittspreisen für die Dauerkarten trifft dies sogar nur auf drei Prozent der Besucher zu. Die Preise für Tageskarten empfinden jedoch ein Drittel als zu hoch.

Die Gastronomie polarisiert am meisten. Bei allen Kriterien überwiegen bis auf eine Ausnahme dennoch die positiven Bewertungen: Es sind Sauberkeit, Verteilung und Lage, Regionalität, Vielfalt und Qualität. Einzig das Preis-Leistungs-Verhältnis wird nur von 47 Prozent als sehr gut oder gut bewertet, elf Prozent geben eine schlechte Beurteilung.

Nur ein sehr kleiner Teil der Befragten erlebt in anderen Bereichen Störfaktoren. Etwa bei der Anreise haben acht Prozent der BUGA-Besucher etwas zu bemängeln. Sie empfinden vor allem die Beschilderung als unzulänglich. Staus, die schlechte Ausschilderung von Parkplätzen und verspätete Bahnen werden als schlecht beurteilt.

Mehr als die Hälfte hat bereits weitere Bundesgartenschauen besucht. 45 Prozent der Besucher kommen aus Baden-Württemberg, 30 Prozent aus einem anderen Bundesland, 25 Prozent aus Heilbronn. 1 Prozent gibt das Ausland als Wohnsitz an.

Die typische BUGA-Besuchende ist eine 56-jährige Tagesausflüglerin aus der Region, die mit Partner 5 bis 6 Stunden auf dem Gelände verbringt, knapp 19,40 Euro ausgibt und mehrfach Gartenausstellungen besucht hat.
Im Rahmen des BUGA-Besuches haben Besucher außerhalb des Geländes 5,20 Euro in der Stadt ausgegeben. Langfristig kann Heilbronn im touristischen Sektor von der BUGA profitieren. 74 Prozent der auswärtigen Befragten halten es für wahrscheinlich, in Zukunft erneut Heilbronn zu besuchen.

▲ Bei den Kunstwerken begeistern die figürlichen Darstellungen im Kontext zur Landschaft. Publikumsliebling sind die Alltagsmenschen „Duscher“ von Christel Lechner.

▲ **Emotion pur in der Community.** Jeden Monat haben die BUGA-Fans über die besten Bildeinsendungen online abgestimmt und uns den Festivalcharakter der BUGA Heilbronn gespiegelt.

GASTRONOMIE

Das gastronomische Konzept in Heilbronn unterscheidet sich von den meisten bisherigen Gartenschauen. Mit der „Fantastic Gartenschau Catering GmbH“ aus Leipzig gibt es zwar einen großen Betreiber, der sieben Standorte mit 1.500 Sitzplätzen unterhält. Aber eben nicht nur.

Das gastronomische Angebot auf dem Gelände ist vor allem geprägt von mehreren Anbietern und Gastronomen aus der Region, die knapp die Hälfte der Sitzplätze vorhalten. Küchenhandwerk und Vielfalt sollen die Gastronomen bieten, dazu hohe Qualität bei Produkten, Speisen und Getränken sowie im Service. Aus der Erfahrung anderer Gartenschauen ist der Stellenwert der Gastronomie bei den Besuchern bekannt. Gut zu essen und zu trinken ist sehr wichtig, um den Besuch auf der Bundesgartenschau zu einem schönen Tag werden zu lassen. Jeder Besucher soll deshalb ein passendes gastronomisches Angebot finden.
Das Heilbronner Bundesgartenschaugelände eignet sich, um viele unterschiedliche Gastronomien zu installieren, die über das ganze Areal verteilt sind. Es gibt viele kleinere Einheiten, die zum Teil in temporären Bauten und Containern untergebracht sind. Es gibt insgesamt 14 gastronomische Standorte mit zusammen 2.780 Sitzplätzen.

Auf ein großes Zelt kann verzichtet werden, weil sich der Fruchtschuppen mit einer Fläche von 8.000 Quadratmetern im Laufe der Planungen als ideal erweist, um dort nicht nur die Blumenschauen zu veranstalten, sondern auch drei gastronomische Betriebe unterzubringen. Der industrielle Charakter der ehemaligen Stückguthalle der Bahn aus den 1950er Jahren bleibt bewusst erhalten. Der Fruchtschuppen wird mit einem knappen Budget ertüchtigt. Drei große Holzterrassen mit Rampen und Sitzstufen sind angebaut und vermitteln zwischen dem Bestandsbau und dem Außengelände. Ein Teil der Terrasse wird für die Außengastronomie genutzt.

Mit der Alten Reederei gibt es noch einen zweiten Bestandsbau für Gastronomie. Das ehemalige Werkstattgebäude der Reederei Schwaben aus dem Jahr 1918 gehört der Stadt Heilbronn. Die Alte Reederei wurde vor der BUGA bereits gastronomisch genutzt, allerdings nur für geschlossene Gesellschaften. Zur BUGA wurde der Backsteinbau von dem neuen Pächter für eine halbe Million Euro zu einem Restaurant ausgebaut, der industrielle Charakter bleibt erhalten. Bestehende Elemente wie ein alter Ofen oder der Schiffskran im Außenbereich fügen sich in die Gestaltung ein. Die Alte Reederei wird nach der BUGA weiter betrieben. In den Wintermonaten ist nur zu besonderen Anlässen geöffnet, das Restaurant kann für Firmenfeiern, Events oder für private Feiern gemietet werden.

Regionalität und Schmeck den Süden

Bei der vorgeschriebenen europaweiten Ausschreibung war es nicht einfach, dem Kriterium „Regionalität“ gerechnet zu werden. Mindestens 30 Prozent jeder Speisekarte mussten die Kriterien von „Schmeck den Süden“ erfüllen, einer Gemeinschaftsaktion des Ministeriums für Länd-

▼ Die Regionale Genussmeile in ausgebauten Seecontainern als gemeinsames Erscheinungsbild.

lichen Raum und Verbraucherschutz mit Hotel- und Gaststättenverband (Dehoga) Baden-Württemberg. Vier gastronomische Betriebe auf der Bundesgartenschau werden von der Aktion mit einem Löwen ausgezeichnet: Alte Reederei, Voltino Catering und Metzgerei Gollerthan innerhalb der regionalen Genussmeile sowie die pflanzBAR im Fruchtschuppen. Mindestens drei Gerichte müssen auf der Speisekarte stehen, die nur aus regionalen Produkten hergestellt sind.

▲ Die Heilbronner Wein Villa an zentraler Position im Inzwischenland ist gastronomischer Genusspartner.

▲ Das Inklusionsprojekt Café Samocca hat seine Premiere auf der BUGA und verbleibt dauerhaft im Neckarbogen.

Umweltmaßnahmen

Zum Umweltmanagementsystem gehört die Verwendung von Mehrweggeschirr bei allen gastronomischen Betrieben. Coffee-to-go-Becher kommen nicht zum Einsatz. Die Getränke stammen aus der Region. Mehrwegsysteme sind verpflichtend. Es gibt keine Getränke in Dosen.

Wein Villa

Wein ist von Anfang an Bestandteil des BUGA-Konzepts, das Thema soll in der Weinstadt Heilbronn angemessen berücksichtigt sein: gärtnerisch als Schau-Weinberg mit 660 Rebstöcken, gastronomisch mit dem Ausschank der Wein Villa neben der Sparkassenbühne. 16 Betriebe und die Weingärtnergenossenschaft Heilbronn betreiben den Stand, in Spitzenzeiten kommen Familienmitglieder zur Unterstützung. 20 Weine werden im monatlichen Wechsel ausgeschenkt. Dazu gibt es Käse aus dem Montafon. Montagabends finden moderierte Weinproben statt.

Die Öffnungszeiten orientieren sich an den Abendveranstaltungen. Das Fazit der Wengerter ist uneingeschränkt positiv: 75.000 Liter Wein werden ausgeschenkt. Der Zuspruch der Besucher ist enorm, die Atmosphäre familiär, die Wein Villa ein beliebter Treffpunkt - für manche der Mittelpunkt der BUGA.

Inklusionscafé Samocca

Einen Sonderstatus hat das Samocca als Baustein des Inklusionsprojekts der evangelischen Stiftung Lichtenstern. Das Café bietet Arbeitsplätze für Menschen mit und ohne Behinderung und wird im Franchisesystem betrieben. Im Herbst 2018 beginnt der Probebetrieb, mitten in der Baustellenphase.

Die 16 Mitarbeiter können sich einarbeiten, um für den Ansturm während der BUGA gerüstet zu sein. Eine Besonderheit ist der Bestellmodus. Die Gäste tragen auf Vordrucken Tischnummer und Bestellungen ein. So können im Service auch Menschen arbeiten, die nicht perfekt lesen und schreiben können. Das Café macht deutlich, dass Inklusion auf der Gartenschau gelebt und ins Gesamtkonzept eingebunden ist.

REGIONALE GASTRO

Alte Reederei
Es gibt 180 Sitzplätze drinnen und 260 Plätze direkt am Neckar. Auf der Karte stehen Böckinger Feldgschrei, Eintopf mit Spätzle, Kartoffeln und Rindfleisch. In der Alten Reederei versorgen sich auch Gäste bei Veranstaltungen auf der angrenzenden Fährlebühne. Das Lokal hat eine Anlegestelle des Schiff-Shuttle. Die Alte Reederei ist die beliebteste Gastronomie, und an starken Tagen sind die meisten Plätze belegt.

Regionale Genussmeile
Dahinter steht eine Gruppe regionaler Gastronomen. Es gibt 460 Plätze direkt am Floßhafen mit Selbstbedienung. Auf der 120 Meter langen Meile werden Pizza, Pasta, Burger, Fisch und Schwäbisches verkauft.

pflanzBar im Fruchtschuppen
Das Lokal mit 150 Sitzplätzen ist Gärtnermarkt und Gastronomie in einem. Stullen, Suppen, Salate und Smoothies werden frisch zubereitet, die Lieferanten kommen alle aus Heilbronn und Umgebung. Die pflanzBar ist zugleich die einzige Verkaufsstelle auf der Bundesgartenschau mit gärtnerischen Accessoires.

Riva
Die Café-Bar in der Stadtausstellung bietet Kaffee, Eis, Pizza und Pasta.

Bäckerei-Café Übele
Im Erdgeschoss des Skaio betreibt der Aspacher Bäcker eine Filiale. Übele hat einen Zehnjahresvertrag abgeschlossen, Bäckerei und Café werden nach der BUGA weiterbetrieben.

▲ Die Reederei-Werkstatt wird zur Gastronomie am Neckar. Visualisierung: Sinai

◄ Die Heilbronner Wein Villa an der Sparkassenbühne ist Treffpunkt für die Region.

▲ Chillen auf der Sommerinsel bis spät in den Abend. Alle Generationen finden Ihren informellen Ort zwischen den Rasenripples, jeder ist Willkommen.

24.04.2019, 17.47 UHR, STRANDSPIELPLATZ

▲ Das überraschende Ende eines schönen BUGA-Tages. Am 24. April musste das BUGA-Gelände aufgrund eines Sturmes geräumt werden. Die Schäden an Ausstellungen und Gastronomie konnten bis zum Morgen weitgehend behoben werden.

HERAUSFORDERUNGEN FÜR GASTRONOMEN

Eine besondere Herausforderung für alle Anbieter ist die angespannte Personalnot in der Gastronomie. Obwohl mit örtlichen Bildungsträgern wie dem Bildungspark Heilbronn-Franken seit 2018 Kräfte geschult wurden, sind qualifizierte Mitarbeiter schwer zu finden.

Die Betriebszeiten an den 173 BUGA-Tagen, die sich, je nach Standort, an den variierenden Öffnungszeiten der Gartenschau orientieren, erfordern teilweise einen Mehrschichtbetrieb mit hohem Personaleinsatz.

Herausfordernd ist auch die Anlieferung. Alle Waren müssen morgens spätestens um 8.45 Uhr am Stand sein, danach sind Autos und Lieferwagen auf dem Areal tabu. In Ausnahmefällen dürfen Elektro-Caddys eingesetzt werden. An der Hafenstraße ist eine Rüstfläche ausgewiesen. Doppelbelastung mit dem eigenen Lokal sind für regionale Gastronomen eine Schwierigkeit.

Das Osterwochenende bringt vor allem die Gastronomie in der Markthalle an ihre Grenzen. Bei den Besuchern herrscht Unmut über lange Wartezeiten und darüber, dass die Gastronomie an den Abenden mit Veranstaltungen wegen Personalmangels früh schließt. In den Anfangswochen hat die Gastronomie auf der BUGA mit einem schlechten Image zu kämpfen. Dass es Anlaufprobleme gibt, ist für eine Gartenschau nicht ungewöhnlich.

Der Anspruch, bei der Gastronomie alles richtig zu machen, ist kaum einlösbar. BUGA und Gastronomen reagieren gemeinsam auf die Kritik der Besucher in den ersten Wochen. Abläufe werden verbessert, mehr Personal wird eingestellt. Fantastic Catering stockt die Anzahl seiner Mitarbeiter von 117 auf 137 auf.

▼ An besucherstarken Tagen waren über die vollbelegten Gastronomiestandorte hinaus auch die Besucher auf den Freiflächen rund um die Veranstaltungsorte zu versorgen. Dahliengarten zwischen Fruchtschuppen und Sparkassenbühne.

▲ Auszug aus dem isometrischen Ausstellungsplan des BUGA-Geländes mit Verteilung der Gastronomischen Betriebe. Plan: BUGA HN 2019 GmbH/ Gruppe Sepia

Die Öffnungszeiten werden flexibler gestaltet und an den Veranstaltungskalender angepasst. Tafeln an den Eingängen informieren wie lange welche Gastronomie geöffnet ist. Auch online und über die BUGA-Hotline sind die Zeiten abrufbar.

Die BUGA unterstützt die Gastronomen, unter anderem durch ein wöchentliches Jourfixe, bei dem die Öffnungszeiten abgestimmt werden. An Spitzentagen bleibt es bei Engpässen und Wartezeiten. Das Angebot ist absichtlich nicht auf die Spitzentage mit 30.000 und mehr Besuchern ausgelegt. Kein gastronomisches Überangebot zu schaffen, ist eine bewusste Entscheidung: Wenn die Gastronomie auf der BUGA nicht ausreicht, sollen Besucher auf Angebote in der Heilbronner Innenstadt ausweichen.

Der größte Kritikpunkt in der Besucherumfrage ist die Preisgestaltung in der Gastronomie. Das Preis-Leistungs-Verhältnis wird von der Hälfte der Befragten positiv, von der anderen Hälfte aber eher negativ bewertet. Die Kriterien Sauberkeit, Lage der Gastronomie, Regionalität, Vielfalt und Qualität erhalten überwiegend gute bis sehr gute Noten.

▲ Blick Richtung Sparkassenbühne, Kunstpause und Wein Villa flankieren die Veranstaltungen
▼ Dicht gedrängt im Bionikpavillon bei Gesangseinlage von OB Harry Mergel, die Gastro reagiert mit mobiler Versorgung

▲ Das Kunstwerk „Monumental Brook with Beachball“ von Carol A. Feuerman am Neckarufer. Die Plastik aus dem Hyperrealismus kommuniziert auf intuitiver Ebene.

Nahezu alle Besucher finden das Konzept der kombinierten Garten- und Stadtausstellung **„sehr gut“ oder „gut“.**

Lediglich 2% der Besucher beschreiben das Konzept als weniger gut.

Fast die Hälfte der Befragten hat keine Angaben zu Störfaktoren gemacht.
8% kritisieren die Kategorie „Preis“.
7% äußern Verbesserungsbedarf im Bereich der „Gastronomie“.

gärtnerische Lieblingsplätze

74% der auswärtigen Befragten können sich vorstellen erneut nach Heilbronn zu kommen.

98%
sind mit Ihrem BUGA-Besuch zufrieden

97%
wollen die BUGA Familie, Freunden und Bekannten empfehlen

beliebteste Attraktionen der Besucher

Der typische BUGA-Besucher:

56-jährige Tagesausflüglerin
aus der Region,
die mit ihrem Partner
5 bis 6 Stunden
auf dem Gelände verbringt,
knapp 19,40 Euro ausgibt
und mehrfach Gartenausstellungen
besucht hat.

Die beliebtesten Gastronomien

Das **Umweltkonzept der BUGA wird von 82%** positiv bewertet.

▲ Zwei Arbeiten von Carol A. Feuerman treten intensiv mit den neuen Uferlandschaften im Neckarbogen in den Dialog. „Monumental Quan“ am Karlssee macht Lust den neuen Strand am Freizeitsee zu erkunden.

BUGA IST KUNST

Gartenschauen haben sich der Kunst geöffnet, seitdem 1955 eine Kunstausstellung die BUGA in Kassel begleitete – es war zugleich die erste documenta. Auch die BUGA Heilbronn ist Erlebnisort für zeitgenössische Kunst. 26 Kunstwerke setzen Zeichen. Sie begegnen den Besuchern auf dem gesamten Gelände, an den Eingängen Innenstadt und Wohlgelegen, am Ufer des Neckars, an den beiden Seen, im Hafen- und Campuspark. Die Skulpturen und Installationen greifen den Wandel des 40 Hektar großen Geländes zum Landschaftspark und neuen Stadtquartier Neckarbogen künstlerisch auf. „Transformation einer Stadtlandschaft" lautet die Überschrift, unter der die Objekte zusammengestellt sind. Die Kunstwerke sind über das ganze Gelände verteilt. In vielen Fällen korrespondieren Standort und Objekt miteinander. Beide Besucherzielgruppen, das Volumenpublikum und kunstaffines Publikum, sollen von der Auswahl der Künstler

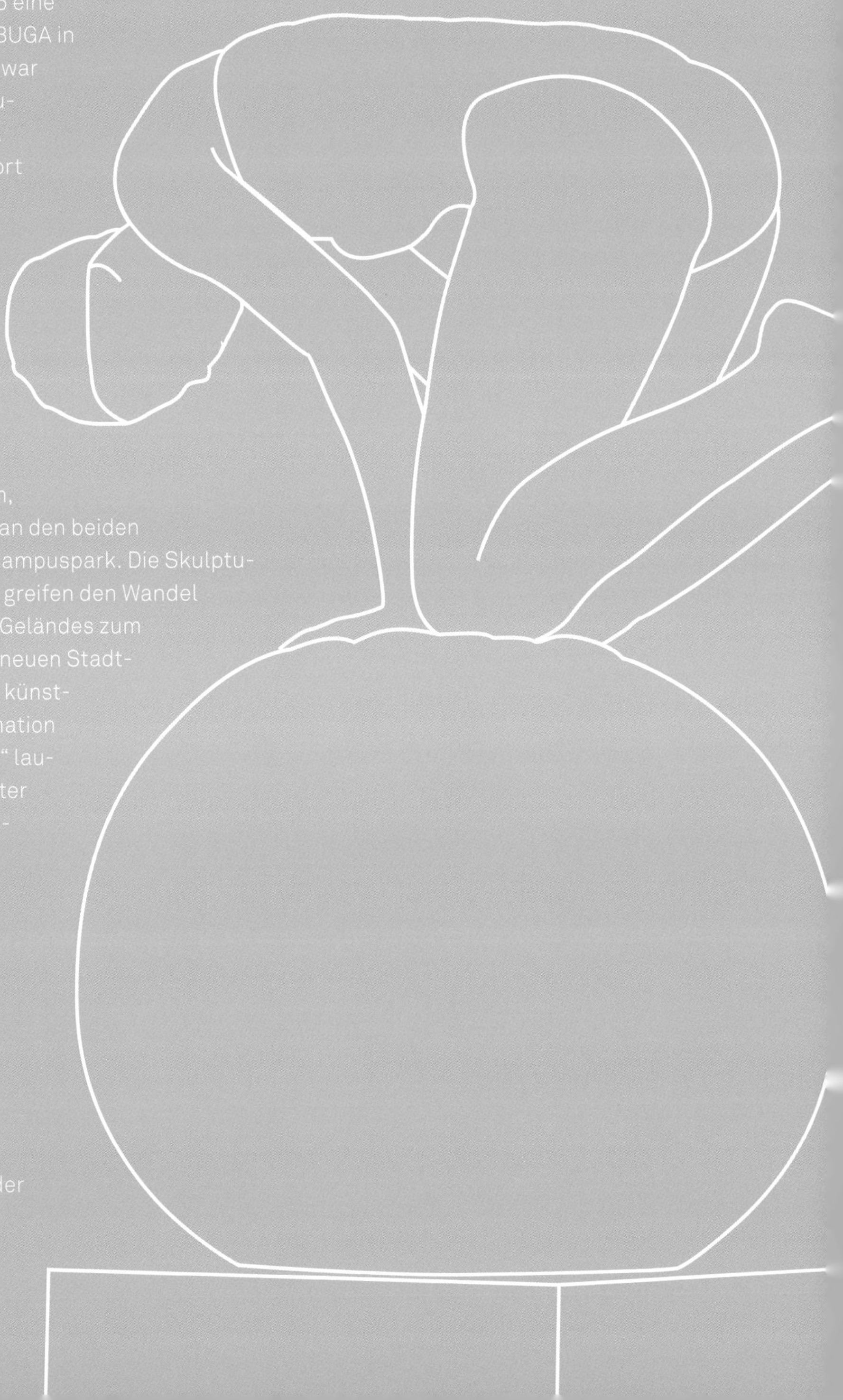

und Kunstwerke angesprochen werden. Ziel ist es, die Besucher zu überraschen, zu erfreuen und zur Diskussion anzuregen.

Sammlung Würth

Bei der Auswahl der Werke arbeitet die BUGA mit der Stuttgarter Kulturmanagerin Helga Irion und dem Freiburger Bildhauer Matthias Dämpfle als Kuratoren zusammen. Arbeiten international renommierter, aber auch nationaler und regionaler Künstlerinnen und Künstler machen die BUGA zu einem Museum unter freiem Himmel, das Kunstinteressierte anspricht. Die Sammlung Würth ist vertreten mit acht, zum Teil monumentalen Skulpturen von Niki de Saint Phalle, Heinrich Brummack, Horst Antes, Jaume Plensa und Anthony Caro sowie mit drei Werken von Eduardo Chillida.

Internationale Leihgaben

Zu sehen sind zudem Werke unter anderem von Alice Aycock, Carole A. Feuerman, Arman, Sean Henry, Ewerdt Hilgemann und Sophie Ryder ebenso wie von dem gebürtigen Neckarsulmer Hans Schüle.
Die Kuratoren und die BUGA haben die Standorte ausgewählt. Auf dem Hafenwall bieten „Walking Woman" von Sean Henry und „Hoop-La" von Alice Aycock spannende Blickachsen und verschiedene Perspektiven. Die hyperrealistischen Skulpturen „Monumental Brooke with Beachball" und „Monumental Quan" von Carole A. Feuerman greifen die besondere Atmosphäre am Wasser auf. Die Kunst akzentuiert die verschiedenen Orte und verschmilzt mit ihnen, Kunstwerke greifen die Sprache der Landschaft auf.
Mit den Skulpturen als Objekte zeitgenössischer Kunst setzt die BUGA einen Gegenpol zu den gärtnerischen und städtebaulichen Ausstellungsinhalten. Kunst trägt dazu bei, die Gartenschau zu einem heiteren und sinnlichen Erlebnis zu machen. Als Outdoor-Großveranstaltung bietet die BUGA den idealen Raum für Großplastiken. 410.000 Euro stehen der BUGA für die Skulpturenschau zur Verfügung, inklusive Transport, Aufbau, Abbau und Versicherung.

Dialog mit Landschaft

Kuratorin Helga Irion sieht in Ausstellungen im öffentlichen Raum wie auf der BUGA „einen fruchtbaren Dialog zwischen architektonischer Landschaftsgestaltung und der Kunst, wobei die Landschaft einerseits die Kunstwerke inszeniert und ihnen ein adäquates Ambiente bietet, sodass der Besucher Natur und Kultur in einer ästhetischen Symbiose erleben kann, oder andererseits im Umkehrschluss die Kunst den ihr zugespielten Außenraum sprich Standort, aufgreift und je nach der jeweiligen Intension transformiert und entgrenzt."
Ein Kunstkonzept für die Bundesgartenschau zu erstellen, heißt für Helga Irion, „die Idee des schon in sich organischen Gesamtkunstwerks Bundesgartenschau aufzugreifen, zu verstärken und zu akzentuieren, gleichzeitig aber auch die in sich stimmigen Räume sich selbst zu überlassen. Der konzeptuelle Grundgedanke ist, Qualitäten der Landschafts- und Stadtarchitektur mit eindrücklichen Kunstwerken zu unterstreichen, verstärkend, erzählend, konterkarierend, spannungsvoll."

▲ An schwierigen Orten helfen Kunstwerke, den Raum zu deuten. Auf der Buhne des Auslaufes am Neckarkraftwerk steht die „Bibliothek der Akademie für Tranformations-Kompetenz“. Eine Auftragsarbeit der BUGA HN 2019 GmbH.

▲ Fester Bestandteil der Installation sind „Akademie-Gespräche" des Künstlers Andreas Meyer-Brennenstuhl. Dabei soll das Potential des künstlerischen Denkens ausgelotet werden für gesellschaftliche Transformations-Prozesse.

Leitgedanke Transformation

Zu den Themenfeldern Natur/Kultur/Reflexion; Bauen/Verkehr/Umnutzung; Mensch/Menschbild im Wandel; Gestalt/Form/Abstraktion wird das Motto der Transformation als Leitgedanke aufgegriffen und dazu passende Skulpturen, Objekte, Installationen und ortsbezogene Arbeiten ausgewählt.

Für die zwei Standorte Hafenpark Süd und im Bereich des Wasserkraftwerks am Eingang Innenstadt gibt es einen Wettbewerb zu temporärer Kunst. Unter acht Künstlern aus Baden-Württemberg setzen sich Susanne Egle und der Heilbronner Andreas Mayer-Brennenstuhl mit Entwürfen zum Thema Transformation durch. „Bibliothek der Akademie für Transformations-Kompetenz“, nennt Mayer-Brennenstuhl sein Stahlgehäuse, in das er rote Schwimmwesten geflüchteter Menschen reiht
„Himmel auf Erden“ heißt das Werk Egles: Blaue Sitzkissen auf dem Wiesenhang des Hafenparks, die Besucher „auf Wolken gebettet“ beliebig nutzen und von denen sie ihre Blicke und Gedanken in alle Himmelsrichtungen schweifen lassen können. Beide Kunstwerke sind im Besitz der Stadt Heilbronn. Die Kissen bleiben auch nach dem Ende der BUGA auf dem Gelände, der natürliche Prozess der Veränderung und Abnutzung ist Teil des Konzepts.

Der eigens aufgelegte Flyer „Kunst auf der Bundesgartenschau“ zeigt Fotos und Beschreibungen aller Kunstwerke, ein Geländeplan informiert über die Standorte.

Auf dem BUGA-Gelände gibt es zudem den Ausstellungspunkt „Container Art“. So nennen Künstlerbund Heilbronn, Zigarre Kunst- und Kulturwerkhaus und Produzentengalerie B 27 Offenau ihre Idee, in drei Seecontainern abwechselnd verschiedene Arbeiten der freien bildenden Kunstszene zum Thema Raum zu zeigen.

Kunst in der Innenstadt

Außerhalb des BUGA-Geländes gibt es weitere Kunstprojekte für die Zeit der Bundesgartenschau, verbunden mit Aktionen und Veranstaltungen. Auf der Inselspitze ist das temporäre „One Man House“ von Thomas Schütte aufgebaut. Das öffentlich zugängliche Kunst-Haus ist das erste seiner Art im deutschsprachigen Raum. Weitere fünf temporäre Kunstprojekte sind in der Heilbronner Innenstadt umgesetzt mit Werken unter anderem von Bernd Hennig und Peter Riek. Der Kunstverein Heilbronn setzt eine Schau im öffentlichen Raum um unter dem Titel „Pflanze und Migration“ von Silke Wagner.

Bei der Landesgartenschau 1985 hat Heilbronn zwischen Innenstadt und Wertwiesenpark einen Skulpturenpfad angelegt, der zu kontroversen Debatten führte. Damit hat sich Heilbronn aber auch einen Namen als Skulpturenstadt gemacht. An diese Auseinandersetzung mit Kunst im öffentlichen Raum knüpft die BUGA 2019 an. Heilbronn will das Image als Skulpturenstadt pflegen. Nach Ende der BUGA kauft die Stadt die Figurengruppe Alltagsmenschen „Duscher“ von Christel Lechner an – für einen mittleren fünfstelligen Betrag. Die Duschergruppe an der König-Wilhelm-Schleuse ist während der BUGA eines der beliebtesten Fotomotiven. Das populäre Kunstwerk bleibt an dem Standort aufgebaut. Der Ankauf anderer Werke, etwa die auf dem Hafenwall stehende „Walking Woman“ von Sean Henry, hätte den finanziellen Rahmen der Stadt gesprengt.

Die BUGA ist der 14. September. Das hat es bei einer Bundesgartenschau noch nie gegeben. Wegen Überfüllung wird am Abend des 14. September 2019 das Gelände geschlossen. Über den Tag verteilt sind 47.000 Menschen gekommen. Die meisten wollen bei der langen Nacht der Wassershows dabei sein, wenn einmalig alle fünf Programme hintereinander gezeigt werden. Tausende halten sich im Bereich des Karlssees auf. Deshalb überwiegen Sicherheitsbedenken, nach 20 Uhr werden keine Besucher mehr reingelassen. Der Spätsommertag schreibt aber nicht nur BUGA-Geschichte. Auch für Heilbronn ist es ein einmaliges Ereignis, das lange nachhallt. Die lange Nacht der Wassershows zeigt, welche Strahlkraft von dieser Bundesgartenschau ausgeht und die Menschen zusammenbringt. Und welche bedeutende Rolle die Veranstaltungen einnehmen und die BUGA zu einem Festival machen.

SEP
TEM
BER

06
DIE BUGA IST DER 14. SEPTEMBER

06 | Die BUGA ist der 14. September.

► Seit Mittag des 14. September 2019 füllt sich die Sommerinsel mit Zuschauern der Abendveranstaltung „5 am Stück“. Bald ist der Platz erschöpft und die Besucher weichen auf die Rückseite der Wassershow zum Wall hin aus.

29.04.2019, 21:39, 3°CELSIUS, 6MM REGEN

▲ Kälteeinbruch und Regenschauer ab Ende April ließen die Besucherzahlen einbrechen. Gerade in den Abendstunden leerte sich das Gelände. Bei der Wassershow am Montag, den 29. April 2019 wird ein Besucher gezählt.

WASSERSHOW ALS HIGHLIGHT

Donnerstag, Freitag, Samstag: An diesen drei Tagen werden nach Einbruch der Dunkelheit die Wassershows gezeigt, ebenso vor Feiertagen sowie täglich zum BUGA-Finale. An diesen Tagen strömen die Menschen bereits am frühen Abend an das Ufer des Karlssees und auf die Wellenhügel der Sommerinsel. Viele haben Decken und Picknick-Körbe dabei. Sitzgelegenheiten, Stühle oder Kissen, werden zum Uferbereich geschleppt. Diejenigen, die bereits Stunden vorher da sind, wollen sich die besten Plätze sichern.

Die Wassershows werden rasch zum Highlight dieser Bundesgartenschau. Zum ersten Mal kommt einer Veranstaltungsreihe diese Rolle zu. Fast eine halbe Million Besucher, so die geschätzte Zahl, sind an den insgesamt 90 Vorführungen dabei. “Klassik in the Remix”, “50 Jahre Disco”, “Flower Power” und “Deutsche Hits” heißen die vier Shows zu unterschiedlichen Musikstilen. Die eigens für Heilbronn kreierte Show “Der kleine Wassertropfen” spannt einen Bogen von der Zerstörung der Stadt am 4. Dezember 1944 bis in die Gegenwart. Bewegende Bilder zeigen, wie sich das Fruchtschuppenareal in eine grüne und blühende Landschaft verwandelt hat. Und welche Bedeutung der Neckar und das Wasser für die Menschen haben.

Die nächtlichen Wassershows sind spektakulär, sie gehören zu den größten, die jemals in Europa gezeigt wurden. Die Macher sind Meister ihres Metiers: Eine Arbeitsgemeinschaft aus der Berliner Agentur Compact Team und dem Consortium Eventtechnik GmbH mit Sitz in Wien, die weltweit unterwegs sind. Für die Installation haben Taucher im Karlssee und im Floßhafen 200 Pumpen, 250 LED-Scheinwerfer und 50 Kilometer Kabel verlegt. Bei den Shows schnellen 160 Wasserfontänen bis zu 40 Meter hoch in den Abendhimmel. 4.000 Liter Wasser sind gleichzeitig in der Luft. Der entstehende feine Sprühnebel wirkt wie eine Leinwand. Laser zeichnen zum Rhythmus der Musik Formen, Linien und Figuren in Pink, Purpur, Rot, Blau oder Weiß auf die Wasserwand.
Die Kletterwand am Wall des Seeufers ist zudem eine 1.000 Quadratmeter große Projektionsfläche für Szenen aus Musikvideos oder Fotos zur Stadtgeschichte.

▲ Im Winter 2018/19 montieren Froschmänner das Unterwassergerüst. Die Düsen sind weitgehend unsichtbar.

Tagsüber sind Wasserspiele zu jeder vollen Stunde auf dem Floßhafen zu erleben. Spezielle Düsen sorgen für Effekte über der Wasseroberfläche. Die interaktive Installation ist eine Weltneuheit. Mittels einer Gestensteuerung können Besucher die Wasserspiele beeinflussen. Halten sie ihre Hand zwei Sekunden über die Symbole an einer Steele auf der Sparkasseninsel, beginnen sich die Düsen auf dem Wasser zu drehen, die Formationen können verändert werden.

Das außergewöhnliche und für das Publikum hoch attraktive Spektakel hat seinen Preis. 1,3 Millionen Euro gibt die BUGA für Wassershow und Wasserspiele aus.

BUGA

FESTIVALSOMMER MIT 10.000 VERANSTALTUNGEN

Der BUGA-Kalender bietet fast 10.000 Veranstaltungen in 173 Tagen, diese Fülle ist ein Novum für eine Bundesgartenschau. Noch nie hatten Veranstaltungen einen so hohen Stellenwert wie in Heilbronn. Durch die große Vielfalt und Qualität der Angebote entwickeln sich die Veranstaltungen zum dritten Standbein der Heilbronner Bundesgartenschau.

Der Besuch aller Konzerte, Aufführungen und Vorträge ist im Eintrittspreis enthalten. Bei einigen großen Events auf der Sparkassenbühne gibt es für die vorderen Reihen Sitzplatzreservierungen zum Preis von zehn Euro, zum Beispiel bei der vom Theater Heilbronn präsentierten Mozart-Oper "La finta giardiniera", dem Musical "Hair", einem Gastspiel der Burgfestspiele Jagsthausen, bei den Serenadenkonzerten des Württembergischen Kammerorchesters, der Pink-Floyd-Rockoper "The Wall" oder der Woodstock-Show.

Eine Ausnahme ist das Konzert mit Wincent Weiss. 6.500 Stehplatztickets für zehn und sieben Euro werden für zwei abgesperrte Bereiche direkt vor der Bühne verkauft – die Karten sind ruckzuck weg. Wer kein Ticket mehr bekommen hat, kann das Konzert zum Beispiel von der Sommerinsel aus auf einer der drei Videoleinwände miterleben. Weil Audi den Auftritt des Künstlers sponsert, schafft es Heilbronn auf den Tourneekalender von Wincent Weiss. Konzerte dieses Formats sieht das BUGA-Konzept sonst nicht vor.

Das Musikprogramm auf der Bundesgartenschau ist vielfältig und spricht ein breites Publikum an. Konzerte von Jazz bis Soul, Pop und Rock von Schlager oder Volksmusik sorgen für Festivalatmosphäre vor der Sparkassenbühne und im Holzpavillon auf der Sommerinsel.

Die ehemalige Haßmersheimer Fähre hat an der Alten Reederei als „Fährlebühne" festgemacht. Dort sitzen die Zuschauer auf Holzbänken und im Rasen direkt an der Neckarpromenade, um A-Capella-Konzerten, Jazzmusikern oder Autoren am Ufer zu lauschen.

Ein besonderer Veranstaltungsort ist die nördliche Spitze der Kraneninsel, die über eine neue, breite Treppe erreicht wird. Unter der Trauweide können dort Paare standesamtlich heiraten.

Hunderte machen sich abends auf den Weg in den nördlichen BUGA-Bereich im Wohlgelegen, wenn auf der Bühne mit Namen "Schaufenster der Region" Poetry Slam geboten ist. Alle Plätze auf der Wiese oberhalb des Beachvolleyball-Feldes im Wohlgelegen sind belegt, wenn das Open-Air-Picknick-Kino steigt.

„Die fantastische Blumenpracht der BUGA, wöchentliches Singen für Jedermann, Auftritte von unseren Chören und das Chorfest des Schwäbischen Chorverbandes boten den Besuchern eine grandiose Sinfonie visueller und akustischer Eindrücke."

GERALD KRANICH | CHORVERBAND HEILBRONN

▲ „La finta giardiniera", eine Kooperation des Theaters Heilbronn mit dem WKO Heilbronn und der HMDK Stuttgart
▼ Serenadenkonzerte mit dem Württembergischen Kammerorchester Heilbronn (WKO)

SONOR

Das Chorfest des Schwäbischen Chorverbands und das Landesskinderturnfest des Schwäbischen Turnerbundes mit Tausenden Akteuren verbinden die Stadt mit der Bundesgartenschau und rücken Heilbronn in den Fokus.

Blasmusiker und Musikschüler nutzen die BUGA-Bühnen, der Landeseniorenverband tagt auf der BUGA, die Trachtenvereine treffen sich zum Volkstanz- und Brauchtumstag, die Kirchen feiern Gottesdienste, wie Pfingsten, Fronleichnam und Erntedank auf dem Gelände.

▲ Die „Fährlebühne“ mit Neckarblick bietet Raum für Konzerte, Lesungen oder einfach zum Verweilen

Grundstruktur Veranstaltungsreihen

	Vormittag	Nachmittag	Abend
MO	10:00 **Sport im Park**	14:00 **aktiv Inklusiv!**	18:00 **Sport im Park**
DI	10:00 **Sport im Park** 11:00 **Volkshochschul-Angebot**	14:00 **Musik: klassische Stunde**	18:00 **Sport im Park** 18:30 **Singen für Jedermann**
MI	10:00 **Sport im Park**	14:00 **Musikschulen**	18:00 **Sport im Park**
DO	10:00 **Sport im Park** 11:00 **Volkshochschul-Angebot**	15:30 **Musik: Tea Time** 16:00 **Chormusik**	18:00 **Sport im Park** 19:00 **FeierAbend**
FR	10:00 **Sport im Park**	15:00 **Kinderprogramm - Haus der Familie**	18:00 **Sport im Park** 19:00 **Blasmusikkonzert**
SA	10:00 **Sport im Park**	14:00 **Chormusik** 14:00 und 15:00 **Vorlesepaten**	
SO	11:00 **Gottesdienst**	14:00 **Sport im Park** 14:00 **Heilbronn Soul** 15:00 **Blasmusikkonzert**	

◄ Blick vom Wasser auf die Fährlebühne im Neckaruferpark. Nach der BUGA wird die Flussbühne dauerhaft von der HMG Heilbronn bespielt werden.

07.07.2019, 15:41, DIE LETZTE AUTOFAHRT

▲ Die Promenade am Neckaruferpark wird zukünftig nur noch von Fuß- und Radfahrern benutzt. Die Trasse liegt auf der ehemaligen B39/ Kalistraße, zur BUGA darf sie ein letztes Mal von Oldtimer-Autos (im Schritttempo) befahren werden.

Treff

Smoothie

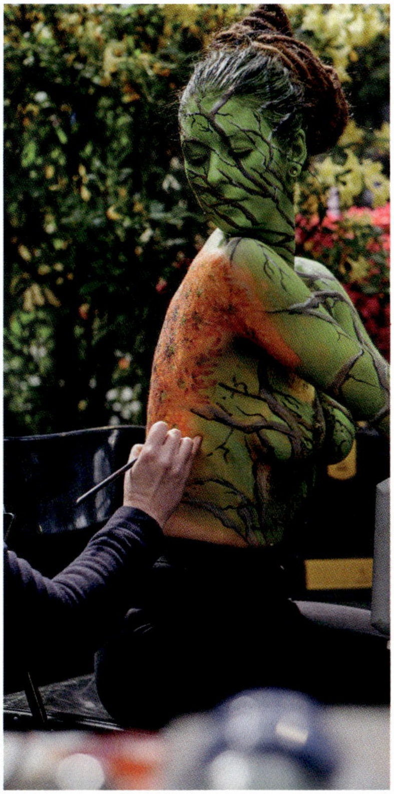

▲ **Die BUGA am Tag.** Das Gelände bietet viel Platz für Veranstaltungen. Neben den Bühnen wird die Landschaft zur Kulisse, ein Festival der Vielfalt von Kulturen und Generationen.

▲ **Bis spät in den Abend.** Ungewöhnlich für eine BUGA ist die starke zweite Besucherwelle. In der Weinregion Heilbronn wird auf dem innenstadtnahen Gelände bis in die Nacht gefeiert.

31.05.2019, 19:42, HIMMELSPFAD

▲ Der Besuch auf der Garten- und Stadtausstellung neigt sich dem Ende zu. Sonnenuntergang auf dem Höhenweg im Hafenpark. Die Skulptur Hoop-La von Alice Aycock fängt für einen Moment die Dynamik des erlebnisreichen Tages ein.

▲ **Solothurner Tag.** Der Schweizer Partnerstadt hat Heilbronn viel zu verdanken, die Solothurner Wysüppli erinnert. 6.500 Lichter gedenken der Opfer des Bombenangriffs vom 04.12.1944.

3

VERANSTALTUNGS-HIGHLIGHTS

BUGA FÜR DIE KLEINSTEN

- Triff Kikaninchen | 21./22. April
- Landeskinderturnfest | 19.-21. Juli
- „1,2 oder3“ Bühnenshow | 4. August

DIE JUNGE BUGA

- Early Summer of Music | 08. Juni
- Lotte | 10. Juni
- Cris Cosmo | 19. Juni
- SWR3 Elchparty | 31. August

BUGA FÜR ALLE

- Reinhold Beckmann mit Band | 21. April
- Jeff Cascaro | 27.April
- Tanz in den Mai/ Münchner Zwietracht | 30. April
- Sweet Soul Music | 01. Mai
- Tag der Vielfalt (Inklusion) | 05. Mai
- Chorfest Schwäb. Chorverband | 30. Mai - 02. Juni
- Premiere Mozart-Oper „La finta gardieniera“ | 9.Juni
- Mittsommerkonzert WKO | 21. Juni
- Stefanie Hertel mit Dirndl Rock Band | 22. Juni
- SWR1 Pop und Poesie | 27. Juni
- Blasmusiktag | 30. Juni
- SWR4 Schlagerparty | 12. Juli
- Musical Hair | 23. Juli
- Nils Landgren und Funk Unit | 27. Juli
- Wincent Weiss | 28. Juli
- SWR Big Band mit Max Mutzke | 10. August
- Jimi Hendrix Tribute mit Randy Hansen | 15. August
- 50 Years of Woodstock - das Rock-Musical | 16./17. August
- Pink Floyd Show „The Wall“ | 25. August
- SWR Fernsehen Familienfest | 8. September

KIRCHE UND BUGA

Eine wichtige Rolle nehmen die Kirchen ein. Die ursprünglichen Pläne für ein eigenes ökumenisches Zentrum im Neckarbogen werden 2015 aus Kostengründen verworfen. Stattdessen entwickelt die Arbeitsgemeinschaft Christlicher Kirchen (ACK) Heilbronn einen gemeinsamen Auftritt im Kirchengarten. Die 1.000 m2 große Parzelle im Inzwischenland ist als spiritueller Ort gestaltet, der Ruhe und Einkehr ermöglicht.

Das Fazit ist positiv. Eine Zusammenarbeit in dieser Intensität sei außergewöhnlich, heißt es bei der Arbeitsgemeinschaft, der die evangelische und katholische Kirche sowie weitere christliche Kirchen angehören. Das Programm umfasst 600 Veranstaltungen: Gottesdienste, Andachten, Lesungen, Mitmach-Aktionen sowie Theater- und Musikdarbietungen. Ein Team mit 220 Ehrenamtlichen arbeitet im Kirchengarten zusammen. Mehr als 10.000 Stunden umfasst ihr Einsatz auf der BUGA. An Sonntagen gibt es ökumenische Gottesdienste, zu denen durchschnittlich 250 Menschen kommen.

Tausende Besucher sind bei den großen Gottesdiensten an Festtagen dabei, etwa beim Abschlussgottesdienst zum Erntedank. Sie finden auf der Sparkassenbühne statt. Angebote unter dem Leitmotto „Leben schmecken“ behandeln das Thema Ernährung: vom bewussten Essen und Kochen mit regionalen Produkten bis zum generationenübergreifenden Maßhalten. Partner sind Tafelläden und Slow-Food-Bewegung. Behandelt werden auch Umwelt und Migration als Aspekte der Schöpfung.

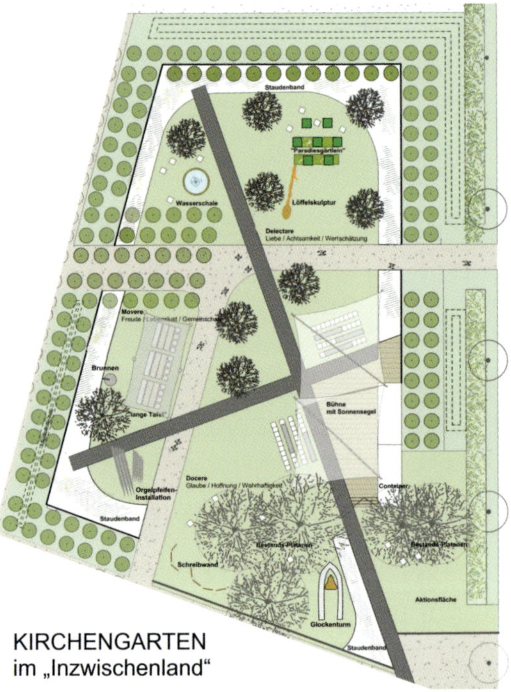

KIRCHENGARTEN
im „Inzwischenland“

▲ **Leben schmecken.** Themenschwerpunkt des Kirchenprogramms ist die Bewahrung der Schöpfung. Die Kirche ist im Inzwischenland zuhause und im Gelände aktiv. Plan: Biegert

Während einer Wassershow sind bis zu

4.000 l Wasser

gleichzeitig in der Luft.

Das entspricht in etwa der Menge von:

ca. 28x 

Große Videoleinwände übertragen einige Veranstaltungen außerhalb des Zeltes.

fast **500.000 Besucher** an **90 Wassershow-Vorführungen**

10.000 Veranstaltungen erlangen eine **noch nie dagewesene Bedeutung** bei einer BUGA.

Beliebtheit Wassershows

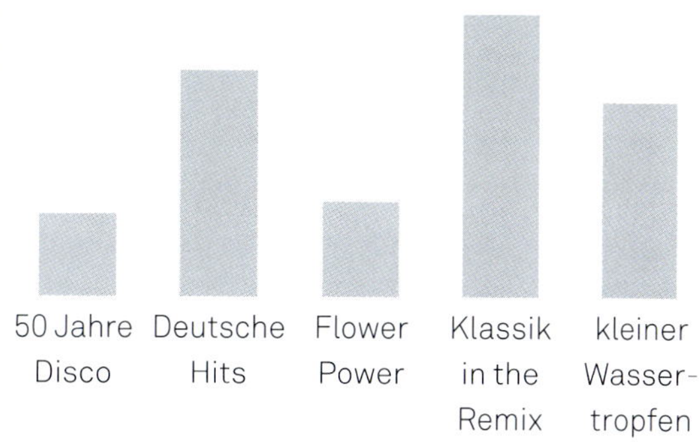

3 Hauptbühnen:
Fährlebühne
Holzpavillon
Sparkassenbühne

und viele weitere Veranstaltungsflächen auf dem Gelände.

Alle Veranstaltungen sind im Eintrittspreis der BUGA inbegriffen.

Ein bunter Strauß

an Programmhighlights.

Für Musikgeniesser, Kulturfreunde, Zukunftsinteressierte, Sportbegeisterte, den Nachwuchs, Kunstliebhaber, Erholungssuchende und Entdecker.

50km Kabel sind für die Wassershow **im Karlssee** verlegt.

Bis zu

40 m

hoch schießen die

160

Wasserfontänen sowohl bei den täglichen als auch bei den abendlichen Wassershows in die Lüfte.

200 Pumpen und 250 Scheinwerfer gehören zur technischen Ausstattung rund um die Wassershows, welche Taucher im Wasser des Karlssees installiert haben.

14.01.2019, 10:59, LAND UNTER

▲ Der Neckar, „wilder Geselle“ ist seine Wortbedeutung. Auch heute noch tritt der Fluss trotz Staustufen regelmäßig über seine Ufer. Im Neckaruferpark ein geplanter Zustand, die Besucher können den oberen Parallelweg nutzen.

SICHERHEIT DER BESUCHER

Unwetter, Unfälle oder sogar ein Terroranschlag. Auf solche Ereignisse muss eine Großveranstaltung wie die Bundesgartenschau vorbereitet sein. Das Fazit nach 173 Tagen: Gravierende Vorfälle hat es nicht gegeben, das Sicherheitskonzept hat sich bewährt.

Vermisste Besucher, deren Verschwinden sich in allen Fällen rasch klärte, kleinere Verletzungen und Knochenbrüche nach Stürzen, Herz-Kreislaufbeschwerden mit Transporten ins Krankenhaus und ein Brand im Küchentrakt des Fruchtschuppens, der 40.000 Euro Schaden verursacht, sind die Bilanz.

▲ Der erste große Sturm fegt über die Gartenschau. Im Campuspark werden Banner aus der Halterung gerissen.

Am frühen Abend des 24. April fegt der erste Sturm über das Gelände, einige Sonnenschirme und Blumenkübel stürzen um, drei Besucher verletzen sich. Der Campuspark mit seinem alten Baumbestand wird vorsichtshalber geschlossen. Die Wasserspiele werden abgesagt, zur Sicherheit, weil nicht garantiert werden konnte, dass keine Gegenstände auf den Wegen liegen, über die Besucher beim Rückweg in der Dunkelheit stolpern könnten. Auf eine Räumung wird jedoch bewusst verzichtet. Die Menschen werden aufgefordert, sich in den Räumen der Gastronomie, in der BUGA-Lounge oder in den weiteren Erdgeschossflächen der Stadtausstellung in Sicherheit zu bringen.

▲ Gastronomen, Servicekräfte und BUGA-Mitarbeiter beseitigen bis spät in die Nacht die Folgen des Sturms.

Der Nachhauseweg im Sturm wäre für Besucher möglicherweise gefährlicher gewesen, als das Ende auf der BUGA in geschlossenen Räumen abzuwarten. Pflanzen haben bei dem Sturm kaum Schaden genommen. Mit Unterstützung des städtischen Bauhofs ist das Gelände am nächsten Morgen zur Eröffnung um 9 Uhr wieder aufgeräumt.

Zum Sicherheitskonzept gehören große Pflanzkübel an den Eingängen, beispielsweise mit Winterlinden und Himalajabirken, die anstelle von Betonpollern eine unkontrollierte Zufahrt auf das Gelände verhindern könnten.

In einer Erdgeschoss-Fläche der Stadtausstellung im Baufeld J ist die Sanitätsstation untergebracht. An besucherstarken Tagen ist ein Notarzt vor Ort. Dort ist auch die Anlaufstelle der Polizei. Das Polizeirevier Heilbronn wird durch zwölf Beamte der Bereitschaftspolizei unterstützt. An Wochentagen sind vier, am Wochenende acht Beamte auf dem Areal präsent. Sie sind mit Segways und zu Fuß unterwegs. Die Heilbronner Feuerwehr hält zwei Boote bereit, bei Bedarf würden Rettungsschwimmer und eine Taucherstaffel alarmiert werden.

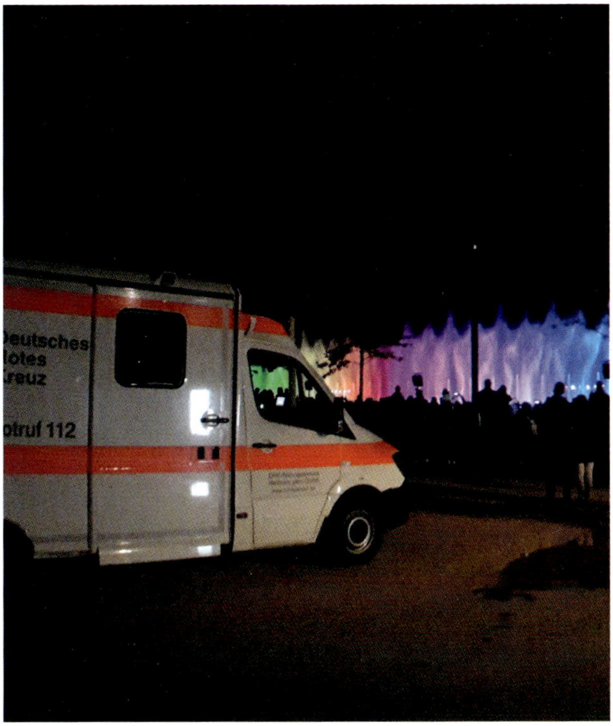

▲ Bei Großveranstaltungen werden Einsatzkräfte vor Ort positioniert, die Pforte Eingang Campuspark ist 24/7 besetzt.
▼ Anlaufpunkt ist die Sanitätswache im Stadtquartier, wo auch die Polizei während der Öffnungszeiten präsent ist.

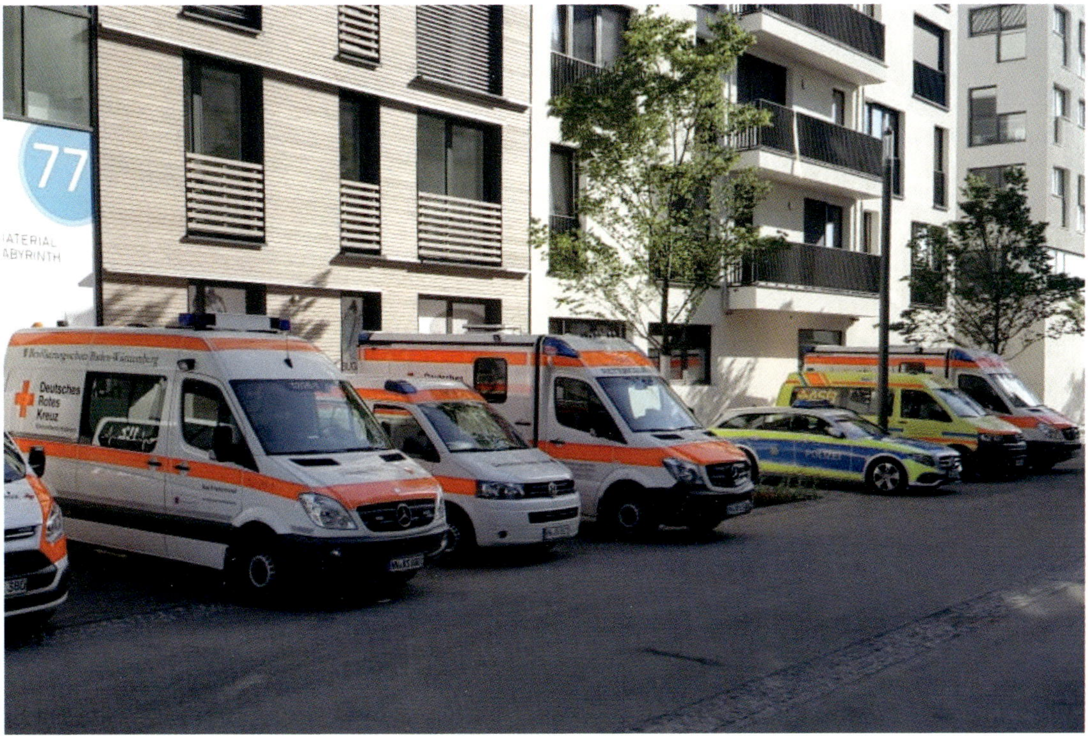

04.07.2019, 10:21, ERSTE FAHRT DES TAGES

▲ Der alte Hafenschlepper von Heilbronn ist Ausstellungsstück und Verkehrsmittel für Sonderfahrten auf dem Neckar. Vier Kapitäne gehören zum BUGA-Team und kümmern sich um den liebevoll restaurierten Zeitzeugen der Hafenstadt.

VERKEHRSKONZEPT

Die Bundesgartenschau in Heilbronn ist für den Besucherandrang gut aufgestellt. Dass das Verkehrskonzept funktioniert, ist für die Akzeptanz der BUGA in der Region sehr wichtig. Weil sich die 2,3 Millionen Besucher nicht gleichmäßig über die 173 Tage verteilen, muss die BUGA auch für Spitzentage mit 35.000 Besuchern gerüstet sein. Mit 13.000 Besuchern wird an durchschnittlichen Tagen gerechnet.

Ziel der BUGA ist es, dass die Hälfte der Besucher nicht mit dem eigenen Auto anreist, sondern umweltschonende Alternativen nutzt, begünstigt durch die zentrale Innenstadtlage. An normalen Tagen rechnet die BUGA mit einem Anteil der ÖPNV-Nutzer von 25 Prozent, an Spitzentagen erwartet man ein Drittel Autofahrer und 40 Prozent, die den öffentlichen Verkehr nutzen.
Wie die Besucherbefragung zeigt, erfüllen sich diese Erwartungen nicht ganz: Der PKW-Anteil liegt im Durchschnitt bei 64 Prozent.

Wer mit dem Auto kommt, ist mit der Parkplatzsituation zufrieden. 88 Prozent der Befragten bewerten das Angebot mit gut und sehr gut. Nur ein Prozent der Befragten stuft es als schlecht ein. Mit "weniger gut" urteilen fünf Prozent.

Ähnlich positiv wird die Wegweisung zur BUGA gesehen. 82 Prozent der Befragten gibt dafür gute und sehr gute Noten. Der Anteil derjenigen, die die Wegweisung als schlecht empfinden, liegt bei drei Prozent. Die Bewertung "weniger gut" geben bei diesem Punkt zehn Prozent der Befragten an. Per Leitsystem auf Schildern werden Auswärtige direkt zu den großen Parkflächen auf der Theresienwiese (rund 2.300 Plätze) und am Wohlgelegen (rund 1.700 Plätze) geleitet.

An Spitzentagen werden insgesamt 5.100 Parkplätze angeboten. Parkgebühren kosten einheitlich fünf Euro, die Bewirtschaftung ist an einen Konzessionär vergeben. Einige E-Ladestation sind an den Parkplätzen eingerichtet. Zwischen Parkplätzen und Eingängen verkehren vier Shuttlebusse nach einem bedarfsorientierten Fahrplan.

▼ Mit Unterstützung des Verkehrministers Herrmann werden im Jahr 2019 alle Autobahnschilder an den Landesgrenzen ausgetauscht und Heilbronn überregional adressiert. Trotzdem setzt die Landesregierung auf die Förderung des ÖPNV.

▲ **Corporate Design bis ins Detail.** Bei der Besucherlenkung wird auf die Durchgängigkeit des Erscheinungsbildes crossmedial geachtet, die digitale Besucherführung nimmt stetig zu.

13 Prozent der Besucher, die mit dem Auto anreisen, nutzen das kostenlose Bus-Shuttle-Angebot. Um eine Konkurrenz mit dem morgendlichen Berufsverkehr zu vermeiden, öffnet die Bundesgartenschau erst um 9 Uhr.

Für Radfahrer stehen 800 kostenfreie, betreute Parkplätze bereit, im experimenta-Parkhaus am Eingang Innenstadt sowie am Wohlgelegen. Am Eingang Campuspark nutzen Radfahrer die dort aufgestellten Ständer. Dass Radfahrer kreuz und quer parken, ist kein Thema. Fahrräder dürfen nicht mit aufs Gelände genommen werden. Ausnahmen gibt es für Mitarbeiter. Auch Bewohner des Neckarbogens dürfen ihr Fahrrad mitnehmen, müssen es aber bis zu ihrem Wohngebäude schieben.

Die Besucherbefragung ergibt: Für die große Mehrheit aller BUGA-Besucher verläuft die Anreise störungsfrei. Nur acht Prozent erleben Störfaktoren: Insgesamt 40 Befragte berichten von schlechter Beschilderung zur BUGA und zu den Parkplätzen, 13 Befragte standen im Stau, bei acht war die Bahn verspätet. Baustellen, Wartezeiten an den Kassen sowie die Höhe der Parkgebühren wurden unter anderem je zwei Mal als Störfaktoren genannt.

▲ Der Bus-Shuttle verbindet für die Besucher kostenfrei die drei Eingänge mit den Parkplätzen.

Auch auf den Trend zu Reisen mit dem Wohnmobil hat die BUGA reagiert. Zusätzlich zu den 20 Stellplätzen beim Wertwiesenpark sind auf der Theresienwiese weitere 20 Service-Plätze eingerichtet, die mit Toiletten, Duschkabinen und Versorgungsanschlüssen ausgestattet sind. Die Übernachtung kostet 15 Euro. An vielen Tagen reichen die Plätze kaum aus. Ein Prozent der BUGA-Besucher ist laut der Befragung mit dem Wohnmobil angereist.

▲ Innerhalb der Ausstellungsfläche kann der Weg mit dem Schiff-Shuttle kostenfrei verkürzt werden.

Ein ICE für Heilbronn

Die Bundesgartenschau bringt für Heilbronn zum ersten Mal eine ICE-Verbindung. Der Zug startet morgens um 6:11 Uhr in Köln und fährt via Wiesbaden, Mainz, Mannheim, Heidelberg nach Stuttgart mit Ankunft in Heilbronn um 9:41 Uhr. In der Gegenrichtung fährt der ICE um 14:10 Uhr in Heilbronn ab und erreicht Köln gegen 18:01 Uhr. Die Freude über den ICE ist allerdings aus mehreren Gründen getrübt. Der Zug fährt über das Neckartal, Reisende nach Köln sind mit dem ICE länger unterwegs als wenn sie eine Umsteigeverbindung über Frankfurt nutzen.

Der Zeitraum von vier Stunden zwischen Ankunft und Abfahrt ist außerdem zu kurz für einen BUGA-Besuch. Und schließlich fällt der ICE in den ersten zwei Juli-Wochen komplett aus, weil es der Bahn an ICE-Zügen fehlt.

▲ Die Verwaltungsspitze beim Empfang des ICE: BM Martin Diepgen, BM Agnes Christner und OBM Harry Mergel

Eingeschränkt ist die Erreichbarkeit von Heilbronn per Bahn auch deshalb, weil 2019 Bauarbeiten auf zwei Strecken stattfinden. Zwischen Mannheim und Heilbronn fahren deshalb in der Zeit vom 17. bis 28. April Direktbusse, ab 8:40 Uhr hin und ab 17 Uhr wieder zurück. Auf der Strecke Würzburg-Heilbronn sind in der Zeit vom 17. April bis 18. August morgens und abends ebenfalls Direktbusse im Einsatz. Die Fahrzeit ist in der Regel sogar etwas kürzer als auf der Schiene.

Kostenlos mit Bus und Bahn

Mit der BUGA-Tageskarte kann man in der Region kostenlos das Angebot von Bussen und Bahnen zur Anfahrt nutzen. Die Tageskarte, die zum BUGA-Eintritt berechtigt, können Erwachsene, Senioren und junge Erwachsene während der BUGA auch an den Fahrkartenautomaten der Bahn lösen. Dauerkarten-Inhaber fahren in diesem Gebiet zum Kinderfahrpreis, das entspricht der Hälfte des regulären Fahrpreises.
Kinder, die alleine unterwegs sind, müssen, auch wenn sie selbst eine Dauerkarte haben, einen extra Fahrschein lösen. Nur in Begleitung Erwachsener mit Dauerkarte oder Kombiticket fahren Kinder unter 15 Jahren gratis mit.

Mit der Zwei-Tageskarte können Besucher an beiden Tagen ganztägig kostenlos alle Busse und Bahnen im Verkehrsverbund nutzen. Die 35 Euro teure Karte bietet zudem freien Eintritt in alle Heilbronner Freibäder, Kunsthalle Vogelmann, Museum Deutschhof, Eisenbahnmuseum, Zweirad-/NSU- und Stadtmuseum Neckarsulm und Besuchersalzbergwerk Bad Friedrichshall. Diese Karte gibt es nicht am Automaten, sondern nur an den BUGA-Kassen und im Online-Shop.

▲ Die Gästeführung beginnt schon am Bahnhof, manchen Gästen können es nicht genug Wegweiser sein.

Seit dem 8. Mai gibt es die Abendkarte für 14 Euro, die ab 17:30 Uhr gültig ist. Das hat der Aufsichtsrat der BUGA nachträglich beschlossen. Die Nutzung der Verkehrsverbünde ist mit dem Abendticket ab 15 Uhr möglich.

Ab Pfingstsonntag, 9. Juni, können Besucher aus ganz Baden-Württemberg das Kombi-Ticket nutzen. Im Fahrpreis von 30 Euro ist der Eintritt für die BUGA-Tageskarte enthalten. Das Ticket kann an den Fahrkartenautomaten der Bahn gelöst werden. An den BUGA-Kassen wird das Ticket in eine Tageskarte umgetauscht, die gleichzeitig als Fahrschein für die Rückfahrt 2. Klasse gilt.

Schiff-Shuttle Abfahrtszeiten
Hafenplatz
Abfahrt
10:00
10:45
11:30
12:15
13:00
13:45
14:30
15:15
16:00
16:45
17:30
18:15

Willy Schneider
BUNDESGARTENSCHAU
HEILBRONN
17.04.–06.10.2019
04306170
Shell
GTL Fuel
GoDiesel

2,3 Mio. Besucher

begeistert die Garten- und Stadtausstellung an den 173 Tagen und übertraf somit das Besucherziel um mehrere Tausend.

35.000 Besucher werden **an Spitzentagen** erwartet.

Die durchschnittliche Erwartung von **13.000 Besuchern am Tag** wurde übertroffen.

800 kostenfreie betreute **Fahrradparkplätze**

4 Shuttlebusse pendeln zwischen den drei Eingängen und den Parkplätzen.

13% der Autoanreisenden nutzen dieses kostenlose Angebot.

Das **Kombiticket** ist an den Fahrkartenautomaten der Bahn zu lösen. Eintritt und Anreise aus ganz Baden-Württemberg.

Schiff-Shuttle innerhalb des BUGA-Geländes
Zwei Anlegestellen liegen in unmittelbarer Nähe zu zwei Eingängen, eine Dritte in der Mitte des Geländes.

Anreise ohne PKW

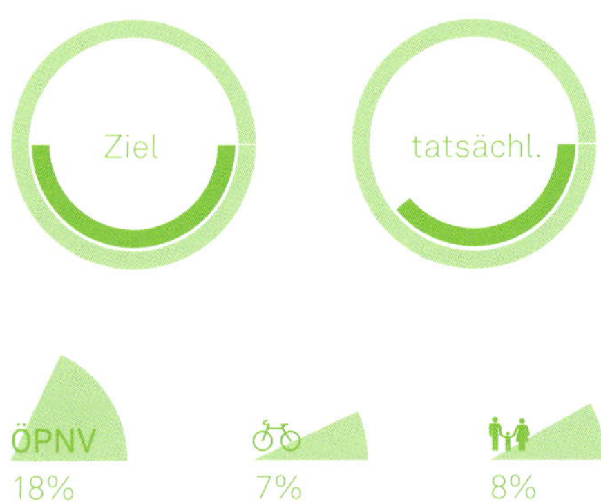

ÖPNV-Nutzung kostenlos mit Tages- und 2-Tageskarte. Dauerkarten-Besitzer reisen zum **halben Preis**.
Mit der Abendkarte kostenlose ÖPNV-Nutzung ab 15 Uhr.

40 Wohnmobilstellplätze stehen insgesamt am Wertwiesenpark und auf der Theresienwiese zur Verfügung.

Mit **5.000 Fahrzeuge** wird alleine das Angebot auf der Theresienwiese genutzt.

5.100 bewachte **PKW-Parkplätze** zu einheitlich je 5€.

PREISGESTALTUNG UND DAUERKARTEN

Bei den Eintrittskarten gibt es drei Kategorien: junge Erwachsene bis zum 25. Geburtstag zahlen acht Euro, Erwachsene 23 Euro und Senioren ab 67 Jahren 21 Euro. Kinder unter 15 Jahren haben freien Eintritt, sie benötigen aber für den Einlass ein eigenes Ticket. Für Menschen mit Handicap gibt es keine Altersbeschränkung, sie bezahlen generell acht Euro. Für Gruppen gelten Sonderkonditionen. Bei Schulklassen und Kindergartengruppen zahlen nur die Begleiter.

Dauerkarten spielen bei der BUGA Heilbronn eine herausragende Rolle. Mit 94.837 verkauften Dauertickets werden die Erwartungen sogar weit übertroffen. Ursprünglich war mit 35.000 Dauerkarten gerechnet worden. Der Preis für Dauerkarten liegt vom 17. April 2019 bis zum Ende der Schau unverändert bei 125 Euro. Am 20. September wird die letzte Dauerkarte verkauft. Beim sechsten Besuch rechnet sich der Erwerb der regulären Dauerkarte.

Bei einer im Vorverkauf zum Preis von 110 Euro erworbenen Karte rechnet sich der Kauf bereits beim fünften Besuch. 152 Mal wird die am häufigsten genutzte Dauerkarte eingesetzt. Knapp 40 Dauerkarteninhaber kommen mehr als 100 Mal auf die BUGA. Im Schnitt wird jede Dauerkarte 10,1 Mal genutzt. Rund 1.000 Dauerkartenbesitzer haben ihre Karte nicht personalisiert und haben demnach die BUGA nie besucht.

Diskussionen gibt es um die Frage, warum die BUGA keinen Studentenrabatt anbietet. Bei der

▾ Gäste, welche die BUGA mit Bus oder Bahn erreichen, beginnen ihren Besuch am experimenta-Vorplatz. Dieser Ankommens- und Verteilerplatz kann auch bei großem Andrang den geordneten Kartenverkauf und Einlass ermöglichen.

Preisgestaltung hat man sich an der Altersgrenze von 25 Jahren orientiert, weil auch Kindergeld nur für unter 25-jährige Studierende bezahlt wird. Ältere Studierende müssen den regulären Preis für Erwachsene bezahlen.

Der Vorverkauf für Dauerkarten beginnt genau ein Jahr vor der Eröffnung am 17. April 2018 mit einem Fest auf dem Kiliansplatz.
100 Vorverkaufsstellen in Heilbronn und der Region verkaufen zunächst einen Gutschein, der noch umgetauscht werden muss in eine personalisierte, nicht übertragbare Dauerkarte mit Foto. Eine Personalisierung ist anfangs nur bei der Tourist-Information in der Kaiserstraße 17 möglich. Erst ab Anfang April 2019 sind auch die BUGA-Kassen am Innenstadt-Eingang bei der experimenta geöffnet.

Bis Jahresende 2018 erhält man zusätzlich zur Dauerkarte eine Tageskarte für die experimenta. Dauerkarten-Gutscheine und später auch die Tageskarten bieten auf der Rückseite im Wechsel einen Rabatt-Gutschein für Pflanzen-Kölle und für die Geschäfte der Heilbronner Stadtinitiative.

▲ Der Zugang erfolgt über weithin sichtbare, sonnengeschützte Portale mit digitalen Drehkreuzen. Die Schwelle wird für viele Dauerkartenbesitzer zum Symbol der Entschleunigung: „Ab hier beginnt der verwandelte Sommergarten ..."

STARBUCKS
Teusser
DAUERKARTEN

ø10,1
Eintritte pro DK

152 Mal wird die am häufigsten genutzte Dauerkarte eingesetzt.

Knapp **40 Dauerkartenbesitzer kommen mehr als 100 Mal** auf die BUGA.

Die **letzte DK** wird **16 Tage vor Ende** der BUGA gekauft.

Am 06.10.2019 findet die letzte Personalisierung einer DK statt.

94.837
verkaufte Dauerkarten

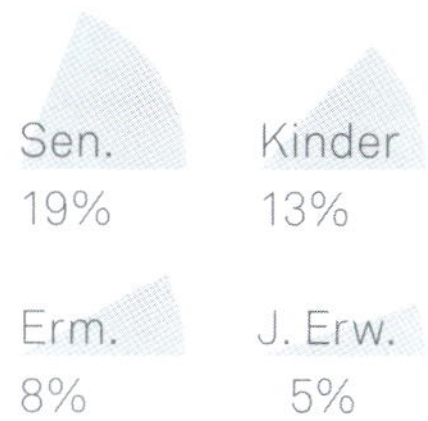

39% mehr Übernachtungen in den Durchführungsmonaten als im Sommer 2018

Die Zahl der Übernachtungen ist um ca. 80.000 gestiegen und **hat die 400.000 geknackt.**

Kartentypen der Besucher

Heilbronn wird als

touristische Destination

wahrgenommen.

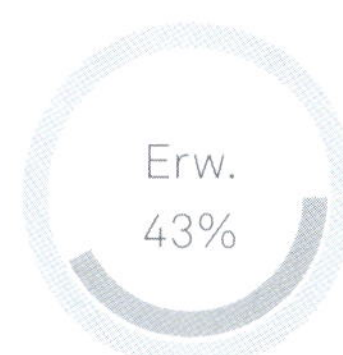

1.332.602
verkaufte Tageskarten

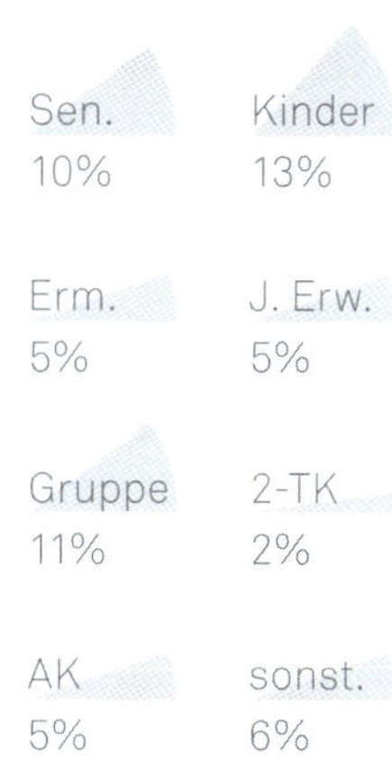

Das Preisniveau wurde mehrheitlich als positiv empfunden.

KATEGORIEN	TK	DK
Kinder bis zum 15. Geburtstag	0 €	0 €
Junge Erwachsene bis zum 25. Geburtstag	8 €	60 €
Erwachsene	23 €	125 €
Senioren ab dem 67. Geburtstag	21 €	115 €
Ermäßigt	8 €	60 €
Gruppen ab zwölf Personen	20 €	
KIGA-Gruppen und Schulklassen	15 €	
2-Tageskarte	35 €	

100
Vorverkaufsstellen

944 Stadtführungen in 2019 sind **doppelt so viele** wie im Vorjahr

▲ Poetry Slam des Popbüros im „Schaufenster der Region". Die Bühne vor Heilbronner Industriekulisse liegt am Neckarhabitat. Überraschend ist der hohe Anteil junger Menschen, die sich kreativ mit dem Instrument BUGA auseinandersetzen.

LYRIK II, DIE JUNGE BÜHNE

Die Veranstaltungen der freien Kulturszene haben Tradition in der Region. Die Serie Heilbronner Poetry-Slam zieht viel junges Publikum zu den Abenden. Auch auf der BUGA gibt es Veranstaltungen im „Schaufenster der Region".

Die Rasentribüne mit Blick auf die Industriekulisse am Neckar und den Heilbronner Wartberg lässt Festivalatmosphäre aufkommen. Das junge Publikum, mit dem sich Gartenschauen oft schwertun, ist stark vertreten.

Die Texte der Autoren setzen sich mit Alltagserlebnissen auseinander, aber auch mit dem Großprojekt Bundesgartenschau / Neckarbogen.
Als Kontrapunkt in der Dokumentation drucken wir Texte ab, die als „Sturm-und-Drang" verstanden werden können und doch zeigen, wie sich die junge Generation mit dem Instrument BUGA und seiner langen Tradition seit 1951 kreativ auseinandersetzt.
Die Autoren wurden vom Publikum an den Abenden gefeiert, der schöne Tag auf der BUGA gelingt auch generationenübergreifend.

BUGABUGA

von Marvin Suckut

Heilbronn im Zentrum des Unterlandes. Die siebtgrößte Stadt in Baden-Württemberg bereitet sich auf das Unausweichliche vor. Die Fenster in der Fußgängerzone sind längst mit Holzbrettern vernagelt und Türen lassen sich nur noch so weit öffnen, dass man eine Tiefkühlpizza durch den Spalt reichen kann. Spielende Kinder sieht man schon lange nicht mehr. Die Gehsteige zwischen Hauptbahnhof und Kalistraße sind nicht nur hochgeklappt, sondern auch noch behindertengerecht. Ein Anblick des Grauens. Die ersten Sonnenstrahlen am Morgen tauchen die Stadt in ein trügerisches Licht. Als würde die Natur durch Ästhetik ablenken wollen, von dem, was eigentlich in der Luft liegt. Ein Geruch. Ein Geruch nach Verwesung. Verwesung, Tod und Minzbonbons. Die idyllische Stille wird jäh durchbrochen durch das Klackern der Gehstöcke und Rattern der Rollatoren. Rentner! Sie kommen. Heute ist es soweit. Die Eröffnung der Bundesgartenschau. Jedes Jahr ein Spektakel, das seinesgleichen sucht. Aus dem gesamten Bundesgebiet kommen sie angereist. Reisebusweise werden sie vor den Pforten von den Leinen gelassen um dann an den Kassen ihre 21 Euro centgenau in Zeitlupe auf den Tresen zu legen um sich dann zu beschweren, dass ja schon 11 Uhr vormittags ist und damit der Tag ja schon fast wieder vorbei.

„Nur noch acht Stunden bis der Bus zurück fährt! Heidrun, wir müssen wieder zum Eingang, sonst fahren die ohne uns“. Hört man sie quer über das Gelände brüllen.

Ich habe mir ja, was das Preissystem der Bundesgartenschau angeht, ein paar Gedanken gemacht und es ist wirklich nicht verwunderlich, dass sich die ganze Sache nicht selbst finanzieren kann und man auf Millionen Euro Fördergelder angewiesen ist. Ich stand heute Mittag eine Stunde am Eingang und habe eine kleine Feldstudie durchgeführt. Resultat: 155 Rentner, 12 Erwachsene, 4 Kinder und zwei asiatische Touristengruppen, die dachten, das hier wäre ein Open-Air-Lidl.

Ich bin wirklich kein Finanzexperte, aber wenn man der offensichtlichen Hauptzielgruppe pro Person zwei Euro Ermäßigung gibt, gegenüber einem normalen Erwachsenen, scheint die Person, welche die Preise gemacht hat, nicht die leuchtendste Rose im Beet zu sein.

Wie kam man eigentlich damals auf die Idee mit der Bundesgartenschau?

Ich stelle mir das so vor, dass der Kassenwart von Hannover 1951 zu seinem König ging und ja, ich bin der Meinung, dass es in Niedersachsen 1951 noch einen König gab. Dann lief das so ab:

Kassenwart: >>Mein König, die Stadtkasse ist leer, genauso wie der der Brunnen vor den Toren und der Getreidespeicher.<<

König: >>Oh mein Gott, Kassenwart Gustav, welch grausige Nachricht. Was können wir tun?<<

Kassenwart: >> Nun mein König, die Botaniker haben da eine Idee.<<

Botaniker: >> Eure Hoheit, wir, die Botaniker, haben festgestellt, dass es eine immens entspannende Wirkung auf Menschen hat, wenn man einen Baum anschaut. Wie es der Zufall so will, haben wir einen Baum direkt vor der Stadt stehen. Unser Vorschlag wäre, wir verlangen ganz viel Geld dafür, wenn man diesen Baum ansehen möchte. Dann ist das Volk glücklich und entspannt. Außerdem könnten wir direkt daneben überteuerte Bratwürste und Fidget Spinner mit Blümchenmotiven verkaufen. <<

König: >> Aber mein lieber Botaniker, glauben Sie wirklich, dass das funktioniert? Man kann doch einfach in den Wald gehen um einen Baum anzusehen. <<

Botaniker: >> Wohl wahr mein König, aber es ist ein wirklich schöner Baum und Umfragen des Kreisbotanikerverbands haben ergeben, dass der handelsübliche Deutsche aus genetischen Gründen alles schön finden muss, wofür er bezahlt hat. <<

Und Zack, war die Idee der Bundesgartenschau geboren.

Viel absurder finde ich es aber, noch zusätzlich eine Landesgartenschau zu veranstalten.
In Baden-Württemberg ergibt das ja schon auch irgendwie Sinn. Die Landesgartenschau hüpft munter von Stadt zu Stadt, greift ordentlich Fördermittel ab, verlässt die Stadt wieder und am Ende weiß niemand so genau, was man jetzt eigentlich mit diesem Gelände anfangen soll, das jahrelang nur für diesen einen Zweck geschaffen wurde. Ein tolles Konzept.

Aber wie ist das in anderen Bundesländern? Das gesamte Saarland ist doch nur minimal größer als das gesamte Bundesgartenschaugelände hier. Wie machen die das?

Ich stelle mir das so vor, dass da fünf Leute bei Gabi Schmidt im Garten sitzen. Weil, sind wir mal ehrlich. Es gibt vermutlich nicht mehr als fünf Leute über 70 im Saarland. Dann wird diskutiert:

Herbert: >> So Gabi, ich stelle hiermit den Antrag die Landesgartenschau 2021 in meinem Schrebergarten auszurichten. Ich hätte ne neue Hütte, die ist rot und mein Krokus blüht bis dahin auch. Dann habe ich noch einen Formschnitt machen lassen in Form eines Rollators. Der bringt die Lenden der kessen Mädels aus Sankt Ingbert sicherlich zum vibrieren. Ingo, was sagst du? <<

Ingo: >> Jo Herbert, das klingt knorke. Aber mach nicht denselben Fehler wie ich damals. Ich hatte nur zwei Bänke aufgestellt auf dem ganzen Gelände und bei 10 Besuchern am Tag wird das mittags schon ganz schön eng. <<

Gabi: >> Ja aber Ingo, es konnte doch niemand ahnen, dass 10 Leute kommen. So einen Run hatten wir das letzte mal 1936 als alle dachten, wir verbrennen Bücher, dabei haben wir nur Marshmallows gegrillt. <<

Ingo: >> Und um für ordentlich Fun und Unterhaltung zu sorgen, gibt es die SWR4 Schlagerparty mit Andrea Berg. Parallel bieten wir Gänseblümchenwettzupfen an. Wer verliert, wird nicht mehr geliebt. Immer mittwochs gibt es dann Rollatorenslalom. Wer einen Terrakottakrug um schmeißt, bekommt die Höchststrafe. Keinen ermäßigten Eintritt im Folgejahr. <<

Verstehen Sie mich nicht falsch, ich liebe alte Menschen. Ich wäre auch gerne alt. Dann könnte ich auf der BUGA stundenlang auf einer Bank sitzen und grundlos Kinder anraunzen, weil sie über die Schotterwege schlürfen, während ich da sitze und in Ruhe dem Bonsai beim Wachsen zuhören möchte.

Meine Frau würde dann Dinge sagen wie: >> Schau mal Schatz, die Nelke dort ist wie du. Die war auch mal schön. Und jetzt? Ganz zusammengeschrumpelt. <<

Dann würden wir lachen und uns so hart auf die Oberschenkel klopfen, bis die Kniescheibe herausspränge. Dann würden wir noch lauter lachen, weil das jeden Tag passiert. Wir könnten uns in den Essensschlangen vordrängeln und niemand würde etwas sagen, weil wir alt und gebrechlich wären. Wir könnten am Kiosk Dinge klauen und wenn uns jemand anspräche, könnten wir alles auf die Demenz schieben. Ach wäre das toll.

Genauso toll wie, dass Sie es heute zu dieser Veranstaltung geschafft haben. Ich weiß, es war ein langer weg vom Eingang hier her. Aber Sie haben es geschafft und es ist mir eine Freude und Ehre, dass Sie beschlossen haben, diesen Abend mit uns zu verbringen.

Für uns ist es ein Abend wie jeder andere auch. Für manche von Ihnen vielleicht das Highlight der Woche. Für manche vielleicht der Höhepunkt ihres ganzen Lebens und für die ganz alten möglicherweise der letzte Abend überhaupt und für ganz andere vielleicht der erste Abend eines ganz neuen Lebens. Alles in allem aber, ist dieser Abend vor allem eines. Es ist ein guter Abend.

Veranstalter Poetry Slam: Popbüro Heilbronn-Franken

Die BUGA sind ganz viele. Die Bundesgartenschau ist eine Gemeinschaftsleistung. Ein Großprojekt, für das es einen Schulterschluss der Verantwortlichen in Heilbronn und in der Region gibt. Der amtierende Oberbürgermeister und sein Vorgänger, die Verwaltungsspitze, das Stadtplanungsamt und das Grünflächenamt, Mitarbeiter auf vielen Ebenen: Sie alle bringen die BUGA mit auf den Weg, getragen von der Rückendeckung des Gemeinderats und dem Rückhalt aus der Bevölkerung, unterstützt von Sponsoren und Ausstellungspartnern. Viele hundert leistungsstarke Fachkräfte aus dutzenden Betrieben stemmen die Herausforderungen der Umsetzung. Im Betrieb der 173 Tage ergänzen sich Expertise und Ehrenamt. Über allem steht die Leidenschaft der Heilbronner für ihre BUGA und die spürbare Begeisterung der meisten Besucher für die Bundesgartenschau.

GAN
ZVI
ELE

07

DIE BUGA SIND GANZ VIELE

07 | Die BUGA sind ganz viele.

► Die BUGA-Freunde im Garten der Heilbronner. Ganz viele Helferinnen und Helfer haben unzählige ehrenamtliche Stunden während der Bundesgartenschau geleistet.

UNZÄHLIGE UNTERSTÜTZER

▲ **Die BUGA gelingt nur in Gemeinschaft.** Aufsichtsräte, Besucherbetreuer, Chöre, Dienstleister, Entenretter, Friedhofsgärtner, Gastronomen, Hochschulen, Inklusionsbeauftragte,

Jäger, Kapitäne, Landfrauen, Minister, Naturschützer, Omnibusfahrer, Polizisten, Querdenker, Rechnungsprüfer, Stadträte, Taucher, Unterhalter, Verwaltung, Wengerter, X, Y, Z, ...

BUGA LEBT INKLUSION

Planung

Inklusion und Barrierefreiheit spielen bei der Bundesgartenschau Heilbronn eine wichtige Rolle und begleiten die Planungen von Anfang an. Zum ersten Mal wird Inklusion auf einer Gartenschau gelebt und ist ins Gesamtkonzept eingebunden.

▲ Die Zusammenarbeit mit den Behindertenverbänden beginnt in der Planung. Materialbemusterung im Test.

Die BUGA will eine Veranstaltung sein, die für alle Besucher gleichermaßen erlebbar ist. Für Menschen mit und ohne Handicap. Und Menschen mit Handicap sollen nicht nur im Hintergrund agieren, sondern mitgestalten. Bereits in der Planungsphase wird bei der BUGA HN GmbH eine Stelle geschaffen, die im Personalplan ursprünglich nicht vorgesehen war. Für die Betreuung und Umsetzung des Themas Inklusion arbeitet ein Sozialpädagoge im Team. 2015 entsteht eine Bachelor-Thesis mit dem Thema „Planung einer barrierefreien Veranstaltung".

Die Bedürfnisse von Hörgeschädigten, Sehbehinderten und Rollstuhlfahrern werden bei der Planung berücksichtigt, Behindertenverbände sind einbezogen. Zur barrierefreien BUGA gehört auch die Informationsbeschaffung, darauf wird bei der Gestaltung der Homepage geachtet. Die Schriftgröße ist variabel, Inhalte können vorgelesen oder in eine einfache Sprache übersetzt werden. BUGA-Besucher erhalten auf der Homepage Informationen für eine barrierefreie Anreise.

In der Planungsphase wird die Wahl der Bodenbeläge für Wege und Plätze mit Vertretern der Behindertenverbände abgestimmt. Auf einer 100 Quadratmeter großen Musterfläche können verschiedene Oberflächen begangen und getestet werden. Ein Beispiel für die Umsetzung auf dem Gelände ist der Uferbereich der beiden Seen. Der Holzsteg am Karlssee und das Holzdeck am Floßhafen sind am Rand mit Noppen aus Metall bestückt, die als Leitlinie dienen und die vor der Absturzkante warnen. Die Randbereiche zum Wasser sind in aufsteigender Richtung angeschrägt. Aufmerksamkeitsfelder ober- und unterhalb des Holzstegs an der Wassertreppe leiten zur parallel verlaufenden Rampe, die barrierefrei den Steg zum Wohlgelegen erschließt.

▲ Der Taktile Lageplan an jedem Eingang ist einer der vielen Bausteine zur Barrierfreiheit im Gelände.

BUGA ist barrierefrei

Das BUGA-Gelände ist für alle zugänglich. Nur vereinzelt sind direkte Wege nicht rollstuhlgerecht. Über die Wegeführung und den barrierefreien Rundweg informiert der Flyer „173 Tage.

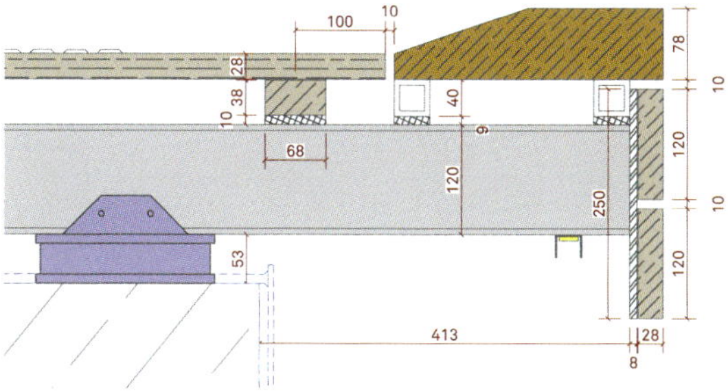

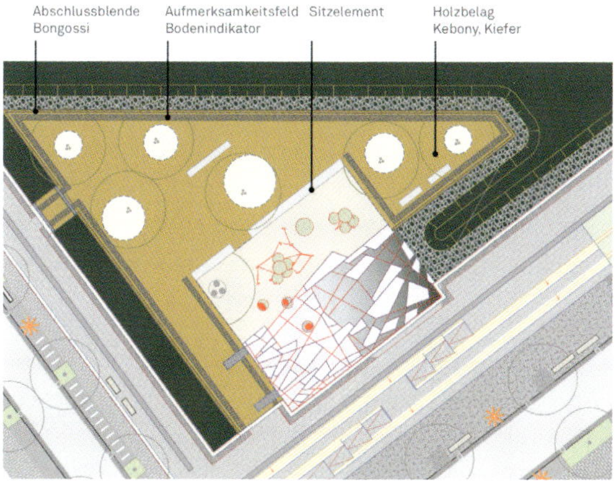

▲ **Baukultur in der Barrierefreiheit.** Anstatt die neuen Ufer abzusperren, wird mit BUGA HN GmbH und Behindertenverbänden das „Heilbronner Uferdetail“ entwickelt, das Gefahr erkennbar macht und Wasserzugang ermöglicht. Pläne: Sinai

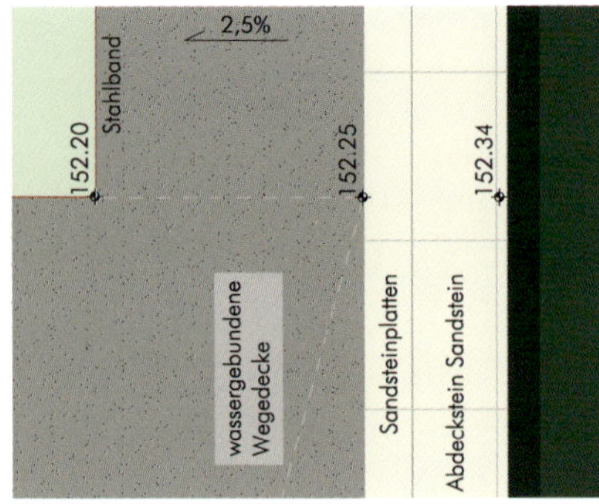

▲ Das „Heilbronner Uferdetail“ in vielen Materialvarianten: Farb- und Helligkeitskontraste, Rauhigkeitsunterschiede in Kombination mit angeschrägten Fendern am Schiffsanleger im Neckaruferpark. Die Abschlusssteine wurden aus geborgenen, recycleten Heilbronner Sandsteinen gearbeitet. Visualisierung, Detail: Sinai

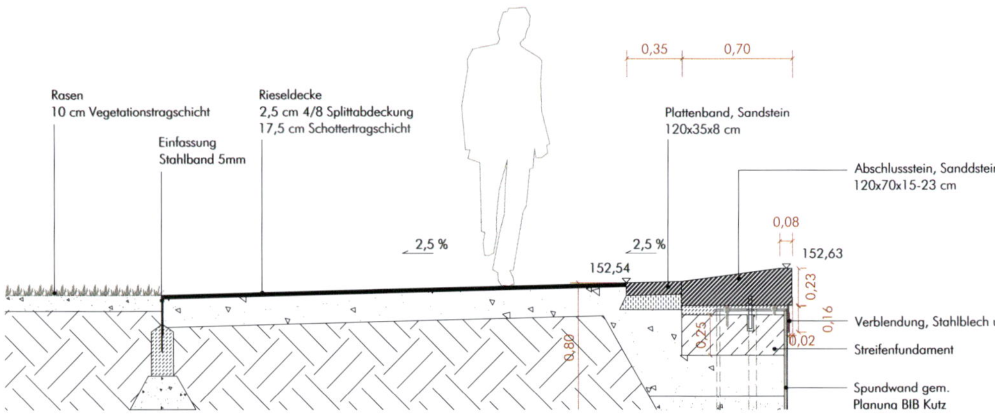

Barrierefrei erleben.". Er ist in einfacher Sprache verfasst und zeigt alle Standorte mit Unterstützungsangeboten für Menschen mit Handicap: von der Sauerstofftankstelle bis zur Toilette für alle.

Gastronomie: Restaurants sind stufenlos erreichbar. Theken und Tische sind teilweise mit dem Rollstuhl unterfahrbar. Speisekarten werden in Braille-Schrift und mit Bildern angeboten.

▼ Mit dem E-Rollstuhl entspannt durch die Blumenbeete. Barrierefreie Rundwege führen durch die Ausstellung.

Mobilitätshilfen: An den Eingängen Innenstadt und Wohlgelegen gibt es Verleihstationen für Mobilitätshilfen. Kostenlos verliehen werden Rollstühle, Rollatoren und Bollerwagen. Sechs elektrisch betriebene Rollstühle können nach Voranmeldung gegen Gebühr ausgeliehen werden. Rollstuhlfahrer, auch in Gruppen, können im Voraus einen Helfer buchen. 15 Ehrenamtliche stehen als Rollstuhlschieber zur Verfügung.

Führungen: Durch ein umfangreiches Angebot ist die BUGA für Menschen mit Handicap erlebbar. Die BUGA hat 20 Führer ausgebildet, die selbst Gebärdende sind. Sehbehinderte und Blinde werden nach Anmeldung individuell begleitet, dafür sind 25 Ehrenamtliche geschult. Es gibt Führungen in einfacher Sprache. Zudem gibt es Führungen, bei denen Menschen mit kognitiver Einschränkung gemeinsam Menschen ohne Behinderung über das Gelände führen.

▲ Die Gästeführer bieten auch „eins-zu-eins" Führungen an, die intensivste Betreuung unserer Gäste.

Induktionsschleifen: Bei 250 Plätzen vor der Sparkassenbühne sind Induktionsschleifen im Boden verlegt, die Hörhilfe-Trägern einen störungsfreien Hörgenuss ermöglichen. Diese Plätze können auch reserviert werden.

Taktile Lagepläne: An allen drei Eingängen ist ein Standort für taktile Lagepläne, Besucher können sich das Gelände ertasten. Am Eingang Innenstadt steht Personal bereit, das Gebärdensprache spricht.

App Actionbound: Mit der App kann man sich barrierefrei über das Gelände führen lassen: mit Text, in Gebärdensprache und per Audio. Die App ist im Play Store/App Store verfügbar. Auf dem Faltplan ist ein QR-Code für die App aufgedruckt.

▼ Barrierefreiheit bei der BUGA wird auch digital unterstützt, mit Infoterminals und Smartphone-Apps.

Menschen mit Handicap in der ersten Reihe

Mit 16 regulären Arbeitsplätzen für Menschen mit Behinderung ist die Bundesgartenschau ein großes Pilotprojekt für Inklusion. Mit den Erfahrungen, die sie während der BUGA machen, sollen die Mitarbeiter langfristig den Weg in den ersten Arbeitsmarkt schaffen. Dass Menschen mit Behinderung bei einer Gartenschau beschäftigt sind, ist nicht neu. Aber beim Umfang und der Art der Beschäftigung geht Heilbronn einen Schritt weiter. Im BUGA-Team sind sie nicht im Hintergrund im Einsatz, sondern stehen in der ersten Reihe. Fünf sind in der Verleihstation für Mobilitätshilfen beschäftigt, vier im Hausmeisterservice, drei in der Grünpflege, zwei im Fahrradparkhaus und je ein Mitarbeiter am Einlass und in der Busfahrerlounge im Wohlgelegen.

Es handelt sich um regulär bezahlte, sozialversicherungspflichtige Arbeitsplätze im Rahmen eines Pilotprojektes. Die Bezahlung ist branchenüblich. Die Mitarbeiter mit Handicap waren zumeist in der Lebenswerkstatt tätig. Das Pilotprojekt wird über das Budget für Arbeit aus dem Bundesteilhabegesetz bezuschusst. Stadt- und Landkreis übernehmen 75 Prozent der Lohnkosten. Die Mitarbeiter haben ein Rückkehrrecht an ihren Werkstatt-Arbeitsplatz. Von dieser Möglichkeit hat während der BUGA keiner der Beschäftigten mit Handicap Gebrauch gemacht.

Mit dem Projekt leistet die BUGA Pionierarbeit. Die Großveranstaltung stellt sich der gesellschaftlichen Verantwortung, Menschen mit Handicap eine Teilhabe zu ermöglichen. Die 16 Arbeitsplätze sind eine sehr hohe Zahl. 2019 gibt es im restlichen Baden-Württemberg über das Budget für Arbeit insgesamt nur fünf Stellen.

Inklusiver Neckarbogen

Das neue Stadtquartier Neckarbogen soll Inklusion im Bewusstsein der Öffentlichkeit voranbringen: während und nach der Bundesgartenschau. Die Konzeptvergabe der Grundstücke macht es möglich, dass die Evangelische Stiftung Lichtenstern mit einem inklusiven Quartiersprojekt im Neckarbogen Einzug hält. Die Stadtverwaltung will damit auch zeigen, wie ernst es ihr mit dem Thema Inklusion und Teilhabe ist.

Der Neckarbogen ist ein Bekenntnis dafür, dass Menschen mit Handicap Teil der Stadtgesellschaft sind. 2015 wurde die Genossenschaft Lichtenstern Wohnkonzepte am Neckarbogen gegründet mit dem Auftrag, im neuen Quartier bezahlbaren Wohnraum für Menschen mit und ohne Behinderung zu schaffen. Lichtenstern ist in drei der 22 Gebäude der Stadtausstellung vertreten. Es gibt 16 stationäre Wohnplätze, sechs Apartments für ambulant betreutes Wohnen und eine Wohnung für Studierende, die in die Betreuung eingebunden sind. Die Tagesförderstätte bietet 15 Arbeitsplätze.

▲ Wohnen und Arbeiten im Neckarbogen, das Projekt Samocca der Stiftung Lichtenstern macht es möglich.

Herzstück ist das Inklusionscafé Samocca, das nach der BUGA Quartierstreffpunkt bleibt. Die Stiftung Lichtenstern betreibt angrenzend ans Samocca einen Waschsalon zum Selberwaschen, der allen Bewohnern offensteht. Im Innenhof gibt es noch das ebenfalls von der Stiftung begleitete Gartenprojekt unter dem Stichwort Urban Gardening. Es soll die Begegnung der Bewohner fördern. Auch das Quartiersprojekt im Neckarbogen hat eine Vorreiterrolle in Baden-Württemberg und ist bislang beispiellos.

▲ Café Samocca und Waschsalon (Evangelische Stiftung Lichtenstern) sind nicht nur für Bewohner mit und ohne Behinderung Treffpunkt und Kommunikationsbereich.

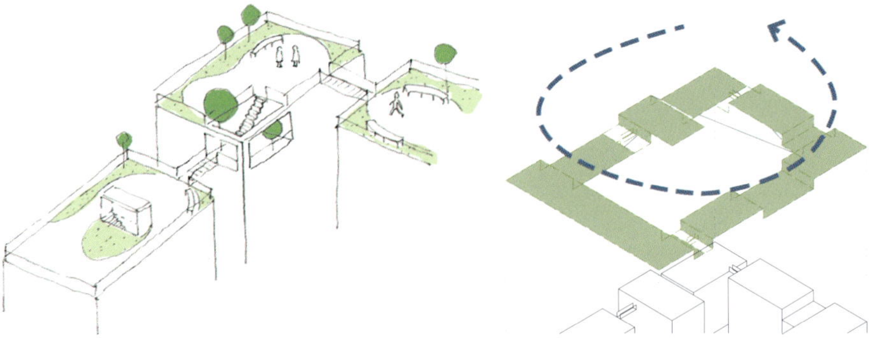

▲ Die bewohnbare Dachlandschaft als zusätzliche Nutzungsebene in der Stadtentwicklung. Im Wettbewerb war diese Nutzung eine Option, erfreulicherweise haben viele Investoren diese positive Strategie für das Stadtquartier aufgenommen. Skizzen Machleidt/Sinai

▼ Die Vorgaben aus dem Gestaltungshandbuch des ersten Bauabschnittes gaben klare Regeln für die städtebauliche Figur vor. Die Idee der Einheit in der Vielfalt der Architekturen wurde in Zusammenarbeit aus Investoren, BUGA HN GmbH und Stadtverwaltung zum gemeinsamen Entwicklungsziel. Visualisierung: Machleidt

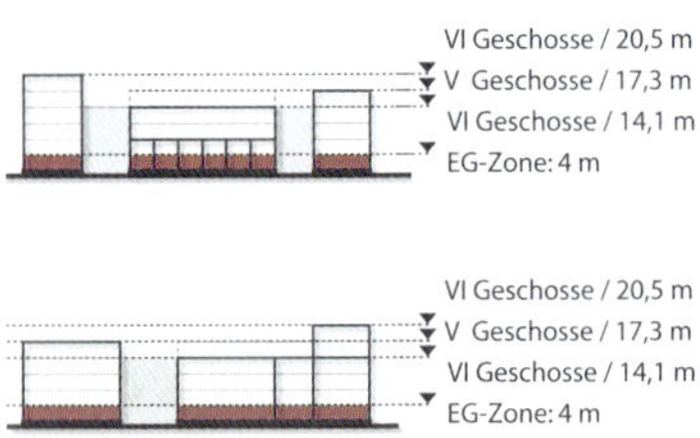

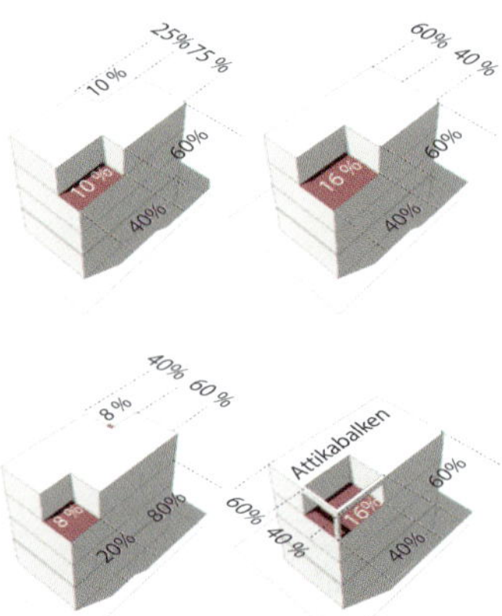

▲ Die erste Baugruppe im Neckarbogen Apollo 19 bei der Einreichung Ihres Bauantrages im Baudezernat. Bauen und Wohnen in der Gemeinschaft, ein Bauherrenmodell das frühzeitig Identität in ein Quartier bringt.

▼ Drei Baublöcke, 22 Gebäude und eine Vielzahl an Investoren bei den Spatenstichen. Nur durch die Schaffung einer Blockgemeinschaft konnten die Projekte in dem engen Planungs- und Bauterminplan bis 2019 gelingen. Ein durch die BUGA HN GmbH moderierter Prozess der auf Vertrauen im gemeinschaftlichen Bauen setzen konnte.

Geländeplan
BUNDESGARTENSCHAU
HEILBRONN 2019

GÄSTEFÜHRER

Die Heilbronner nehmen großen Anteil an der Entstehung der BUGA. Geländeführungen sind von Anbeginn ein Publikumsmagnet. 2014 starten die ersten Baustellenführungen. Insgesamt 25.000 Bürger kommen zu den Informationsspaziergängen, die zu unterschiedlichen Anlässen angeboten werden und teilweise mit Baustellenfesten und weiteren Veranstaltungen wie dem SWR 1 Pfännle verknüpft sind. Nach dem 30. September 2018 ist das Gelände nicht mehr zugänglich.

Die Heilbronn Marketing GmbH koordiniert während der BUGA die insgesamt 40 Gästeführer, die vorab von BUGA-Mitarbeitern geschult wurden. Knapp 2.200 Führungen haben Gäste aus nah und fern gebucht, das sind insgesamt 76.000 Teilnehmer. Gruppenführungen kosten 69 Euro. Dazu kommen noch 230 öffentliche, offene Führungen ohne Voranmeldung, bei denen gut 4.000 BUGA-Besucher dabei sind. Diese eineinhalbstündigen Führungen starten täglich um 11 Uhr, an Wochenenden und Feiertagen zusätzlich um 14 Uhr, am Eingang Innenstadt zum Preis von neun Euro. Die Gästeführer sind an pinkfarbenen Shirts oder Jacken zu erkennen.

Viele Gästeführer sind dutzendfach im Einsatz, einige machen mehr als 100 Führungen und verzichten dafür auf Sommerurlaub. Auch Stadtverwaltung und BUGA-Mitarbeiter sind vielfach als Führer für Fachpublikum aus Verwaltung sowie der Stadt- und Landschaftsplanung unterwegs.

▼ Mit der BUGA verändert sich die touristische Wahrnehmnung auf Heilbronn, ein Gewinn für die HMG.

DIE ROLLE DER HMG

Für die Heilbronn Marketing GmbH (HMG) steht die touristische Vermarktung Heilbronns im Fokus. Besucher, die zur BUGA kommen, sollen auch die Gelegenheit wahrnehmen, die Stadt zu erkunden. Ein siebenstelliger Betrag steht der HMG für BUGA-Maßnahmen zur Verfügung. Mithilfe der BUGA das touristische Potenzial Heilbronns aus dem Dornröschenschlaf zu wecken, ist das Ziel. Es ist gelungen, dass nationale Reiseanbieter Heilbronn 2019 in ihr Programm aufgenommen haben. Auch wenn nur wenige Busgruppen über Nacht bleiben, gelingt bei Übernachtungszahlen ein neuer Rekord: Erstmals nächtigen im BUGA-Jahr deutlich mehr als 400.000 Gäste in den Heilbronner Hotels und Pensionen, ein Plus von 25 Prozent. Auch kommen 2019 erstmals 5.000 Wohnmobil-Reisende nach Heilbronn, ebenfalls ein Rekord. Zusätzlich zu den 2.372 über die HMG gebuchten BUGA-Führungen finden weitere 944 Innenstadt-Führungen statt. Die Tourist-Info hat sieben Tage geöffnet. Für den City-Sightseeing-Bus wird während der BUGA eine verkürzte Route angeboten. Die HMG ist Kooperationspartner für das Angebot der Velo-Taxis, die BUGA-Besucher von den Eingängen zum Bahnhof oder in die Innenstadt bringen.

Die BUGA erweist sich nicht als Konkurrenz für Innenstadt-Veranstaltungen, im Gegenteil: Das Weindorf im September profitiert und verzeichnet mit einem Besucherplus von zehn Prozent einen neuen Rekord. Zum BUGA-Jahr präsentieren sich Stadt Heilbronn und Heilbronn Marketing GmbH gemeinsam auf einer neuen Webseite www.heilbronn.de.

ORGANIGRAMM DER STADT BAUPROJEKT „BUGA 2019 / NECKARBOGEN“

Stadt Heilbronn

Gemeinderat
Oberbürgermeister Harry Mergel
zugleich Vorsitzender Aufsichtsrat BUGA GmbH

Stadtverwaltung
Dezernentenbesprechung I - IV

Projektauftraggeber Dezernat IV

Wilfried Hajek
Baubürgermeister

Gerd Eberhardt
Projektkoordinatior

Geschäftsstelle im Baudezernat
Bauprojekt „BUGA2019 / Neckarbogen“

Lenkungsgruppe

Dezernenten I - IV

Projektkoordinator
Bauprojekt „ BUGA 2019 / Neckarbogen“

Amtsleitungen
10, 20, 23, 40, 63, 65, 66, 67

Stabstellenleitung
102, 103

Geschäftsführung
BUGA, HMG, Stadtsiedlung

Projektteam

Projektleiter
20, 23, 62, 63, 65, 66, 67, 70, HNVG, BUGA

BUGA Heilbronn 2019 GmbH

Hanspeter Faas
Geschäftsführer

Oliver Toellner
Leiter Planung

Christine Renner
Leiterin Controlling

Berthold Stückle
Technischer Leiter

Projektleiter, Planungsbüros

HEILBRONNER STADTVERWALTUNG

Beteiligte der Verwaltung im Bauprojekt BUGA 2019 / Neckarbogen:

Dez. I	Oberbürgermeister Harry Mergel
Dez. II	Erster Bürgermeister Martin Diepgen
Dez. III	Bürgermeisterin Agnes Christner
Dez. IV	Baubürgermeister Wilfried Hajek
102	Geschäftsstelle des Gemeinderats
103	Pressestelle
10	Personal- und Organisationsamt
20	Stadtkämmerei
23	Amt f. Liegenschaften u. Stadterneuerung
40	Schul-, Kultur- und Sportamt
62	Vermessungs- und Katasteramt
63	Planungs- und Baurechtsamt
65	Hochbauamt
66	Amt für Straßenwesen
67	Grünflächenamt
70	Eigenbetrieb Entsorgungsbetriebe
HMG	Heilbronner Marketing GmbH
Stadtsiedlung	Stadtsiedlung Heilbronn GmbH

Weitere Projektverantwortliche der Verwaltung in der Durchführung der Bundesgartenschau Heilbronn 2019:

107	Partizipation und Integration
32	Ordnungsamt
37	Feuerwehr
40.42	Stadtbibliothek
40.43	Stadtarchiv
40.44	Städtische Museen
46	Eigenbetrieb Theater Heilbronn
50	Amt für Familie, Jugend und Senioren
68	Betriebsamt
WHF	Wirtschaftsregion Heilbronn-Franken
SWH	Stadtwerke Heilbronn
HNVG	Heilbronner Versorgungs GmbH
HNV	Heilbronner Nahverkehrs GmbH
VHS	Volkshochschule Heilbronn gGmbH

▲ Einweihung der Verkehrsumlegung B39/Kalistraße. Die Karl-Nägele-Brücke musste von drei auf vier Spuren ertüchtigt und die Geh- und Radwege neu angeformt werden. Ein Projekt des Amtes für Straßenwesen im Grenzbereich der Statik.

▼ Die Paula-Fuchs-Allee führt ins neue Stadtquartier. Der erste Bauabschnitt liegt aber auch mitten im BUGA-Gelände. Eine logistische Herausforderung parallel zur Fertigstellung der Gebäude und der Ausstellung im Winter 2018/19.

Projekte der Behörden

Von Anfang an vielfältig eingebunden in die BUGA sind die Behörden der Stadt Heilbronn. Für Stadtplanungsamt, Grünflächenamt, Liegenschaftsamt und Amt für Straßenwesen sind vor allem die Jahre der Planung mit sehr viel Mehrarbeit verbunden. Unzählige Bauanträge sind zu bearbeiten und Genehmigungen zu erteilen. Die Konzepte des Planungs- und Baurechtsamtes und des Amtes für Straßenwesen für den Neckarbogen müssen zeitlich synchron laufen mit der Ausstellungsplanung auf das unverrückbare Datum der BUGA-Eröffnung, dem 17. April 2019.

Praktisch sind alle städtischen Ämter mehr oder weniger stark an der Vorbereitung und Umsetzung des Großereignisses beteiligt. Eine zentrale Rolle hat das Grünflächenamt: federführend für die Erstellung der Machbarkeitsstudie, als Initiator für eine intensive Bürgerbeteiligung sowie Schnittstellenamt der BUGA HN 2019 GmbH bei der Erstellung von Gemeinderats-Drucksachen zur politischen Absicherung des Gartenschauprojektes. Das Grünflächenamt sorgt mit der Aktion Stadtgrün für BUGA-Atmosphäre in allen Stadtteilen. Auch dabei setzt die Verwaltung auf eine umfangreiche Bürgerbeteiligung. Eine Vielzahl von Ideen und Wünsche für das direkte Umfeld der Bürger sind im Vorfeld entstanden und werden zur Buga umgesetzt.

Zudem wird die BUGA auch in der Innenstadt für Bürger und Besucher sichtbar. Eine „florale Achse“ spannt sich vom Bahnhof bis zur Allee. Entlang dieser Achse stehen 63 verschieden große Blumenschiffe aus Beton, unter anderem bepflanzt mit Ranunkeln, Goldlack oder Vergissmeinnicht. Platanen in der Kaiserstraße sind mit üppigen, roten Papierblüten bestückt und sollen Lust auf die BUGA machen. Mit dem Klimawäldchen wird am Wollhaus eine Idee junger Mitarbei-

ter des Grünflächenamts umgesetzt: 200 Bäume auf einer 800 Quadratmeter großen Fläche bringen im BUGA-Sommer frische Luft an eine Hauptverkehrsachse in der Innenstadt.

Ebenso zentral ist von Anfang an die Rolle des Stadtplanungsamts für die arbeitsintensive und facettenreiche Entwicklung des neuen Stadtquartiers zur BUGA und für die Weiterentwicklung danach. Das Liegenschaftsamt arbeitet das vorgeschaltetes Interessenbekundungsverfahren für die Grundstücke im Neckarbogen aus. Unter Federführung des Baudezernats entscheidet eine mit externen Experten bestückte interdisziplinäre Baukommission über die Vergabe.

Im Amt für Straßenwesen laufen die umfangreichen Planungen für den Bau von Vorland- und Bleichinselbrücke, die Verlagerung der Kalistraße und den Ausbau von Karl-Nägele-Brücke und Fügerstraße. Das Hochbauamt wirkt an der Planung und Konzeption des städtischen Pavillons auf der BUGA, dem Forum Heilbronn, mit. Das städtische Betriebsamt unterstützt die BUGA vor allem während der heißen, trockenen Phasen bei der Bewässerung der Pflanzen.

Das Heilbronner Standesamt bietet Trauungen auf dem BUGA-Gelände. 47 Paare nutzen das einmalige Angebot, sich unter der Trauerweide auf der nördlichen Spitze der Kraneninsel das Ja-Wort zu geben. Das Heilbronner Theater hat mit der Produktion der Gartenoper „La finta giardiniera“ eine zweite Spielstätte auf der Sparkassenbühne. Die Feuerwehr ist eine tragende Säule im Sicherheitskonzept. Die Stadtbibliothek ist mit eigenen Programmpunkten auf der Buga vertreten. Das Stadtarchiv verlagert einen Teil seiner traditionellen Sommer-Veranstaltungsreihe „Wissenspause“ auf das BUGA-Gelände in den Holzpavillon.

▲ Die Aktion Stadtgrün des Grünflächenamtes bringt Willkommenskultur mit Blumenschiffen und artifiziellen „Langblühern“ für die Gäste der Bundesgartenschau in die Neckarstadt.

V
E

▲ Das Festival berührt fast alle Geschäftsbereiche der Behörden und lässt Experimente entstehen, standesamtliche Trauungen im BUGA-Gelände oder das Klimawäldchen des Baudezernates.

BUGA-FREUNDE

Die Mitglieder des BUGA-Freundeskreises spielen als Informationsgeber, Botschafter und Multiplikatoren eine große Rolle. Wie in anderen BUGA-Städten, darunter München und Koblenz, gründet sich auch in Heilbronn 2016 ein Verein Freunde der Bundesgartenschau – als Forum für Bürger, die nah am Geschehen rund um die Bundesgartenschau sein möchten.

Die BUGA-Freunde sind bereits vorab aktiv, engagieren sich bei Veranstaltungen an Info-Ständen und initiieren Aktionen wie „Beet sucht Freund". Dabei werden in Stadtteilen Beete am Straßenrand bepflanzt, um auf die BUGA aufmerksam zu machen. 1.500 Stunden sind die BUGA-Freunde seit 2016 bis zur Eröffnung im Einsatz.

2019 hat der Verein mehr als 500 Mitglieder. In den 173 BUGA-Tagen leisten die BUGA-Freunde mehr als 11.500 ehrenamtliche Stunden. Wichtige Einsatzorte sind die beiden Verleihstationen für Mobilitätshilfen bei den Eingängen. 5.396 Bollerwagen, 3.823 Rollstühle, 996 Rollatoren und 339 Kinderbuggys werden dort an Besucher ausgehändigt. Insgesamt kommt es zu mehl als 10.000 Verleihvorgängen.

▾ Die Freunde der Bundesgartenschau pflanzen und pflegen in Kooperation mit der Stadtverwaltung Heilbronn.

Garten der Heilbronner

Geschichten und Geschichte: Ein besonderer Ort auf dem BUGA-Gelände ist der „Garten der Heilbronner" beim Fruchtschuppen. Der Freundeskreis lässt dort Heilbronner Geschichte aufleben und bietet eine Plattform für persönliche Heilbronner Geschichten. Es ist ein Ort der Identifikation, der für eine Bundesgartenschau eine Einmaligkeit hat.

▾ Großer Andrang beim Programm „Heilbronner Stunde" im Garten der Heilbronner BUGA-Freunde

Auf der kleinsten BUGA-Bühne kommen Bürgerinnen und Bürger in 70 Veranstaltungen zu Wort, „Heilbronner Stunde" genannt. Es geht um Nachkriegszeit, die Rolle der Medien, die Fußballhistorie, die Medienentwicklung, Idee und Realisierung der BUGA, die Weinregion Heilbronn, Geschichte der Parkflächen, die Heilbronner Hütte, Sportgrößen und Literatur.

Auf der Parzelle sind Fundstücke ausgestellt, die bei der Erschließung des Geländes geborgen wurden, Relikte aus der Vergangenheit des

Willkomm
bei Freunden

BUGA
INFO
BUGA
INFO

FREUNDE
DER BUGA
HEILBRONN
2019 e.V.

Fruchtschuppenareals als Güter- und Warenumschlagsplatz mit Hafen- und Bahnanbindung: der Bug eines alten Neckarschleppers, eine Schiffsschraube, Reste eines Eisenbahnwaggons. Mittelpunkt des Gartens der Heilbronner ist ein Regal, im Wechsel bestückt mit Erinnerungsstücken der Heilbronner, die Bürgerinnen und Bürger beigesteuert haben: Postkarten, Bilder, Urkunden, Spielsachen, Gegenstände aus der Industriegeschichte.

Der Freundeskreis der Bundesgartenschau bleibt auch nach 2019 aktiv, will zu einer festen Größe in der Stadt werden und bürgerschaftliches Engagement in die Zukunft tragen. Dem Verein bleibt der ehemalige Container i-Punkt-Grün als Treffpunkt im Neckaruferpark erhalten.
Das Thema „Beet sucht Freund" soll im Neckarbogen, in Heilbronn und in den Stadtteilen weiterentwickelt werden. Auch die „Heilbronner Stunde" soll als Kulturveranstaltung weiterleben.

„Es sind im Leben stets die Menschen, die im richtigen Moment etwas bewegen und zusammenstehen. Das Herz der Bundesgartenschau Heilbronn 2019 lebt im BUGA - Freundeskreis weiter."

HARTMUT WEIMANN | BUGA-FREUNDESKREIS

BUGA
INFO

VERLEIH
VERLEIH

SHOP

BUGA aktiv - inklusi

100 qm Musterfläche zur Auswahl von behindertengerechten Bodenbelägen im Vorfeld der Durchführung.

76.000 Teilnehmer werden in mehr als **2.000 Führungen** über die BUGA geführt.

Hier sind primär die 40 externen Gästeführer/innen im Einsatz.

Mehr als **25.000 Bürgerinnen und Bürger** auf den **Baustellenführungen** bis 30.09.18

16 reguläre vollwertige und sozialversicherte **Arbeitsplätze** für Menschen mit Behinderung

- Verleihstationen
- Hausmeisterservice
- Grünpflege
- Fahrradparkhaus
- Einlass und Busfahrerlounge

10% der Veranstaltungen im Bunten Klassenzimmer sind für inklusive Gruppen geeignet.

15 ehrenamtliche **Rollstuhlschieber** und

25 ehrenamtliche **Begleiter für Blinde und Sehbehinderte**

Die **16 stationären Wohnplätze** und die **6 Apartments für ambulant betreutes Wohnen** im neuen Stadtquartier Neckarbogen bleiben dauerhaft bestehen.

Finanzierung der inklusiven Arbeitsplätze

Insgesamt **3 Taktile Lagepläne** sind an den Eingängen vorhanden.

3 Verleihstationen für Mobilitätshilfen an den Eingängen

Verleihvorgänge:
5396 Bollerwagen
3823 Rollstühle
996 Rollatoren
339 Kinderbuggys

In der Kategorie „Ermäßigte“ werden **über 64.000 Tageskarten und über 7.000 Dauerkarten** verkauft.

In der Kategorie „Senioren“ werden jeweils mehr als doppelt so viele Karten nachgefragt.

barrierefrei erreichbare Gastronomien und **Speisekarten in Braille-Schrift**

▲ Auch das Team der BUGA HN 2019 GmbH sind Viele. Die Qualität einer Ausstellung entsteht durch die Unterschiedlichkeit der Menschen und Aufgaben. Vereint sind sie in der Leidenschaft für das gemeinsame Großprojekt.

Reihe 1 (vorne): Tabea Salzer, Tanja Bissinger, Velia Fischer, Andres Kühn, Rüdiger Eckhardt, Barbara Brakenhoff, Andrea Korbanka, Eva Hoch, Hendrick Kühn, Rolf Wenninger, Lukas Heinz, Dieter Schühle, Harald Wiesenmaier, Eva Schmierer, Nicole Walter, Katharina Wiemer, Nikola Krauth, Joanne Parsons-Sekiguchi, Gustav Bräuninger, Michael Klein, Corina Böhme, Hainke Scherer, Thea Jäger

Reihe 2 (mittig): Elina Richert, Clara Bartke, Doris Keicher, Kathrin Lindner, Corinna Klein, Ralph Göppert, Rebecca Grunert, Dana Fischer, Christine Renner, Ilona Weickum, Sonja Haug, Mireille Zipf, Hanspeter Faas, Jana Fink, Alicia König, Svenja Bähker, Leila Karich, Susanne Villinger, Katharina Balters, Sabine Andresen, Olga Hörner, Michaela Ruof, Berthold Stückle, Uwe Spiekermann

Reihe 3 (hinten): Lydia Frotscher, Silvio Havemann, Susanne Drüke, Roland Radenz, Karl Reinwald, Thomas Donath, Oliver Toellner, Friedemann Haug, Julia Probst, Julie von Gemmingen, Sarah Klingohr, Mirjam Weber, Christian Schmierer, Jörg Plieschke, Tobias Fritz, Jan Fries, Detlev Malstede, Marvin Schulz, Pascal Jensen

fehlend: Danial Barsoom, Suse Bucher-Pinell, Irina Büge, Mona Daum, Rudolf Dekreon, Julia Hagemeister, Lilia Lang, Thomas Lebküchner, Henrijeta Munega, Petra Pany, Vanessa Piqueras-Solana, Corinna Schlichting, Benn Spellenberg, Lina Valnion, Sylvia Wiesner,

Gesellschafterversammlung
Vorsitzender: OB Harry Mergel, Stadt Heilbronn

Stadt Heilbronn | DBG

Aufsichtsrat
Vorsitzender: OB Harry Mergel, Stadt Heilbronn

BUGA GmbH

Geschäftsführung

Hanspeter Faas
Geschäftsführer

Katharina Balters
Referentin Geschäftsführung

Stadtausstellung Neckarbogen

Jan Fries
Projektentwicklung

Barbara Brakenhoff
Projektentwicklung

Ilona Weikum
Teamassistenz

Veranstaltung und Kultur

Michaela Ruof
Abteilungsleitung

Tanja Bissinger
Assistenz, Disposition

Eva Schmierer
Kinder- und Sportprogramm

Jörg Plieschke
Veranstaltungen Musik

Katharina Wiemer
Schulpädagogisches Programm

Clara Bartke
Schulpädagogisches Programm

Lukas Heinz
Gesundheit, Kultur

Roland Radenz
Schnittstelle Veranstaltungstechnik

Velia Fischer
Chöre, Schulen

Mitarbeiter Veranstaltungstechnik

Projektmanagment und Betrieb

Berthold Stückle
Prokurist, Abteilungsleitung

Sarah Klingohr
Teamassistenz

Eva Hoch
Ausschreibungen, Kostenmanagement

Henrijeta Munega
Ausschreibungen

Ralph Göppert
Bauabwicklung

Benn Spellenberg
Bauabwicklung, Pflege

Andreas Kühn
Bauabwicklung, Schiffshuttle

Tobias Fritz
Verkehrs- und Sicherheitskonzept

Elina Richert
Geländebetrieb

Karl Reinwald
Inklusion

8 Mitarbeiter Geländebetrieb

Planung und Ausstellungskonzept

Oliver Toellner
Prokurist, Abteilungsleitung

Vanessa Piqueras-Solana
Teamassistenz

Julia Hagemeister
Ausstellungskonzept, beteiligte Dritte

Dana Fischer
Planung Daueranlage, Kunstkonzept

Sabine Andresen
Spiel-, Sportanlagen, Möbilierung

Corina Böhme
Ausstellungskonzept, Hochbau, Infrastruktur

Rebecca Grunert
Leit- und Infosystem, Sonderthemen

Sophie Kleppin
Grafik

Marketing

Mirjam Weber
Abteilungsleitung

Lina Valnion
Assistenz, Marketin

Thea Jäger
Projekt- und Brandmanagement

Irina Büge
Vertrieb, Marketing

Tabea Salzer
Digitales Marketing

Svenja Bähker
Grafik

Leila Karich
Vertrieb, Promotion

4 Mitarbeiter Messe und Vertrieb

lga Hörner
ssistenz Geschäftsführung

Finanzen und Controlling

hristine Renner
rokurist,
bteilungsleitung

ndrea Korbanka
ontrollingassistenz

ylvia Wiesner
ahlungsverkehr
echnungswesen

etra Pany
ahlungsverkehr
cketing

orinna Schlichting
örderungen

übra Kavak
uchhaltung

Gärtnerische Ausstellungen

Rüdiger Eckhardt
Ausstellungsbevoll-
mächtigter der DBG

Nicole Walter
Teamassistenz

Kathrin Lindner
Gärtn. Wettbewerbe,
Friedhofsbeitrag

Lydia Frotscher
Freilandwettbewerbe,
Wechselflor

Uwe Spiekermann
Hallenschauen,
Gärtn. Wettbewerbe

Silvio Havemann
Hallenmeister

Friedemann Haug
Hallenmeister

4 Mitarbeiter
Grünpflege

Stab

Sonja Haug
Stabstelle, Personal

Innere Verwaltung

Christian Schmierer
Kooperationen

Jana Fink
Gastronomie,
Lieferrechte

Nicola Krauth
Freundeskreis

Mireille Zipf
Sekretariat, Empfang

Alicia König
Sekretariat, Empfang

Susanne Villinger
Inselspitze,
Medienpartnerschaften

Julie von Gemmingen
Protokolldienst

Joanne Parsons-Sekiguchi
allg. Bürodienste

4 Mitarbeiter
allg. Bürodienste

Presse

Suse Bucher-Pinell
Pressesprecherin

Doris Keicher
Pressereferentin

Ticketing

Thomas Donath
Ticketing

Julia Probst
Ticketing

Susanne Drüke
Ticketing

Mona Daum
Ticketing

14 Mitarbeiter
Besucherinformation

Die BUGA bewegt uns. Die Bundesgartenschau macht schlau, bringt Geist und Körper in Bewegung. Den Bildungsanspruch von Bundesgartenschauen löst die BUGA in Heilbronn auf neue Weise ein: als Lernort für Nachhaltigkeit. Gärtnerisches Know-How und Wissenswertes über Pflanzen und Ökologie zu vermitteln, hat Tradition bei Gartenschauen. Doch erstmals geht die BUGA weit darüber hinaus. Sie ist Impulsgeber für alle Generationen und greift Zukunftsfragen auf, die für unsere Gesellschaft essentiell sind. Konsumverhalten, Ernährung, Stadtentwicklung, Wohnen und Mobilität sind die Themen in Workshops und Vorträgen, bei Diskussionsrunden und Ausstellungen. Das Bunte Klassenzimmer ist die Erweiterung des Bildungsstandorts Heilbronn auf dem BUGA-Gelände. Und schließlich bewegt die BUGA im ganz klassischen Sinne Besucher und Bewohner bei Sport im Park, den täglichen Sportangeboten im Campuspark.

BEW
EGT
UNS

08

DIE BUGA BEWEGT UNS

08 | Die BUGA bewegt uns.

► Neue Lernorte im Grünen, zum Bewegen und Erfahrungen sammeln. Tolle Aussichten für Stadtkinder in Heilbronn.

back
WERK

BUNTES KLASSENZIMMER

Aus Grün wird Bunt: Mit dem Bunten Klassenzimmer hat die BUGA HN 2019 das Themenspektrum des außerschulischen Lernorts unter freiem Himmel deutlich erweitert. Das Grüne Klassenzimmer der Landesgartenschauen legt seinen Schwerpunkt auf ökologische Themen. Das Bunte Klassenzimmer der BUGA Heilbronn geht einen großen Schritt weiter. Die mehr als 3.000 Veranstaltungen für Kinder und Jugendliche im Alter von drei bis 19 Jahren beschäftigen sich neben Natur und Umwelt mit Fragen der Zukunft vor dem Hintergrund der Nachhaltigkeit.

Bildung für Nachhaltige Entwicklung aus der Agenda 2030 der Vereinten Nationen soll den Boden bereiten für ein Bewusstsein, wie sich das eigene Handeln auf die Zukunft der Gesellschaft auswirkt. Dieser Aufgabe trägt die BUGA mit dem Bunten Klassenzimmer Rechnung. Durch das Zusammenspiel aus Gartenschau und Stadtausstellung ist die BUGA der ideale Ort, Zusammenhänge lebensnah zu vermitteln. Faktenwissen wird in spannende Erlebnisse verwandelt.

Der Themenbereich Technik und Zukunft knüpft an den Bildungsanspruch Heilbronns an, junge Menschen für Naturwissenschaften zu begeistern. Kooperationspartner für diese Themen sind unter anderem die experimenta, die Audi AG und die Hochschule Heilbronn. Das Wissensschiff MS experimenta ankert auf dem BUGA-Gelände und bietet ein auf die Gartenschau abgestimmtes Wissensprogramm. Wasserproben aus dem Neckar können beispielsweise dort direkt im Labor untersucht werden.

Auch die Kulisse der Stadtausstellung ist ein realer und authentischer Lernort. Architektur und Stadtentwicklung bleiben nicht abstrakte Materie. Kinder und Jugendliche erleben, was die dichte Stadt der Zukunft ausmacht, sie schärfen ihren Blick für städtische Räume und den Stellenwert von Natur und Landschaft, und sie setzen sich mit dem Wohnen und Leben in Heilbronn auseinander.

Die Angebote sind individuell an die verschiedenen Altersstufen angepasst. Lokale Vereine und Initiativen, Bildungsinstitutionen, Schulen, Naturschutzverbände und Kulturschaffende, aber auch private Unternehmen zählen zu den Kooperationspartnern für das von einer Umwelt- und einer Museumspädagogin entwickelte Bunte Klassenzimmer.

Die Veranstaltungen sind ein großer Erfolg. Fast alle Angebote sind ausgebucht. 1.500 Gruppen mit mehr als 32.000 Kindern und Jugendlichen nehmen teil. Das breit gefächerte Angebot trifft die Wünsche der Kindergärten und Schulen, lautet die Bilanz. Angemeldet haben sich Schulen aller Schularten und verschiedener Träger, nicht nur aus Baden-Württemberg, sondern auch aus Hessen, Rheinland-Pfalz und Bayern. Gruppen und Klassen kommen aus einem Umkreis von bis zu anderthalb Stunden nach Heilbronn. Aus dem Stadt- und Landkreis Heilbronn hat jede Schule mindestens ein Angebot wahrgenommen. Das Bunte Klassenzimmer hat maßgeblich dazu beigetragen, den Anteil der jüngeren BUGA-Besucher zu erhöhen.

Kindergartengruppen mit vier Begleitpersonen und Schulklassen mit zwei Begleitpersonen zahlen jeweils 15 Euro Eintritt. Die Angebote des Bunten Klassenzimmers sowie die Fahrkarte für den ÖPNV sind enthalten.

Das BUGA-Gelände ist nicht nur Lernort: Es gibt Platz zum Spielen, Toben und Bewegen: auf dem Spielfeld bei der Jugendherberge, auf dem Beachvolleyballfeld im Wohlgelegen, an der Kletterwand mit Kletterspielplatz und Rutschen, am Wasserspielplatz des Floßhafens, am Strandspielplatz des Karlssees und einfach so, auf den Ripples der Sommerinsel.

Projekt BioVitro

experimenta
Heilbronn

LERNORT FÜR NACHHALTIGKEIT

Menschen zu zukunftsfähigem Denken und Handeln zu befähigen, ist der Anspruch von Bildung für Nachhaltige Entwicklung. Welches Potential haben dabei Gartenschauen als Lernorte für Nachhaltigkeit? Welche Erfahrungen können künftige Gartenschauen und Bildungsträger von der BUGA in Heilbronn mitnehmen und wie kann ein nachhaltiges Bildungsprogramm aufgebaut werden? Wo liegen noch nicht erschlossene Bildungspotentiale? Welche Rolle spielt die Digitalisierung?

Darum geht es bei dem bundesweiten Symposium „Gartenschauen als Lernorte für Nachhaltigkeit“, das im September auf dem Heilbronner Bildungscampus stattfindet. Veranstalter ist die Berliner Humboldt-Universität in Zusammenarbeit mit der Bundesgartenschau Heilbronn, der experimenta, dem Museum für Naturkunde Berlin und weiteren regionalen, bundesweiten und europäischen Bildungspartnern. Die Veranstaltung wird von der Deutschen Bundesstiftung Umwelt (DBU) finanziell gefördert.

Zu dem Symposium kommen Vertreter von Gartenschauen und Kommunen, Akteure der Umwelt- und Nachhaltigkeitsbildung, Vertreter von außerschulischen Lernorten, Institutionen und Unternehmen der Agrarbildung, Bürgerwissenschaften und der Wissenschaftskommunikation. Die Teilnehmer können die Bildungsangebote auf dem Gartenschaugelände selbst entdecken und erleben und neue Inhalte, Formate und Methoden kennenlernen und weiterentwickeln.

Ein Beispiel für eine gelungene Partnerschaft ist die Zusammenarbeit des Heilbronner Akustikunternehmens beyerdynamic mit dem Bezirksimkerverein. Der Bienengarten im Inzwischenland ist ein hochfrequentierter Publikumsmagnet. Mikrophone belauschen die Kommunikation der Bienen, über Kopfhörer können die Besucher in den Bienenstock hineinhören. Eine eigene App „Summ“ wurde entwickelt, Geräusche aus einem Bienenstock und das Schwärmen eines Bienenschwarms im Obstbaum sind hörbar gemacht.

Thematisiert wird, wie Inklusion zur gelebten Selbstverständlichkeit bei den Bildungsangeboten wird. Die Ergebnisse des dreijährigen Modellprojekts IGA-Workcamps „Grüne Berufe“ werden präsentiert. Sie sind ein Beispiel für eine Bildungsinnovation, die im Zusammenhang von Gartenschauen entstehen kann.

Eine reichweitenstarke und erfolgreiche Kooperation ist die Zusammenarbeit mit der Volkshochschule Heilbronn, die die BUGA als grünen Außenstandort für Kinder- und Erwachsenenbildung nutzt. Und schließlich steht das berufsständische Bildungsangebot auf der BUGA im Fokus – als Beitrag für lebenslanges Lernen im Bereich der grünen Berufe.

> „Die Zusammenarbeit mit dem Team der BUGA war sehr unkompliziert und zielführend. Wir bedanken uns ganz herzlich für dieses tolle Miteinander, das uns viel Spaß gemacht hat und uns noch lange in Erinnerung bleibt.“
>
> SILKE LOHMILLER | DIETER SCHWARZ STIFTUNG

▲ Lernort Outdoor-Küche: Miniköche zeigen den großen und kleinen Besuchern, was gesundes Essen bedeutet.

▼ Die Europa Minigärtner kümmern sich um Pflanzkisten, die in den Schulen weiter betreut werden sollen.

PROGRAMM BUNTES KLASSENZIMMER WASSER FÜR ALLE?

Technik und Zukunft
Audi Technik Campus: Antriebsexperten

Outdoor-Mathematiker
- Pythagoras auf der Wiese
- Der Natur abgeschaut – Fortbewegen und Festhalten

Hinter den Kulissen
- Die Folgen des Handy-Booms
- Solar learning

Wasser
- Wasser – für alle? !.....oder nach mir die Sintflut?
- Mikrokosmos Wasserpfütze
- Flussdetektive unterwegs
- Reinigung von Regenwasser
- Der Neckar – eine Lebensader?
- Was schwimmt alles im Neckar?

Natur und Umwelt
- Wer wohnt im Bienenstock?
- Bienen erleben mit allen Sinnen
- Klimawandel und seine Bedeutung für die Stadtvegetation
- Was lebt auf und unter der Wiese?
- Die Sprache unserer heimischen Vögel
- Wildkräuterführung

Stadtklima
- Der Einfluss von Grünflächen
- Der Regenwurm, der Motor für unser Leben
- Insekten auf der Streuobstwiese

PROGRAMM BUNTES KLASSENZIMMER II: KURZ DIE WELT RETTEN

Gesundheit und Ernährung

- Tierfreundlicher Einkaufskorb
- Tierschutz im Alltag
- Tatort Garten – Vielfalt zählt
- Der Weltacker – wie viel Acker braucht der Mensch
- Biovegan – Gesund, lecker und bezahlbar?
- Schulfach Glück – Unterricht mal anders? Was ist süß?
- Zucker in unseren Lebensmitteln

Architektur und Stadtentwicklung

- Wir planen ein Stück Stadt!
- Stadtgebiete im Wandel – Das BUGA-Gelände
- Wohnen in der Mischung
- Stadt im Wandel – Stadt der Zukunft
- Der Gärtner und der Architekt

Nachhaltigkeit und Konsum

- Future Fashion – Mode von heute für morgen
- Nur mal kurz die Welt retten?
- Wie zukunftsfähig ist mein Smartphone?
- Aus Pfui mach Hui –kreatives Upcycling
- Cradle to Cradle – für einen positiven Fußabdruck
- Wem gehört die Welt?

Kunst und Kultur

- Druckwerkstatt Natur
- Deutsche Gebärdensprache – Schnupperkurs
- Blühendes Leben – und wenn es nicht mehr blüht?
- Geschichten in Ton

▲ Der gläserne Seecontainer ist wettergeschützter Seminarraum der vielen Veranstaltungen des i-Punkt Grün.

▼ Auf dem vorgelagerten Holzdeck können die Gäste informell Beratungsangebote wahrnehmen.

i-Punkt Grün: Wissenscontainer für Weiterbildung

Der i-Punkt GRÜN ist bei Gartenschauen die Schule für Hobbygärtner. Das zentrale Beratungs-, Informations- und Kommunikationszentrum der Deutschen Bundesgartenschau-Gesellschaft mbH war auch in Heilbronn der richtige Ort für Besucher, die einen grünen Daumen haben oder ihn erst noch entdecken möchten. Oder die Neues aus der Gartengestaltung, der Gartentechnik und dem Gemüse- und Obstanbau erfahren wollten. Experten gaben Tipps zur sachgerechten Anwendung bei der Pflege, Bewässerung und zu Schnittmaßnahmen. Der Besucher lernte Kräuter- und Tomatensortimente kennen, erfuhr alles über Stauden - und Heidekulturen. Auch der insektenfreundliche Garten war ein großes Thema - dazu gehörten die Vielfältigkeit und der Nutzwert von Wildblumen.

▲ i-Punkt-Grün, der Container bleibt nach der BUGA an seinem Standort und wird Treffpunkt der BUGA-Freunde.

Ganz spezielle Hobbygärtnerprobleme vom Rostpilz bis zur Napfschildlaus wurden in der täglichen Sprechstunde beim Pflanzendoktor oder bei den Referenten zum Thema geklärt. Täglich von 9:00 Uhr bis 18:00 Uhr beantworteten Gärtnermeister im persönlichen Gespräch Fragen der Besucher. Pflanzen konnten zur Diagnose mitgebracht werden.

Es gab Fachvorträge, Workshops, Lesungen und Ausstellungen von Akteuren aus den Fachverbänden wie aus Hochschulen oder Firmen. Experten aus der ganzen Republik kamen nach Heilbronn und versorgten die Besucher im grünen Wissenscontainer mit Tipps und Tricks. Mitmachen war vor allem bei den Floristikworkshops ausdrücklich erwünscht. Temporäre Ausstellungen ergänzten die zahlreichen Beiträge.

▲ Gärtnern zum Anfassen, die Beratungs- und Fortbildungsort des i-Punkt Grün ist zentraler Anlaufpunkt.

Aktuelle Entwicklungen im zeitgemäßen Gartenbau - aus Anlass des sich ändernden Klimas oder des demografischen Wandels - wurden ebenso informativ erklärt wie das Thema „Urbanes Gärtnern“.
Ergänzend gab es am Infotresen und in den Infosäulen umfangreiches „grünes“ Infomaterial zum Mitnehmen; Bücher und Bildbände lagen zum „Schmökern“ und Anschauen aus. Die i-Punkt GRÜN war ein ausgesprochen beliebter Anlaufpunkt bei den Besuchern.

▼ Die ehemalige Infobox ist zum grünen Merkzeichen der BUGA 2019 geworden, die DBG setzt die Tradition fort.

SPORT IM PARK

Ist man wirklich in Heilbronn? Und nicht im Central Park? Sport im Campuspark ist eine Veranstaltungsreihe der BUGA, die in Heilbronn eine noch nie erlebte Stimmung schafft und die Sport zum ersten Mal in einem urbanen Kontext anbietet. Das tägliche Sportangebot während der Gartenschau ist ein Vorgriff auf die spätere Nutzung des Parks gegenüber vom Bildungscampus. Die Grünanlage soll für Studierende ein Platz zum Entspannen, Ausruhen und Bewegen sein sowie ein Sporttreffpunkt für Jedermann. Die zur BUGA installierte Trainingsanlage am sogenannten Lotto-Sportpunkt im Campuspark bleibt bestehen.

▲ Neben betreuten Sportprogrammen haben die Gäste freien Zugang zu allen Sportanlagen.

Ein so umfangreiches Sportprogramm mit bis zu vier Angeboten jeden Tag hat es noch bei keiner Bundesgartenschau gegeben. Nicht alle waren in der Planungsphase überzeugt, dass Sport im Park angenommen wird. Doch genau so ist es gekommen. In der Regel morgens um zehn und abends um 18 Uhr pilgern Sportbegeisterte jeden Alters zur Holzbühne im Campuspark. Dort baut die BUGA ein kleines Equipment auf mit Lautsprecherboxen. Der Standort ist ideal. Die mächtigen Platanen und Kastanien spenden Schatten in der Sommerhitze oder bieten Schutz vor Nieselregen.

Im Schnitt kommen 20 Teilnehmerinnen und Teilnehmer, in der Regel sind es Dauerkarteninhaber, die oft extra nur zum Sport kommen. Auch Neckarbogen-Bewohner zählen zu den regelmäßigen Kursbesuchern. Bei besonders gefragten Kursen rollen 40 bis 50 Sportler die von der BUGA zur Verfügung gestellten Matten im Park aus.

Zusammengerechnet sind es mindestens 8.500 Besucher, die das vielseitige Angebot für unterschiedliche Zielgruppen nutzen: Fitnesstraining, Yoga, Bewegungstraining, Calisthenics, Zubrasil, Neuroathletic, Feldenkrais oder Zumba sind geboten. Professionelle Fitnesstrainer und Sporttherapeuten sind von der BUGA engagiert, manche haben sogar von sich aus angefragt, ob sie Sport auf der BUGA anbieten können. Trainer erhalten eine Aufwandsentschädigung. Die Anbieter Intersport und AOK sind ohnehin Kooperationspartner der BUGA.

Zwei Heilbronner Zen-Gruppen bieten drei Meditations-Stunden wöchentlich sowie fünf Extra-Termine an Samstagen. Mehr als 1.000 Teilnehmer kommen zu den Zen-Meditationen, die in einem Raum in der Jugendherberge stattfinden. Auch die Denksporttage des Schachvereins mit insgesamt 77 Terminen sind gut besucht.

Dazu gibt es einmal im Monat offene Tanzstunden. Der Welt-Tai-Chi- und Qi-Gong-Tag, der Welt-Yoga-Tag, das Sportwochenende und das Landeskinderturnfest sind weitere Sportevents.

Wochenrhythmus Sportprogramm

	Vormittag	Nachmittag	Abend
MO	10:00 **Zen Meditation Stille, Kraft und Energie für jeden Tag**		18:00 **SPH Bewegungstraining**
DI	10:00 **Bewegungsmöglichkeiten mit der Feldenkrais Methode**	14:30 **Offene Tanzstunden** (letzter Dienstag im Monat)	18:00 **Fit und gesund mit der AOK**
MI	10:00 **Zen Meditation Stille, Kraft und Energie für jeden Tag** 11:00 **Kräftigung und Dehnübungen für Jedermann** (14-tägig)		18:00 **Neuroathletik – Training beginnt im Gehirn!**
DO	10:00 **Zubrasil-Fitness mit Sonia**		18:00 **SPH Bewegungstraining**
FR	10:00 **smoveyWALKING** 11:00 **Bewegung gegen Krebs** (14-tägig)		18:00 **STRONG by Zumba** 18:00 **Zen Meditation Stille, Kraft und Energie für jeden Tag**
SA	10:00, 11:00 **Fit ins Wochenende mit INTERSPORT und der IFAA** 10:00 **Zen Meditation** (2. Sa. im Monat)		
SO		14:00 **Calisthenics Heilbronn**	

Die Grün- und Wasserflächen der Daueranlagen bieten viele Sport- und Bewegungsangebote für die Besucher. Das Sportprogramm der Veranstaltungsabteilung macht Lust auf Bewegung in der Ausstellung.

Das Bunte Klassenzimmer deckt mit seinen

1.900 Veranstaltungen

ca. 1/5 aller BUGA-Veranstaltungen ab.

ca. 500 Einrichtungen nehmen das Bildungsprogramm in Anspruc

1.500 Gruppen lernen auf der BUGA mit dem Bunten Klassenzimmer.

100 Kindergärten
300 Schulen
60 Inklusionsgruppen

Das Bunte Klassenzimmer bietet **ein besonderes Lernerlebnis.** Raus aus dem Klassenzimmer, rein in die Natur.

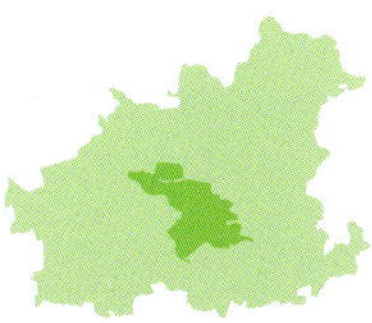

Jede Schule aus dem Land- und Stadtkreis Heilbronn hat mindestens eines der außerschulischen Lehrangebote wahrgenommen.

15€ Eintritt pro Schulklasse oder Kita-Gruppe **inklusive Anreise mit dem ÖPNV.**

Bis zu **1,5 h Anreise** nehmen die Klassen und Gruppen auf sich, um am Angebot teilzunehmen.

8.500 Teilnehmer bei „Sport im Park".

3-19 Jahre

32.100 Kinder und Jugendliche nehmen insgesamt am Angebot des Bunten Klassenzimmers teil.

bis zu 4 moderierte Sportangebote am Tag sind standardmäßig im ein- oder zweiwöchentlichen Rythmus des Sportstundenplans festgeschrieben.

Es finden **zahlreiche weitere Sport- und Bewegungsveranstaltungen** sowie Thementage auf dem ganzen Gelände statt.

Für Bewegungsbegeisterte gibt es **mehrere Spiel- und Sportanlagen** auf dem Gelände.

100 Kooperationspartner tragen zur Vielfalt des Bunten Klassenzimmer-Programms bei.

Die verschiedenen Bildungsangebote finden an 30 Standorten auf dem Gelände statt.

▲ Der Salzgarten: Der Beitrag der Südwestdeutschen Salzwerke zeigt die Bedeutung der Salzgewinnung in der Region. Damals wie heute hat der Salzabbau, als „das weiße Gold", eine finanzielle Bedeutung.

INVESTITIONSHAUSHALT BUGA		€
Wettbewerbe, Gutachten, Planung		15.780.000
Begleitung Städtebauliche Planung Neckarbogen		462.000
Übergeordnete Bodenarbeiten und Gewässerbau		28.069.000
Bereich SUW 1 Fruchschuppenareal + Baugrundmanagement	18.328.000	
Wasserfläche Stadtsee	4.099.000	
Wasserfläche Freizeitsee	4.839.000	
Infrastruktur Ver- und Entsorgung	803.000	
Öffentliche Dauergrünanlagen		23.579.000
Neckarpark / Kraneninsel	4.438.000	
Neckaruferpark	12.079.000	
Seepark mit Lärmschutz	6.804.000	
Ost-West-Grünzug gesamt	140.000	
Böckingen	118.000	
Modellquartier Neckarbogen		5.888.000
Innere Erschließung Neckarbogen, Promenade am Neckaruferpark	4.062.000	
Stadtsee - Brückenbauwerke	278.000	
Freizeitsee - Brückenbauwerke	110.000	
Erschließung ABX Halle	585.000	
Brücke über Hauptbahnhof	853.000	
Rücklage Steuer		3.488.000
Gesamtsumme Investition		**77.266.000**

ZUSÄTZLICHE PROJEKTE	€
Stadtausstellung Neckarbogen	2.300.000
Pavillons Sommerinsel (Holz- und Faserpavillon)	2.533.000
Gesamtsumme zusätzliche Projekte	**4.833.000**

DURCHFÜHRUNGSHAUSHALT BUGA	€
Allgemeine Verkehrsmaßnahmen	1.252.000
Temporärer Hochbau	1.786.000
Temporäre Ausstattung und Anlagen	3.698.000
Rückbau	207.000
Ausstellung, Beteiligung Dritter, Kunst	4.928.000
Gärtnerische Ausstellung (inlusive Planungskosten)	6.015.000
Veranstaltung und Kultur	3.062.000
Betrieb (Ausstellungsbetrieb)	4.393.000
Marketing	2.825.000
Personal	12.868.000
Allg. betrieblicher Aufwand (Verwaltungskosten)	3.535.000
Mitwirkung DBG-Beitrag	4.000.000
Wasserinszenierung	1.682.000
Schiffshuttle Neckar	370.000
Kombiticket ÖPNV	900.000
Gesamtsumme Durchführung	**51.521.000**

EINNAHMEN BUGA	€
Eintrittsgelder	25.598.000
Sponsoring und Spenden	4.535.000
Vermietung, Pachten, Nutzungsrechte	1.757.000
Sonstige Erlöse	4.631.000
Zuschuss zur Durchführung	15.000.000
Gesamtsumme Einnahmen	**51.521.000**

Die Beträge sind in Euro und netto angegeben. Die Gliederung entspricht den Wirtschaftsplänen der BUGA HN 2019 GmbH. Die Übertragung der gebauten Parkanlagen an die Stadt Heilbronn stellt eine unentgeltliche Wertabgabe dar und ist umsatzsteuerpflichtig. Für diese Umsatzsteuer wurden bereits Vorauszahlungen geleistet, die unter der Pos. „Rücklage Steuer“ eingestellt sind. Im Laufe des Projekts wurden zusätzlich Projekte bewilligt, die separat ausgewiesen sind. Die Angaben entsprechen dem Finanzierungsplan Stand Mai 2020. Bis zum endgültigen Projektende können sich geringfügige Änderungen ergeben.

FÖRDERUNG UND UNTERSTÜTZUNG IM PROJEKT

Die Stadt Heilbronn hat die Unterstützung durch eine Vielzahl von Förderprogrammen in der Stadtentwicklung nutzen können, um das Fruchtschuppenareal von einer devastierten Bahnbrache zu einem bewohnten, grünen Stadtquartier zu entwickeln.

Die Bundesgartenschau Heilbronn 2019 GmbH hat als mehrheitlich städtische Tochtergesellschaft einen Großteil der investiven Maßnahmen für die Stadt Heilbronn durchgeführt und die Förderungen für Planung und Bau der Daueranlage, für Infrastruktur und Parkanlagen erhalten.

Darüber hinaus haben das Land Baden-Württemberg, sowie der Bund temporäre Innovationsprojekte auf der Bundesgartenschau Heilbronn unterstützt. Auch hier erfolgte die Mittelbereitstellung i.d.R. vom Fördermittelgeber über die Stadt Heilbronn an die BUGA HN 2019 GmbH zur Umsetzung oder in der direkten Beauftragung.

Die Förderungen sind 2020 in Teilen noch in der Abrechnung der Maßnahmen. Es zeigt sich aber jetzt schon, dass durch die gemeinsamen Anstrengungen von Bund, Land und Kommune erst die Basis geschaffen wurde, die Konversion hin zum Neckarbogen mit seinem ersten Bauabschnitt auf den Weg zu bringen.

Im Einzelnen hat die Stadt Heilbronn, sowie die BUGA HN 2019 GmbH von folgenden Institutionen und Ministerien Unterstützung in finanzieller, fachlicher oder personeller Art erfahren:

Baden-Württemberg
MINISTERIUM FÜR LÄNDLICHEN RAUM UND VERBRAUCHERSCHUTZ

Baden-Württemberg
MINISTERIUM FÜR WIRTSCHAFT, ARBEIT UND WOHNUNGSBAU

Baden-Württemberg
MINISTERIUM FÜR VERKEHR UND INFRASTRUKTUR

Baden-Württemberg
MINISTERIUM FÜR INNERES, DIGITALISIERUNG UND MIGRATION

Baden-Württemberg
MINISTERIUM FÜR UMWELT, KLIMA UND ENERGIEWIRTSCHAFT

Baden-Württemberg
MINISTERIUM DER JUSTIZ UND FÜR EUROPA

Baden-Württemberg
MINISTERIUM FÜR FINANZEN

Baden-Württemberg
REGIERUNGSPRÄSIDIUM STUTTGART

Baden-Württemberg
MINISTERIUM FÜR WISSENSCHAFT, FORSCHUNG UND KUNST

Baden-Württemberg
REGIERUNGSPRÄSIDIUM TÜBINGEN

Baden-Württemberg
MINISTERIUM FÜR KULTUS, JUGEND UND SPORT

Bundesministerium
des Innern, für Bau
und Heimat

▲ Die Sponsoren der Bundesgartenschau Heilbronn bringen sich durch eigene Ausstellungsbeiträge in das Reallabor ein, unterstützen fianziell oder sind Veranstalter. Die werbliche Erkennung unterliegt strengen Regeln der BUGA HN GmbH.

e-tron

STIHL

Die BUGA ist Karl. #bugazwerg Diese Bundesgartenschau steht nicht für das putzige, in China produzierte Kuschelmaskottchen. Auch in der Wahl der Repräsentationsfigur geht die Heilbronner BUGA einen neuen Weg und entscheidet sich für ein Experiment. BUGA-Zwerg Karl kommt aus dem 3D-Drucker. Die Druckvorlage steht für jeden als Download im Internet bereit. Karl polarisiert, ist Kumpel oder Hassfigur. Karl wird gelobt, gestohlen oder in die Luft gesprengt. Alle reden über Karl – und damit automatisch über die BUGA. Karl ist pinkfarben, aber auch blau oder orange, das steht für eine Individualisierung der Gesellschaft. Ohne Karl wäre die BUGA eine andere gewesen.

BUG AZW ERG

09
DIE BUGA IST KARL #BUGAZWERG

09 | Die BUGA ist Karl. #bugazwerg

► Karl ist anders. Das Fotoshooting zu Ostern zeigt sinnlich die Ambivalenz zum Gartenzwerg als Sympathieträger.

BUGA
BUNDES-
GARTENSCHAU
HEILBRONN
17.04.–06.10.2019

WARUM DIESEN ZWERG?

Die BUGA im Havelland hatte Wilma Wels, Hamburg eine grüne Schildkröte, die IGA Berlin setzte auf Stecky, eine mit Vlies bezogene Figur in Form eines Pflanzensteckers. Allesamt typische Maskottchen, die man als mehr oder weniger originell oder kreativ empfinden kann, und die wenig Spielraum für Interpretationen erlauben.

Die BUGA in Heilbronn kommt ausgerechnet mit einem Zwerg daher. Garten und Zwerg, das ist der Inbegriff von Kitsch und kleinbürgerlichem Spießertum. Wenn man sich nicht für eine Neuinterpretation des Gartenzwergs entschieden hätte, die Tradition und Moderne miteinander verbindet: Analog dazu, dass die Bundesgartenschau eine klassische Gartenausstellung und eine zukunftsweisende Stadtausstellung vereint. Nicht nur die polygonale Optik der Figur ist außergewöhnlich. Sie greift die Formensprache der bionischen Pavillons auf.

Es ist auch der Herstellungsprozess, der überraschende Akzente setzt. Karl wird nicht exklusiv für den BUGA-Shop produziert. Im Gegenteil: Als eine Open-Source-Software kann der Bauplan kostenlos im Internet heruntergeladen, und auf einem 3D-Drucker kann die Figur individuell hergestellt werden.

Das Verfahren steht zunächst in der Kritik – zu gering scheint die Verfügbarkeit von 3D-Druckern. Doch mit den zunehmenden Rückläufen über die Social Media Kanäle der Bundesgartenschau mehren sich die vielen Abbilder von Karl.

Auch mit dem FabLab in Heilbronn erreicht die innovative Technologie einen neuen Schub. Ende 2017 entsteht mit Unterstützung der experimenta, der Dieter Schwarz Stiftung und des Vereins Code for Heilbronn der, unter anderem, mit einem 3D-Drucker ausgestattete „Workspace". In der neuen experimenta folgt dann „Maker Space", die offene Werkstatt, in der ein 3D-Drucker ebenfalls Standard ist.

Der BUGA-Zwerg ist zugleich Pionierarbeit. Neues Material und eine neue Wickeltechnik in der Verarbeitung werden angewendet. Gestalt und Charakter haben Alumni der Filmakademie Baden-Württemberg, in Ludwigsburg entwickelt. Die Innfa GmbH, eine an das Institut für Flugzeugbau der Universität Stuttgart angegliederte Firma, hat den wenige Zentimeter großen Prototyp in einen übermannshohen BUGA-Zwerg aus Carbon- und Glasfasern übertragen.

Doch zurück nach Heilbronn. Der erste pinkfarbene Zwerg aus Glas- und Carbonfasern ist 2,30 Meter groß und zwölf Kilo schwer und wird im Juni 2018 für ein paar Tage auf den Kiliansplatz gestellt, danach ist er im Knotenpunkt Inselspitze. „Die Heilbronner dürfen auch Karle zu ihm sagen", sagt Oberbürgermeister Harry Mergel bei der Zwergentaufe. Für ihn ist die Figur von Anfang an ein mutiges und emotionales Kunstwerk. Der Name nimmt Bezug auf den Karlshafen, der unter der Regierungszeit des württembergischen Königs Karl (1864 bis 1891) in Heilbronn gebaut worden war. Zwei weitere Karl-Figuren werben auf den Landesgartenschauen in Würzburg und Lahr für die Bundesgartenschau in Heilbronn.

Von Anfang an scheiden sich an Zwerg Karl die Geister. Ab November 2018 geht er auf Reisen und wird in 86 Kommunen der Region aufgestellt: An Ortseingängen, neben Dorfbrunnen, auf Marktplätzen, in Parks oder auf Treppen werben 1,60 Meter große Figuren, diesmal aus Kunststoff, für die Bundesgartenschau. Es gibt viele positive Reaktionen, aber Karl polarisiert. Was viele überrascht, ist die Welle der Zerstörung, Karl wird immer wieder Opfer von Vandalismus. Der 40 Kilo schwere Zwerg wird das Opfer von Dieben, er verschwindet auf Nimmerwiedersehen, wird aufs Dach eines Einkaufsmarktes verschleppt oder sogar in die Luft gesprengt.

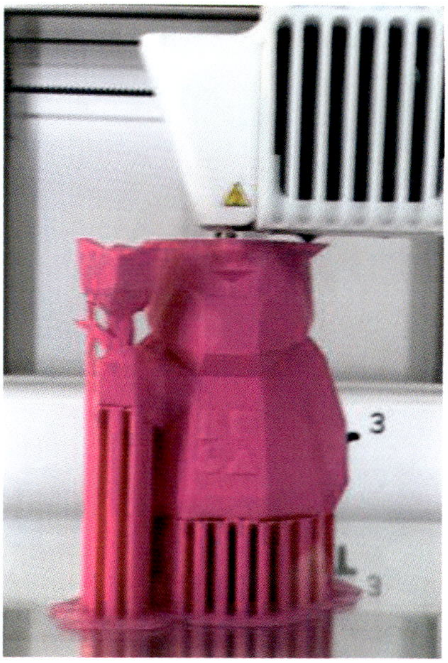

▲ Von der Skizze zum ausdruckbaren 3D-Design, Karl streckt eine Tulpe als Willkommengeste seinen Gästen entgegen.
▼ Mit der frei verfügbaren Druckdatei wird Karl zum „Multiplen“, jeder kann sich Karl individualisiert selbst herstellen.

... IMMER DIESER BUGAZWERG

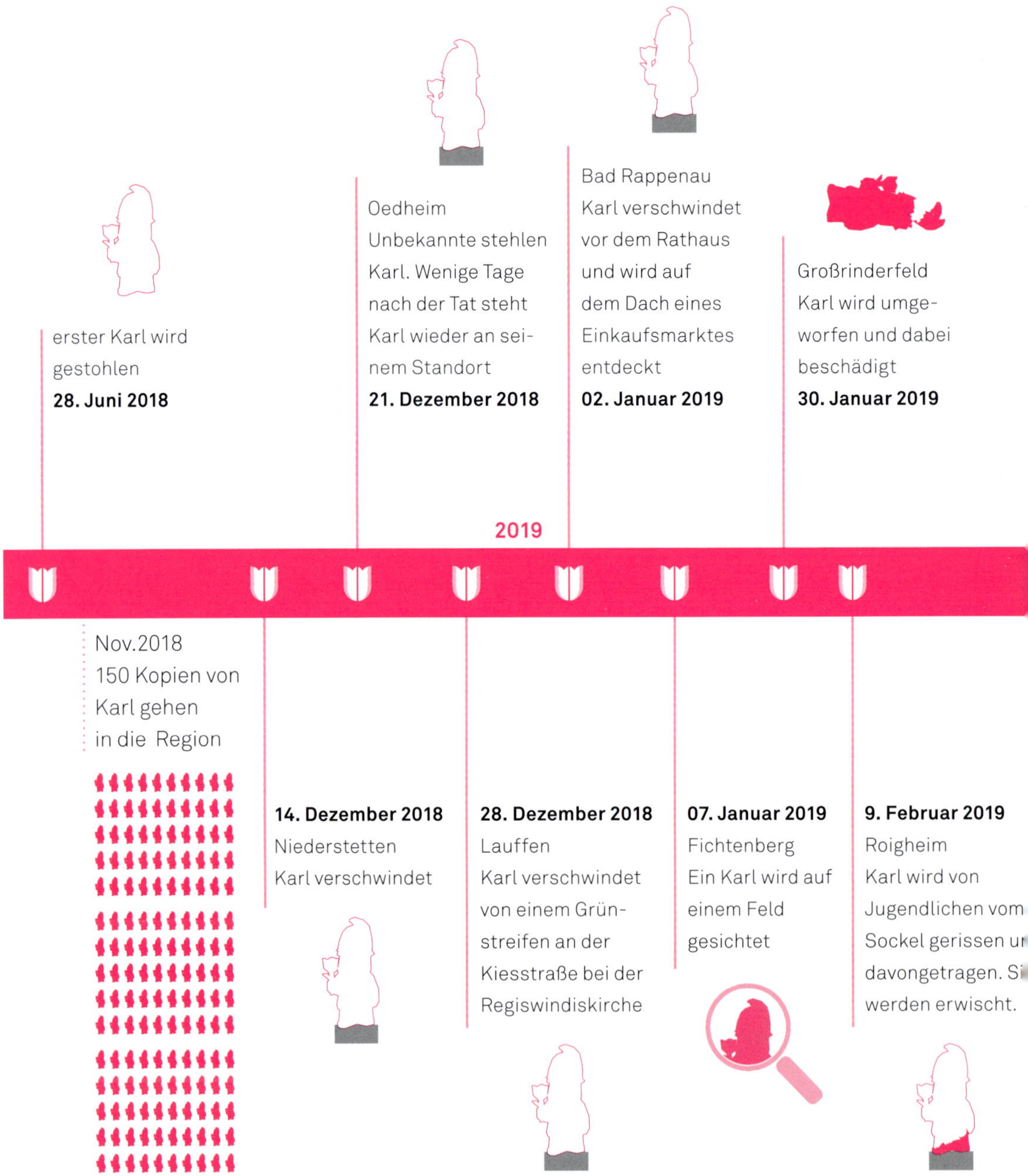

13. Februar 2019
Untereisesheim
Ein gestohlener Karl taucht auf. Vier Verdächtige werden von der Polizei ermittelt

23. Februar 2019
Eberstadt/Weinsberg
In Weinsberg wird ein beschädigter Karl gefunden, der in Eberstadt abmontiert wurde

04. März 2019
Kirchardt
Karl verschwindet und wird wenige Tage später in Mühlbach (Epp.) aufgefunden

6. März 2019
Mainhardt
Karl verschwindet von einem Grünstreifen

10. März 2019
Flein
Karl wird aus der Verankerung gerissen, umgehoben und beschädigt

Beilstein
Ein am Busbahnhof stehender Karl wird gesprengt

16. März 2019
Flein
Karl wird gesprengt

21. März 2019
Oedheim
Karl wird der Schädel eingeschlagen

Offenau
Karls Mütze wird zerstört

17. 04.2019
BUGA-Eröffnung

04. Mai 2019
Frankenbach
Karl schwimmt Bäuchlings im Bach

02. August 2019
Heilbronn
Karl-Entführer vor Gericht

MEDIENSTAR KARL

Von Anfang ist BUGA-Zwerg als Fotomotiv beliebt und wird zum Social-Media-Star auf Facebook und Instagram. Selfies werden gepostet, und Karl-Figuren gehen auf Reisen.
Die Community wird aufgerufen, Fotos von den selbstproduzierten Karls einzustellen. Zu diesem Zeitpunkt gibt es keinerlei Merchandising und somit keine Möglichkeit, einen Karl käuflich zu erwerben. Über die Social Media Wall kann man live dabei sein, wie die Community wächst.

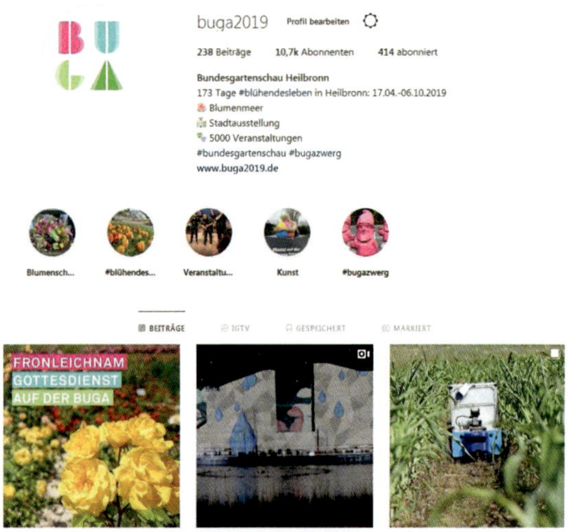

▲ Unter #bugazwerg finden sich Bilder von der Produktion bis hin zu Reiseberichten mit Karl an ferne Orte.

Die interaktive App „Unsere BUGA. Meine BUGA“ erreicht viele Hundert Hobbyfotografen – Karl ist dabei ein Motiv unter vielen. In erster Linie geht es um Lieblingsplätze auf dem Gelände, jeweils am Monatsende prämiiert die BUGA das schönste Foto.

▲ Virtuelle Zugänge zur Ausstellung verschaffen AR-Spiele am Smartphone, mit Karl macht Digitalisierung Spaß.

Karl ist in der Region vielerorts präsent. Ein aufblasbarer Karl wirbt beim Festival Haigern Live für die BUGA. Der Zwerg ist Briefmarken-Motiv des Briefzustellers Regiomail. Und Karl ist schließlich Protagonist der Augmented-Reality-Spiele-App „impact.karl“. Die BUGA-Figur wird über einen virtuellen Steg geführt, muss Belohnungen einsammeln und dabei Hindernissen ausweichen. Im Laufe des Spiels wird Karl immer schneller. In die App integriert ist der aktualisierte Veranstaltungskalender der BUGA, ein Lageplan ist aufrufbar und erleichtert die Navigation auf dem Gelände.

Informatik-Studierende der Hochschule Heilbronn haben die App gemeinsam mit der Agentur TD entwickelt. Es gibt auch einen monetären

Anreiz, die App zu nutzen: Täglich gibt es einen 50-Euro-Gutschein der Stadtinitiative Heilbronn zu gewinnen, am Ende wird sogar ein 2.000-Euro-Gutschein verlost.

Streit um Plagiat

Ist Karl abgekupfert? Diese Frage kommt auf, als sich Konzeptkünstler Ottmar Hörl im Dezember 2018 zu Wort meldet und die Zwergen-Idee im öffentlichen Raum für sich reklamiert: Der Bildhauer arbeitet seit 1985 mit dem Gartenzwerg-Motiv und hat sich seither unter anderem mit grellbunten und teils provokativen Kunststoffzwerg-Installationen einen Namen gemacht. 2016 war sein „Hitler-Zwerg" auch in Heilbronn ausgestellt.

Der Zwist um den Zwerg gerät alsbald zur Posse. Karl sollte gar vor das Zwergengericht der Vereinigung zum Schutz der Gartenzwerge in Basel, um seine Herkunft und Originalität zu klären. Die BUGA stellt klar, dass es keinen Bezug zu den Hörl-Figuren gibt, sondern zur Internationalen Gartenausstellung 1983 in München.

Hanspeter Faas schreibt – mit Augenzwinkern - einen offenen Brief an den Künstler, dessen Reaktion gegenüber der BUGA in der Heilbronner Stimme zitiert wird: „Ich habe gar keine Lust, mich von ihnen zu distanzieren." Die Farb-Ähnlichkeit des BUGA-Zwerges mit den Hörl-Figuren hat ihren Ursprung im Corporate Design. Das Blütenpink ist eine der vier BUGA-Farben.

In Summe ist der Zwist um Karl allerdings ein weiterer Pluspunkt für die Marketing-Strategie. Erneut schafft es Karl in die Medien. Und Hörl-Zwerge schaffen es auf eine andere Gartenschau. Im Remstal in Waiblingen werden 2019 sechs Figuren des Künstlers ausgestellt.

MERCHANDISING UND MARKETING

Kein in Fernost produzierter Nippes oder Billig-Tand. Dieser Anspruch gilt für das gesamte Merchandising-Konzept. Regionalität und Nachhaltigkeit sind bei den Produkten die Vorgabe. Die profipresent.com GmbH aus Kupferzell ist offizieller Merchandiser der Bundesgartenschau. Bei der Auswahl der Produkte lässt sich Nachhaltigkeit an den verwendeten Materialien festmachen. Textilien für Shirts sind aus Bio-Baumwolle gefertigt, Lunch-Boxen und Trinkflaschen aus einem Kunststoff auf Zuckerrohr-Basis.

▲ Nachhaltigkeit im Merchandising ist die Konsequenz des Karlexperiments, regionale Herkunft steht im Fokus.

Die Vorgabe an Regionalität zeigt sich teils bei Zulieferfirmen. Produkte wie der Heimat-Gin mit BUGA-Logo kommen aus Schwaigern. 60 Merchandising-Artikel gibt es in den beiden BUGA-Shops zu kaufen, zudem Online, ein Teilsortiment bietet die Tourist Info Heilbronn und der Einzelhandel. Auch eine Anzahl praktischer Produkte ist im Sortiment berücksichtigt, die direkt vor Ort auf dem Gelände zum Einsatz kommen können: Sonnencreme, Sonnenhüte, Picknickdecken, Regenschirme, Sonnenschirme.

Auch klassische Souvenirs wie Kaffeetassen und Servietten sind im Angebot, für Kinder eigens entwickelte BUGA-Malbücher sowie Bälle.
Auch bei den Merchandising-Produkten hat BUGA-Karl bei der Nachfrage die Nase vorn: Figuren unterschiedlicher Größe gehören zu den Highlights im Verkauf. Karl findet sich bei einer Reihe von Produkten wieder. Er ziert Postkarten, Frühstücksbrettchen, Lesezeichen und ist als Magnet, Pin und Schlüsselanhänger erhältlich. Und schließlich gibt es Karl aus Schokolade oder Marzipan.

▲ Die BUGA ist nach über 40 Jahren zurück in Württemberg. Die Weinregion präsentiert sich als Genusspartner.

Bei den Genusspartnern kommen überwiegend regionale Anbieter zum Zug: Mineralwasser von Teusser Mineralbrunnen aus Löwenstein, Kaffee von Hagen in Heilbronn, Säfte und Schorle (die eigens kreierte BUGAnade mit Rosenblüten) von Gunkel aus Heilbronn, Bier von Palmbräu aus Eppingen, Wein von den 16 Winzern der Heilbronner Wein Villa. Das Speiseeis liefert Langnese, weil in der Region kein zufriedenstellender Anbieter zu finden war.

Auch beim Brandmanagement spielt BUGA-Zwerg Karl die Hauptrolle und ist als Figur analog und digital in allen Kommunikationskanälen integriert. Bei den Printmitteln liegt der Schwerpunkt auf einem Sales Guide mit Informationen für Buskunden, dem Programmheft Buntes Klassenzimmer für Schulen sowie einem Imageflyer mit den wichtigsten Informationen.

In dem zum BUGA-Jahr erstmals aufgelegten Reiseführer Merian Live Heilbronn - mit Unterstützung der Heilbronn Marketing GmbH - ist ein Geländeplan der BUGA mit den fünf Atmosphären als herausnehmbares Element aufgenommen. Plakate, vor allem im Stadt- und Landkreis Heilbronn, werben für den Dauerkartenvorverkauf. Ebenso tragen unter anderem Wagen der Stadtbahn ein BUGA-Branding.

Die BUGA zeigt vorab Präsenz bei Öffentlichkeitsveranstaltungen wie der Stallwächterparty in Berlin sowie bei zahlreichen Veranstaltungen in der Region wie Heilbronner Gartenträume, Heilbronner Kinder- und Jugendfest, Regionaltag proRegion, Haigern Live, Stimme Firmenlauf. Eine wichtige Rolle spielt der Tourismus.

Die BUGA präsentiert sich auf zahlreichen Fachmessen wie der ITB Berlin und der CMT in Stuttgart sowie bei Verbandstagungen der Bustouristikverbände. Fahrten zur BUGA sind bei vielen Reisebusveranstaltern aus Deutschland und teils auch aus der Schweiz im Angebot. Es gibt Tagestouren zur BUGA und Besuche im Rahmen von mehrtägigen Reisen. Die Zahl der Reisebusse, die in den 173 BUGA-Tagen in Heilbronn Station machen, wird auf 4.500 geschätzt.

Für die Zeit der BUGA ist die Zusammenarbeit mit regionalen touristischen Destinationen Bestandteil der Marketingstrategie.
Der Eintritt für die Städtischen Museen, alle Heilbronner Freibäder, für das Süddeutsche Eisenbahnmuseum, das Zweirad-/NSU- und Stadtmuseum Neckarsulm und das

Besuchersalzbergwerk Bad Friedrichshall ist für Käufer der 2-Tages-Tickets kostenfrei.

Alle touristischen Partner sind auf der BUGA-Webseite eingebunden. Es gibt eine gegenseitige Unterstützung in Form von Auslage der Infoflyer, der Aufnahme von redaktionellen Inhalten in Magazinen, Newslettern und sozialen Medien.

▼ Auf der CMT Reisemesse ist die BUGA Kulturpartner, Karl taucht ab in das blühende Leben.

DIE BUGA IN DEN MEDIEN

„Stadt am Fluss“
Garten + Landschaft April 2019

„Warum Steine nicht in Vorgärten gehören“
Frankfurter Allgemeine Zeitung, 11.4.2019

„Innovative Bundesgartenschau ist Aushängeschild für das Land“
dpa, 11.4.2019

„Die Bundesgartenschau als Zukunftsvision“
Hannoversche Allgemeine Zeitung, 11.3.2019

„Steinmeier sieht gesellschaftliche Probleme durch Wohnraum-Kampf“
Hannoversche Allgemeine Zeitung, 17.4.2019

„Stadt und Natur: Die BUGA als Blick in die Zukunft“
Süddeutsche Zeitung, 18.4.2019

„Politische Botschaften und Blumen-Overkill“
Heilbronner Stimme, 20.4. 2019

„Architektur für heute und morgen“
Heilbronner Stimme, 17.5.2019

„BUGA schafft mehr Wertschätzung für die Stadt“
Heilbronner Stimme, 31.5. 2019

„Menschen mit Handicap in der ersten Reihe“
Heilbronner Stimme, 27.6.2019

DIE BUGA IN DEN MEDIEN...

„Image-Gewinn durch BUGA“
Heilbronner Stimme, 13.7.2019

„Wie viel Lavendel soll man denn noch pflanzen?“
Frankfurter Allgemeine Zeitung, 22.7.2019

„Die BUGA ist auch ein bisschen Experimenta“
Heilbronner Stimme, 2.8.2019

„Karl-Entführer muss ins Gefängnis“
Stuttgarter Zeitung, 6.8.2019

„Die Gestaltung der Zukunft kommt aus Heilbronn“
Rhein-Neckar-Zeitung, 15.8.2019

„Die Bundesgartenschau zeigt, wie Nachhaltigkeit funktioniert“
Rhein-Neckar-Zeitung, 28.8.2019

„Ein Leben im Garten“
Die Zeit, 7.9.2019

„Vom Null-Ort zur Stadt der Zukunft“
Die Zeit, 9.9.2019

„BUGA als Motor für die Zukunft“
Heilbronner Stimme, 28.9.2019

„So sehen die Häuser der Zukunft aus“
Stuttgarter Zeitung, 29.9.2019

„BUGA versöhnt Heilbronner mit ihrer Stadt“
Heilbronner Stimme, 7.10.2019

„Gartenzwerge und ein Stadtquartier: Was von der BUGA bleibt“
dpa, 27.12.2019

MEDIENECHO

Nicht mit der Erbswurst von Knorr und auch nicht mit dem Käthchen. Es ist nie gelungen, Heilbronn medial in ein positives Licht zu rücken. Die BUGA legt zum ersten Mal den Schalter um. Heilbronn wird im Rest der Republik zum ersten Mal positiv wahrgenommen. Auch visuell. Die Bilder, die von der BUGA veröffentlicht werden, zeigen eine Stadt am Fluss, die zur Landschaft wird. Die Texte, die über die BUGA geschrieben werden, beschreiben Heilbronn als eine Stadt, der etwas gelingt, wovon andere Städte träumen: die Entdeckung des urbanen Lebens und die Zurückdrängung des Autoverkehrs. Wer an die mediale Wahrnehmung Heilbronns von früher denkt, reibt sich verwundert die Augen.

Landauf, landab wird Heilbronn als Modell für die Stadt der Zukunft gepriesen. Weit weg ist die Schmähkritik des Leiters des Hamburger Literaturhauses Rainer Moritz, der um die Jahrtausendwende mit seiner Geburtsstadt abrechnete: „Heilbronn, das ist die blanke Langeweile, das ist stadtgewordener Rudolf Scharping.“

Die neue Wahrnehmung Heilbronns im Zuge der Bundesgartenschau beschreibt am besten der in der Wochenzeitung „Die Zeit“ am 5. September 2019 erschiene Text mit der Überschrift „Ein Leben im Garten“. „Im ewigen Wettstreit um den Titel der scheußlichsten aller scheußlichen deutschen Städte konnte Heilbronn sich lange die besten Chancen ausrechnen“, meint Autor Hanno Rautenberg und beschreibt euphorisch die Transformation der Bahnbrache in eine Stadt von morgen.

Aus Niemandsland wird Zukunftsland, „dem die Heilbronner heute mit ganz ungewohntem Stolz begegnen“. Stadtentwicklung durch eine Gartenschau sei üblich, „doch so unkonventionell wie hier, wo die Leute in der Gartenschau leben und also das Alltägliche im Besonderen nistet und

▲ Heilbronn wird überregional in den Medien als die lebenswerte Stadt am Neckar dargestellt. Ein neuer Blick auf die Stadt, der sich in der touristischen Markenbildung weiter verfolgen lässt.

das Besondere im Alltäglichen, ist noch niemand vorgegangen", erfahren die Leser der „Zeit". Es sei gelungen, in Heilbronn ein neues, urbanes Klima entstehen zu lassen, ohne dafür in die Vorstädte pendeln zu müssen. „Die Verpistung und Verpestung Heilbronns soll ein Ende haben." Weil die Planer mit einem Machtanspruch angetreten seien, und „dem Willen zur Verflechtung von allem und jedem", sei man in Heilbronn „der üblichen Monotonie im Städte- und Wohnungsbau entkommen". Obwohl die Gartenschau ein „sinnliches Vergnügen" sei, erweise sie sich als hochpolitisch. Sie zeige, dass „eine kleine Großstadt wie Heilbronn mehr zu bewegen vermag als manche träge Metropole".

Deutschlands höchstes Holzhaus, der Bauhaus-Gedanke im Neckarbogen, das Wohnen mitten auf der Gartenschau, das Gärtnern im Klimawandel, die Höchstleistung der Gartenplaner, der Weg der Baugruppe Apollo 19, der lebhafte Austausch im interkulturellen Gartenprojekt Ikuga, der innovative Entstehungsprozess der bionischen Pavillons: Die Bundesgartenschau Heilbronn 2019 ist im Vorfeld und während der 173 Tage in überregionalen und regionalen Medien, in Rundfunk- und Fernsehbeiträgen und in Artikeln von Fachpublikationen präsent.

Eine besondere Rolle spielen die regionalen Medienpartner Südwestrundfunk und Heilbronner Stimme, die ebenfalls im Vorfeld, aber vor allem während der Gartenschau die BUGA aktiv begleiten und ausführlich über das Geschehen informieren. Der Stimme-Tag und das SWR Familienfest sind Publikumsmagnete. Mit der Übertragung, etwa des ökumenischen Gottesdienstes am Pfingstmontag, sind Fernsehzuschauer in ganz Deutschland live dabei. Das überwältigende Medienecho zeigt sich auch in den Zahlen.

SWR»
AKTUELL

»SWR4

SWR»
FERNSEHEN

▲ Die Heilbronner Stimme berichtet als regionaler Medienpartner tagesaktuell von der BUGA.
◄ Der SWR sendet mit allen Programmen und betreibt ein gläsernes Studio im Fruchtschuppen.

1

Die BUGA ist politisch. Die Bundesgartenschau befördert die gesellschaftliche Debatte und präsentiert für wichtige Fragen der Zeit zukunftsfähige Lösungen: Flächenverbrauch und Klimaerwärmung, Stadterneuerung und grüne Infrastruktur, Artenschutz und Naturnähe, soziales Miteinander und Bauen mit Verantwortung. Die BUGA bietet Raum für gegensätzliche Positionen und unterschiedliche Interessen, ermöglicht Reibung und Dialog und sucht nach Chancen und Möglichkeiten.

POL ITI SCH

10
DIE BUGA IST POLITISCH

► Bei der Demonstration „Parents for Future“ wurde den Gästen der Bundesgartenschau schon vor dem Eingang aufgezeigt, was das Waldsterben durch Klimaerwärmung für die Menschheit bedeuten kann.

KASSE

SCHAUFENSTER IN DIE ZUKUNFT

Trotz des jahrelangen Vorlaufs für das Projekt trifft die Bundesgartenschau in Heilbronn den Nerv der Zeit. Die BUGA bildet als Spiegel der Gesellschaft einen Veränderungsprozess ab und präsentiert die Themen, die hochaktuell sind: ein neu gewachsenes Interesse an Natur, die Verbindung von Stadtentwicklung und Klimaschutz, der ökonomische Umgang mit Flächen.
Das Zusammenspiel ist erstmals in dieser Konsequenz auf dem Bundesgartenschau-Gelände und im Modellquartier zu erleben. Die Gartenausstellung zeigt Lösungen, die der Gartenbau für Biodiversität, den Erhalt der Artenvielfalt und für den Einsatz stresstoleranter Gehölze in der Stadt bieten kann.

Die Stadtausstellung hat die Diskussion um eine neue städtische Mobilität geprägt. Die BUGA hat sich frühzeitig positioniert, Autos weitgehend aus dem Quartier zu verbannen. Seitens der BUGA werden Quartiersgaragen favorisiert, anstelle der dann realisierten Tiefgaragen unter den drei Baufeldern.

Für die Weiterbebauung des Quartiers wird die Rolle des Individualverkehrs unter dem Eindruck der im Modellquartier gemachten Erfahrungen erneut diskutiert werden. Für neue Mobilität steht das BUGA Reallabor: Autonome Paketfahrzeuge beliefern Bewohner des Neckarbogens.

Eindeutig positioniert sich Hanspeter Faas in einer emotionalen Abschlussveranstaltung im Holzpavillon (Lokaltour der Heilbronner Stimme) vor einigen hundert Besuchern für die Weiterbebauung des Stadtquartiers unter dem Aspekt der Nachhaltigkeit. Fortgeführt werden soll das Prinzip der Konzeptvergabe mit dem Grundstücksverkauf nicht nach Höchstgebot sowie die bisher praktizierte kleinteilige Grundstücksvergabe.

Die Stadtausstellung ist auch eine Auseinandersetzung mit Flächenverbrauch: 200 Quadratkilometer werden pro Jahr in Deutschland überbaut, eine Fläche so groß wie die sechs größten bayrischen Seen. Der Neckarbogen ist der Gegenentwurf zum flächenfressenden Einfamilienhaus. Während sich in der Baustellenphase Besucher bei Führungen überwiegend kritisch zu dem verdichteten Bauen äußern, ändern sich im Laufe der BUGA Wahrnehmung und Bewertung. Die urbanen Qualitäten des neuen Stadtraums rücken in den Vordergrund.

Die BUGA holt Natur in die Stadt und liefert den Beweis, dass sich gute Lebensräume und ökologische Vielfalt nicht ausschließen. Ein Zeichen für einen respektvollen Umgang mit Ressourcen setzt die BUGA am Neckaruferpark. Sandsteinmauern des ehemaligen Winterhafens waren bei Erdarbeiten zum Vorschein gekommen.

200 Sandsteinblöcke werden am Ufer verbaut. Für das Bauen der Zukunft stehen zudem die beiden Leichtbaupavillons. Erfahrungen aus Konstruktion und Fertigung des Holz- und Faserpavillons können Eingang finden im ressourcenschonenden Städtebau.

Eine Bundesgartenschau ist als Großveranstaltung vom Grundsatz her nicht nachhaltig, durch eine Vielzahl von Maßnahmen trägt die BUGA in Heilbronn aber dazu bei, den ökologischen Fußabdruck zu minimieren. Als erste Bundesgartenschau ist die BUGA EMAS-zertifiziert: ein von der Europäischen Union entwickeltes Zertifikat, das die Auswirkungen auf die Umwelt misst.

Nachhaltigkeit soll sich nicht auf die Verwendung von essbarem Geschirr reduzieren. Die BUGA kommuniziert mit Nachdruck die Nutzung öffentlicher Verkehrsmittel zur Anreise. Das Ziel, dass nur die Hälfte der Besucher das Auto nutzt, wird allerdings verfehlt. Der Anteil des motorisierten Individualverkehrs liegt bei 60 Prozent.

TREFFPUNKT BADEN-WÜRTTEMBERG

Mehrere Ausstellungen und Vorträge im Treffpunkt Baden-Württemberg im Fruchtschuppen beschäftigen sich mit den Themen Bauen mit Verantwortung und Ressourcenschonung. Die BUGA trägt zur Diskussion über gesellschaftlich relevante Themen bei und leistet einen Beitrag zur Debatte um Klimafolgen und die Risiken unserer Wirtschafts- und Lebensweise.

Unter dem Leitthema „Innovatives Baden-Württemberg" präsentieren Institutionen und Landesbehörden informative Schauen, die sich unter anderem mit Ressourcenverbrauch beschäftigen:

- „Schaufenster in die Zukunft – Leben in einer nachhaltigen Bioökonomie" - über den Einsatz biobasierter Produkte und einer kreislauforientierten Wirtschaft.
- „Triple Wood – Nachhaltige Holzbaukultur im Alpenraum" zeigt 59 Holzbauprojekte aus Deutschland und den Anrainerstaaten, darunter Wohn-, Büro-, Ingenieur- und Gewerbebauten sowie Projekte der Holzbauinitiative Baden-Württemberg und deren Beitrag zur Herstellung von Wohnraum.

Auch das Holzhochhaus Skaio der Stadtausstellung ist Teil der Schau und wird als beispielgebend für den Einsatz im mehrgeschossigen Wohnungsbau präsentiert.

SCHAUFENSTER BAUKULTUR

Heilbronn wird mit der BUGA zum Ort der Auseinandersetzung mit Zukunftsfragen zum Bauen. In einer noch nie erlebten Intensität wird über den Stellenwert von Landschaftsarchitektur und Baukultur diskutiert. Die BUGA holt Fachleute nach Heilbronn, die ohne das Format Bundesgartenschau kaum den Weg in die Stadt finden würden. Dadurch haben Besucher die Gelegenheit, an einer neuen Kultur des Wissenstransfers teilzuhaben.

Das Haus der Landschaft bietet mit der Reihe „Heute im Facettenreich" spannende Podiumsgespräche, wie das Verhältnis zu Natur und Planungsprozessen neu definiert, und wie Planer ihrer ökonomischen und ökologischen Verantwortung gerecht werden können. Thema ist auch, wie durch die Bundesgartenschau eine veränderte Wertschätzung gegenüber der eigenen Stadt geschaffen werden kann. Teilnehmer eines Symposiums zum Thema Bezahlbarer Wohnraum im Pavillon Beton't Grün fordern von der Politik bessere Rahmenbedingungen für kostengünstiges Bauen.

Im Schaufenster Baukultur präsentieren der Bund Deutscher Architekten, der Bund Deutscher Landschaftsarchitekten und die Architektenkammer Baden-Württemberg Architektur aus verschiedenen Blickwinkeln. Thematisiert werden der wachsende Druck auf innerstädtische Freiräume, gezeigt werden unter anderem Best-Practise-Beispiele für neue Nutzungen sowie zeitgemäße Wohnprojekte, die den Ansprüchen verschiedener Lebensmodelle nund dem demografischen Wandel gerecht werden.

BAUEN MIT VERANTWORTUNG

Innovation und Bauen mit Verantwortung sind tragende Säulen der Konzeptvergabe für die Gebäude der Stadtausstellung. Das Gestaltungshandbuch für den Neckarbogen macht klare Vorgaben für den Einsatz nachhaltiger Baustoffe: Sie müssen ökologisch unbedenklich und energieeffizient sein. Konstruktionen sollen sortenrein zu trennen und abfallrein rezyklierbar sein. Unzulässig sind fossile Dämmstoffe und Verbundstoffe, die nicht trennbar sind. Für die Umsetzung nachhaltiger Konstruktionsweisen und für den Einsatz ökologisch unbedenklicher Baustoffe müssen Investoren den Nachweis einer Lebenszyklusbetrachtung erbringen.

Holz als nachwachsender Baustoff spielt im Neckarbogen eine überdurchschnittlich große Rolle, ein Drittel der Gebäude sind Holz-Hybrid-Konstruktionen. Da städtischem Holzbau vielfach mit Vorbehalten begegnet wird, leisten vor allem sichtbare Holzkonstruktionen im Neckarbogen einen Beitrag zu Akzeptanz und Alltagstauglichkeit. Das Gebäude Grüne Ecke im Baufeld H ist beispielgebend für Fassadenbegrünung.

Bauen mit Verantwortung umfasst auch einen sozialen Auftrag. Der Neckarbogen verändert in Heilbronn den Anspruch an Quartiersgestaltung und den Stellenwert von Inklusion. Der Einsatz von Menschen mit Handicap als Arbeitskräfte ist in dieser Größenordnung einmalig: 16 von 80 Mitarbeitern sind ein sichtbares Bekenntnis zu Inklusion und beispielgebende Teilhabe von Menschen mit Behinderung. Die Erfahrungen werden bei künftigen Projekten nachwirken.

► Wie wollen wir in Zukunft bauen? Tanz!Heilbronn, Fitting Version von Willi Dorner sucht Antworten, im Straßenraum des Neckarbogens finden Performances statt.

JUGENDHE

▲IKUGA - bangen um ein Experiment. Ein Interkulturelles Gartenexperiment entsteht mitten auf der Baustelle - aus dem Nichts, mit Bürgern, Migranten, Flüchtlingen, Studenten.

Mit viel Herzblut, durch Tiefen und Höhen begleitet die BUGA HN GmbH die Entstehung des Gartens, medial begleitet. Das Experiment glückt und gewinnt einen Sonderpreis der UN.

LAUBENGARTEN →

Im Kleingarten wohnen: Eine Utopie?

Mit einer **Änderung des Bundeskleingartengesetzes** gäbe es die grundsätzliche Möglichkeit in einer Kleingartenanlage auch zu wohnen. Bislang ist dies gesetzlich ausgeschlossen. Grundsätzlich stellt sich die Frage nach den Wohnformen der Zukunft. Könnten die Menschen beispielsweise generell mit weniger Platz zum Wohnen und Leben auskommen?

▲ **Stadtausstellung weiter gedacht.** Welche Wohnformen kann eine prosperierende Stadt anbieten? Wo wohnt man, wenn die Bauflächen ausgehen? Wie wenig Wohnraum ist möglich

Aus dem Bundeskleingartengesetz (BKleingG)

§ 3 Kleingarten und Gartenlaube

(1) Ein Kleingarten soll nicht **größer als 400 Quadratmeter** sein. Die Belange des Umweltschutzes, des Naturschutzes und der Landschaftspflege sollen bei der Nutzung und Bewirtschaftung des Kleingartens berücksichtigt werden.

(2) Im Kleingarten ist eine Laube in einfacher Ausführung mit **höchstens 24 Quadratmetern** Grundfläche einschließlich überdachtem Freisitz zulässig; die §§ 29 bis 36 des Baugesetzbuchs bleiben unberührt. Sie darf nach ihrer Beschaffenheit, insbesondere nach ihrer Ausstattung und Einrichtung, **nicht zum dauernden Wohnen** geeignet sein.

(3) Die Absätze 1 und 2 gelten entsprechend für Eigentümergärten. (...)

und notwendig und wie erfolgt die Selbstversorung aus dem eigenen Hochbeet? Eine utopische Symbiose aus Kleingärtnern und der Aufbaugilde stellen sich gemeinsamen Fragen im Garten.

Mehr.WERT.Garten, Umgang mit Ressourcen

Beim Bauen die endliche Ressource Boden zu schonen, ist im Quartier Neckarbogen realisiert. Der verantwortungsbewusste Umgang mit Rohstoffen steht bei Bauprojekten dagegen erst am Anfang. Mehr als die Hälfte des Abfallaufkommens in Deutschland stammt aus dem Baugewerbe. Auf den Müllhalden landen viele wertvolle Rohstoffe, die ein zweites Leben haben und erneut verbaut werden könnten.

Welche zahlreichen ungenutzten Möglichkeiten es gibt, den steigenden Bedarf an Materialien aus Sekundärrohstoffen zu gewinnen, zeigt der Mehr.WERT.Garten im Inzwischenland. Weithin sichtbar ist der Mehr.WERT.Pavillon, den Studierende des Karlsruher Instituts für Technologie (KIT) entworfen haben. Alle Materialien haben bereits einige Lebenszyklen hinter sich, beim Bau entsteht kein neuer Müll. Der 60 Jahre alte Stahl stammt aus einem Kohlekraftwerk in Köln. Die Glaskeramik-Elemente der Fassade sind aus Bruchglas gefertigt. Alle Baustoffe können sortenrein in den Materialkreislauf zurückgeführt werden – anders als bei konventionellen Bauwerken üblich. Ein Teil des Bodens auf der Parzelle ist mit zerschredderten Kloschüsseln gestaltet: unverkäufliche Ausschussware.

Das Projekt Mehr.WERT.Garten will informieren und mit Veranstaltungen die politische Diskussion um die Notwendigkeit von Recycling und Verwertung vorhandener Materialien befeuern. In Diskussionsrunden werden Forderungen an die Politik formuliert, etwa den Grund und Boden der Spekulation zu entziehen,um inklusive Stadtentwicklung möglich zu machen. Experten fordern die Mehrwertsteuer für recycelte Baumaterialien zu senken und DIN-Normen und Gewährleistungspflichten zu überarbeiten, um deren Einsatz attraktiver zu machen.

▲ Der Mehr.WERT.Garten als gemeinsames Projekt des baden-württembergischen Umweltministeriums und der Entsorgungsbetriebe der Stadt Heilbronn, unterstützt von vielen Sponsoren.

KONTROVERSE UM ARTENSCHUTZ

Natur- und Umweltschutzverbände sind Ausstellungspartner der Bundesgartenschau, trotz einiger ungelöster Kontroversen. In der Planungsphase der BUGA gibt es Konflikte im Bereich Artenschutz. Der Bau der Bleichinselbrücke und die Neckarufergestaltung stehen in der Kritik.

Für den Holzsteg findet sich ein Kompromiss, den die Naturschutzverbände mittragen. Der direkte Uferweg bleibt in den Wintermonaten für Spaziergänger gesperrt, um die Ruhe der dort rastenden Wintervögel sicherzustellen. Kontroverse Themen bleiben der geplante Abschuss von Nilgänsen, die Umsiedlung der Eidechsen auf den Wall des Hafenparks sowie im laufenden Betrieb die Brut von Wanderfalken auf einem Siloturm, der auch als Projektionsfläche für die Wasserspiele genutzt wird.

Lässt sich Artenschutz und die Nutzung der Natur verbinden? Für die Auseinandersetzung darüber bietet die BUGA in Heilbronn viele Ansatzpunkte. Einerseits gibt es am Karlssee und am Neckarufer Flächen, wo sich die Natur frei entwickeln kann. Andererseits wird aufgezeigt, dass es naturnahe Bereiche geben muss, die auch zugänglich sind, damit Besucher und Stadtbewohner geschützte Flächen akzeptieren werden.

Ein überraschend großes mediales Echo finden die fehlenden Ausstiegshilfen am Floßhafen für Enten, die das Ertrinken einiger Küken verursachen. Die Ausstiegshilfen werden unverzüglich nachgebessert. Die Planer wollen die Erkenntnisse aus Heilbronn bei künftigen Projekten berücksichtigen.

POLITISCHE AKTIONEN

Auf dem Areal der Umwelt- und Naturschutzverbände im Wohlgelegen nutzen die Akteure ihren Auftritt im Sinne einer umfangreichen politischen Bildung zu den Themenkomplexen Nachhaltigkeit, Umweltbildung, Artenschutz, Insektenschwund, Globalisierung. Der Garten der drei Umweltverbände ist zudem Teil des Bunten Klassenzimmers.

Im September erfolgt dort der symbolische Startschuss für das Artenschutz-Volksbegehren in Baden-Württemberg. Auf dem BUGA-Gelände sammeln die Initiatoren Unterschriften. Ziele des Volksbegehrens sind unter anderem: Verbot von chemischen Pflanzenschutzmitteln in Artenschutz-Gebieten, bis 2025 Halbierung der eingesetzten Menge an Pflanzenschutzmitteln und ein besserer Schutz von Streuobstwiesen.

Die ebenfalls auf dem BUGA-Gelände mit einem Beitrag vertretenen Landwirte (unter anderem getragen von Landwirtschaftsministerium Baden-Württemberg und dem regionalen Bauernverband) sehen die Initiative kritisch. Sie fürchten um die Existenz vor allem von Familienbetrieben und empfehlen, das Volksbegehren nicht zu unterschreiben. Kritik kommt auch aus dem Weinbau. Auch die Imker sehen das Volksbegehren als unrealistisch und kontraproduktiv an. Die BUGA selbst nimmt keinen Einfluss, lässt unterschiedliche Positionen zu.

Ebenfalls stattfinden kann eine Aktion der „Parents for future“ am BUGA-Eingang Innenstadt, die für Aufsehen sorgt. Die Aktivisten wollen auf die Klimakrise und die Folgen für den Wald hinweisen.

KLIMAWANDEL UND GARTENSCHAUEN

Nicht erst mit der Bundesgartenschau in Heilbronn sind Klimaveränderungen die große Herausforderung für Gartenschauen. Der Klimawandel verändert Gartenschauen, beeinflusst Standortentscheidungen und ist ein entscheidender Faktor in der Planung. Die BUGA in Heilbronn macht im Hitzesommer 2019 die Bedeutung grüner Infrastruktur im Stadtraum erlebbar und zeigt die Notwendigkeit, dass Kommunen in Stadtgrün investieren, um die Klimafolgen für ihre Bewohner abzumildern. Beispiele auf der BUGA sind Bewässerungssysteme für neu gepflanzte Bäume im Neckarbogen und die als Retentionsflächen angelegten Seen.

▲ Wasser und Schatten braucht die Stadt. Der Garten- und Landschaftsbau präsentiert Lösungen zum Anfasssen.

Die Gartenwelten geben Impulse für die Gestaltung von Stadträumen mit Wasserfontänen und schattenspendenden Pergolen. Die Nutzung des Dachgartens vom Pavillon der Garten- und Landschaftsbauer für Urban Gardening mit Obst- und Gemüsebeeten zeigt das Potenzial, das Dachflächen großer Gewerbebauten bieten könnten – vorausgesetzt, Städte machen diese Art der Nutzung zur Auflage. Die grüne Brücke in der Stadtausstellung und die Unterführung im Stadtdschungel führen die Einsatzmöglichkeiten von Fassadengrün vor.

▲ Im Haus der Landschaft wird die Politik empfangen, Kommunen und Bürger zur grünen Stadt beraten.

Die BUGA zeigt Wirkung auch im Kleinen: Die guten Erfahrungen mit den sechs Trinkbrunnen auf dem BUGA-Gelände haben Kommunalpolitiker aus den Reihen der SPD dazu gebracht, eine dauerhafte Installation von Trinkstationen in der Heilbronner Innenstadt anzuregen.

„Die BUGA Heilbronn 2019 war ein unvergessliches Sommermärchen! „Dornröschen" wurde wachgeküsst und Heilbronn ist nun eine „strahlende Braut"!"

FRIEDLINDE GURR-HIRSCH | MINISTERIUM FÜR LÄNDLICHEN RAUM UND VERBRAUCHERSCHUTZ

03.10.2019, 14:47, STADT WEITERBAUEN

▲ Die Bundesgartenschau Heilbronn 2019 geht, aber die Stadtentwicklung bleibt.
Heilbronn hat das Potential der Stadt am Fluss wieder entdeckt. Wie wird wohl die Stadt in 20 Jahren aussehen?

▲ Die freie Kulturszene hat einen festen Platz auf der BUGA. Nach Abschluss der Gartenschau wird der Neckarbogen weitergebaut und auch die kulturelle Stadtentwicklung soll weiter aufblühen.

▲ Der Poetry-Slammer Nikita Gorbunov lässt bei der Abschlussveranstaltung der Bundesgartenschau am 06. Oktober noch einmal das Sommergefühl 2019 in Heilbronn aufflackern.

EIN VERGISSFEINICHT FÜR DIE BUGA 2019

von Nikita Gorbunov

PROLOG

Heilbronn es ist Zeit
Die BUGA war sehr groß
Leg Deinen Schatten auf die Wasserspiele
Und auf die Liegestühle
Lass die Winde los
Befiehl den letzten Wasengängern voll zu sein
Dass keiner von Ihnen heut Nacht die Rückfahrt wage
Denn Ihr feiert Vollendung und ich habe
Die Ehre noch für ein paar letzte Zeil'n
Wer jetzt keinen Karl 3-D-gedruckt hat,
klaut sich keinen mehr
Doch wer Gesellschaft hat, der wird sie nun behalten
Der Neckar bleibt so schön,
selbst wenn die Nächte wieder kälter werden
In seinem Bogen wächst nun eine Zukunft für
Die Stadt Heilbronn, um die nun alle Euch beneiden.

I

Ein Blumenkind
In dunkler Vorzeit in die Erde gelegt
Noch von Brachen und Telefonen
mit Tasten umgeben
Schlägt seine Wurzeln durch Zwiebeln von Skepsis
Und setzt sich ins Herz einer Stadt voller Schwaben
Dass ausgerechnet die eine Stadtwiese säen
Wo Gleise und Kräne vom Schaffen erzählen?
Wär' zu schön; Wär' Pusteblume-n-blühende
Fantasie
Doch! Das ist wirklich geschehen
Und Heilbronn ist verliebt
Nein. Heilbronn macht verliebt!
Wo früher Kanalduft stand, wehen 5 Atmosphären
Wasserfontänen, Schiffshuttlefahrten
Aus der nüchternen Flucht einer grauen Allee
Spießt ein neues Quartier und Stadt
wird zu Garten
Und Brachen zu Orten
des blühenden Lebens
Denn Menschen gehören in menschliche Räume
Wer hätt es gedacht, Heilbronn ist erwacht
Aus Wollhaustagen wurden Sommer-
nachtsträume

II

Und nun seht Euch an
Wo einst Kähne anlegten,
rankt ein Park sich entlang
Pflückt Euch davon
Ein Vergissfeinicht
Wie vielen schien die BUGA erst
als Wolkenkuckucks-Hain?
Wie viele fühlten ein Blüten-Zaudern?
Wie viele, die die Schneeglöckchen läuten hörten,
erwiesen sich als taube Hyazinthen?
Mit so einer Stimmung und so viel Elan,
konnte die BUGA doch nimmer misslingen.
2,3 Millionen Menschen waren bei Euch
Sogar mit Sperrung wegen Besucherwildwuchs
Wie beim Ernte-Punkfest?
Aber im Gegensatz zum Wasen
Kamen sie in Frieden und gingen ohne Veilchen.
Vergissfeinicht!
In einer Zeit, in der die Kornblumen wieder
getragen werden
Ist es wichtig zu zeigen,
dass wir unsere Gegenwart gut bestellen.
Herausforderungen an der Wurzel packen,
abwertende Menschenbilder jäten
und hochschießenden Ängsten
den Löwenzahn zieh'n!
Darum ist es so wichtig, stolz zu sein
Auf ein Großprojekt, das mal gelingt
Und am Ende mit birkenweißer Weste dasteht.
Andere Baustellen sind dagegen kaum halbfertig,
aber man wünscht sich schon,
dass Gras drüber wachsen möge.
In Stuttgart zum Beispiel -
Herr Strobl kanns vom Büro aus sehen -
wird die Stadtentwicklung vorangetrieben,
durch die Anlage eines weitläufigen, unterirdi-
schen Verspätungsgartens.

III, IV

Zwischen Weinvilla und Sparkassenbühne
Eine Familie im Menschenstrom zum See
Halten inne, junges Paar
beide Schweizer, schlendern mit Weinglas
Dahinter jemand aufgeregt
Ist das Handtuch noch da?
Vorhin heimlich ausgelegt
Vor der Kletterwand ein Junge
Schüttelt den Kopf: Ich geh da nicht hoch
Aus der Blumenschüssel geschöpft
Kartoffelsalat
Selbst mitgebracht
Cleverer Schwob!
Mädchen im grünen Kleid
Füße im Wasser
Treppe; Schwüles Wetter
Sommergewitter
Plötzlich ein Chor
Geben sich richtig Mühe: Schön
Plötzlich Heilbronn
Geben sich richtig Mühe: Schön!
Vier Jungs
Offensichtlich Hawaii
Füße im Sand
Offensichtlich Hawaii
Boombox laut: Dünen-Sound.
Heilbronn ist die City im Fluss, ja!
Was für ein chilliger Platz, ja!
Dauerkarte am Start? Ja!
All die Blumen, Blüten, BUGA
All die Sommermärchen
Über die Bienchen, über die Blümchen
Steilgehen | BUGA! | Eiscreme | BUGA! |
Spießchen | BUGA! | Hühnchen
Steilgehen – Eiscreme | BUGA!
Immer | BUGA!|
Sommer!
Wo kommen auf einmal die ganzen Leute her?
Hammer!

V... wie...

Vergissfeinicht
Dass Du ein Teil hiervon bist
Früchte tragen können nur die Blumen
die verwelken
Vergissfeinicht
Wer die Brachen der Geschichte neu durchmisst
Lässt Erlebnisräume wachsen,
als Kontur für seine Welt
Wie als Richtschnur für seine Welt von
morgen.
Sind wir noch die selben
Hier im BUGA-Neckar-Bogen
Ist die Party noch nicht vorbei
Hier entsteht noch so viel Neues,
Bagger fürchten keine Kälte
Und kaum habt Ihr Euch versehen
Liegt am Karlssee wieder der Mai!
Vergissfeinicht
Mut, Debatte und Tatendrang sind unsere Stärken
nur eines, liebe Heilbronner*innen
Lass mich an der Rinde bemerken:
Ein gelungenes Quartier
Braucht viel Platz für Off-Kultur'n
Denn der Mensche ist nicht bloß ein Tier
Er muss auch sein Herz und sein Hirn ernähr'n
Und nun macht es Euch gemütlich
Erst mal werden die Bäume kahl
Dann:
Sprengt wieder Denkbarrieren
und sprengt nicht den armen Karl!

Veranstalter Poetry Slam: Popbüro Heilbronn-Franken

06.10.2019, 21:03, DANKE HEILBRONN

▲ Zum letzten Mal erleuchtet der Kletterfelsen im Licht der Wassershow am Karlssee. Nach 173 Tagen ist die Bundesgartenschau Heilbronn 2019 zu Ende, aber die Erinnerungen an das Sommermärchen 2019 werden bleiben.

ABKÜRZUNGSVERZEICHNIS

BdF	Bund deutscher Friedhofsgärtner im ZVG
BIV	Bundesinnungsverband des Deutschen Steinmetz- und Steinbildhauerhandwerks
Biegert	Cornelia Biegert Landschaftsarchitekten
BUGA	Bundesgartenschau
BUGA (...) GmbH	Bundesgartenschau Heilbronn 2019 GmbH
DBG	Deutsche Bundesgartenschau-Gesellschaft mbH
Hager	Hager Landschaftsarchitekten
HFT	Hochschule für Technik Stuttgart
HMDK	Staatliche Hochschule für Musik und Darstellende Kunst Stuttgart
HMG	Heilbronn Marketing GmbH
Lavaland	Lavaland GmbH Landschaftsarchitektur
Loma	LOMA architecture . landscape . urbanism
Machleidt	Machleidt GmbH Städtebau und Stadtplanung
Oficinaa	Oficinaa GmbH architektur + städtebau
Pelz	Petra Pelz Landschaftsarchitektur
Sinai	SINAI Gesellschaft von Landschaftsarchitekten mbH
Steidle	Steidle Gesellschaft von Architekten und Stadtplanern mbH
Stötzer	Die Akademie Landschaftsarchitektur Prof. Jörg Stötzer
t17	t17 Landschaftsarchitekten Huber Kerler
um.nutz	ARGE um.nutz, bestehend aus Peanutz Architekten und Umschichten
VGL	Verband Garten-, Landschafts- und Sportplatzbau Baden-Württemberg e.V.
Vössing	Ingenieurbüro Vössing GmbH
WKO	Württembergisches Kammerorchester Heilbronn
ZVG	Zentralverband Gartenbau e.V.

Aus Gründen der besseren Lesbarkeit wird in dieser Dokumentation im Regelfall das generische Maskulin verwendet. Anderweitige Geschlechteridenditäten werden dabei ausdrücklich mitgemeint, soweit es für die Aussage erforderlich ist.

ABBILDUNGSNACHWEIS

Die einzelnen Abbildungen sind pro Seite/ Doppelseite von links nach rechts von oben nach unten aufgelistet.

Seite	(Abbildung) Autor
2	(1) BUGA HN GmbH, Werner Kuhnle
4/ 5	(1) BUGA HN GmbH, Jürgen Westenberger
6	(1) BUGA HN GmbH, Werner Kuhnle
7	(1) BUGA HN GmbH, Jürgen Häffner
8	(1) BUGA HN GmbH, Dietmar Strauss
9	(1) BUGA HN GmbH, Matthias Stark
18/ 19	(1) Lisa Rastl
22/ 23	(1-20) Stadt HN, CAV Manfred Kirschner
24/ 25	(1) BUGA HN GmbH, Dietmar Strauss
26	(1) BUGA HN GmbH, Werner Kuhnle
27	(1-3, 5, 6) BUGA HN GmbH (4, 7, 8) Dietmar Strauss
28	(1) Stadtarchiv Heilbronn (2) BUGA HN GmbH, Machleidt/ Sinai
29	(1) Stadtarchiv Heilbronn (2) BUGA HN GmbH, Steidle
30	(1) Stadtarchiv Heilbronn (2) BUGA HN GmbH, Steidle
31	(1) BUGA HN GmbH, ARGE Steidle/ t17/ Vössing
32/ 33	(1, 5, 7, 8) TD Designagentur (2-4, 6, 9) BUGA HN GmbH
34	(1-4, 6, 7) BUGA HN GmbH (5) BUGA HN GmbH, Sinai (8) BUGA HN GmbH, Jürgen Häffner
36/ 37	(1-4) BUGA HN GmbH, Sinai (5) BUGA HN GmbH, RMP
38/ 39	(1, 3, 5) BUGA HN GmbH, Machleidt (2, 6) BUGA HN GmbH, Sinai (4) BUGA HN GmbH, Steidle (7) BUGA HN GmbH
40	(1-2) BUGA HN GmbH (3) BUGA HN GmbH, Werner Kuhnle
41	(1-2) BUGA HN GmbH, Jürgen Häffner
42/ 43	(1-2) Ulla Kühnle (3) BUGA HN GmbH, Dietmar Strauss (4, 6) BUGA HN GmbH (5-10) Ulla Kühnle (11, 12) BUGA HN GmbH
44/ 45	(1) BUGA HN GmbH, Dennnis Walz (2, 4, 8) BUGA HN GmbH, Werner Kuhnle (3, 5, 7) BUGA HN GmbH, frei raum concept (5) BUGA HN GmbH, frei raum concept (6) BUGA HN GmbH, Bund deutscher Staudengärtner
32/ 33	(1) BUGA HN GmbH
50/ 51	(1) BUGA HN GmbH
52	(1) BUGA HN GmbH, Werner Kuhnle
53	(1-2) BUGA HN GmbH, Werner Kuhnle
54/ 55	(1) Heilbronner Stimme
57	(1) BUGA HN GmbH, Jürgen Häffner (2) BUGA HN GmbH, Werner Kuhnle
58/ 59	(1, 3-5) Matthias Stark (2) Dieter Schwarz Stiftung
60	(1) Dieter Schwarz Stiftung
61	(1) BUGA HN GmbH, Jürgen Häffner (2) BUGA HN GmbH, Werner Kuhnle (3,4) BUGA HN GmbH (5) Dieter Schwarz Stiftung
63	(1) BUGA HN GmbH, Werner Kuhnle
64/ 65	(1-2) BUGA HN GmbH, Sinai (3) BUGA HN GmbH, Dietmar Strauss (4,5) BUGA HN GmbH

66 (1,2) BUGA HN GmbH, Sinai
(3) BUGA HN GmbH, Jürgen Häffner
67 (1) BUGA HN GmbH, Silke Petras
(2, 3) BUGA HN GmbH, Sinai
68/ 69 (1) Ralf Seidel
70 (1) BUGA HN GmbH, Jürgen Westenberger
71/ 72 (1) BUGA HN GmbH, AdWorks
78/ 79 (1) BUGA HN GmbH, Dietmar Strauss
81 (1) Dennis Walz
(2-5, 7) Gaby Höss
(6) Bund deutscher Staudengärtner
(8) BUGA HN GmbH, Werner Kuhnle
(9) BUGA HN GmbH, Thomas Geppert
82/ 83 (1) BUGA HN GmbH, Werner Kuhnle
84 (1, 2) Erik-Jan Ouwerkerk
85 (1) Bärbel Kistner
86/ 87 (1) BUGA HN GmbH, Officinaa
(2) DBG, Sibylle Esser
(3) BUGA HN GmbH, Jürgen Häffner
(4) BUGA HN GmbH, Werner Kuhnle
88/ 89 (1) BUGA HN GmbH
(2) Ingolf Pompe
(3) Erik-Jan Ouwerkerk
(4) Ingolf Pompe
92 (1) BUGA HN GmbH
94/ 95 (1) BUGA HN GmbH
96 (1, 2) BUGA HN GmbH/ Universität Stuttgart
97 (1, 3, 4) BUGA HN GmbH/ Universität Stuttgart
(2) BUGA HN GmbH
98 (1) Roland Halbe
99 (1) BUGA HN GmbH, Dietmar Strauss/ Jürgen Häffner
(2) BUGA HN GmbH, Dietmar Strauss
100 (1) Lea Graser
(2-5) BUGA HN GmbH
101/102 (1) Manuel Debus
110/ 111 (1) Mehmet Yilmaz
112/ 113 (1) Stadtarchiv Heilbronn, Sarah Böhlecke
114/ 115 (1) HFT
(2) BUGA HN GmbH
(3) um.nutz
117 (1) DBG, Sibylle Esser
(2) Heilbronner Stimme
(3) BUGA HN GmbH, Dietmar Strauss
118 (1-5, 8) um.nutz
(6, 9, 10) BUGA HN GmbH
(7) Dietmar Strauss
119 (1, 2) BUGA HN GmbH, Jürgen Häffner
120 (1) BUGA HN GmbH
121 (1) BUGA HN GmbH, Gruppe Sepia
122/ 123 (1) Danièle Dugré
124 (1) BUGA HN GmbH, Jürgen Westenberger
125 (1, 2, 6, 7) BUGA HN GmbH, Jürgen Häffner
(3, 5) Popbüro Heilbronn-Franken
(4, 8) BUGA HN GmbH, Werner Kuhnle
126 (1) BUGA HN GmbH
(2) BUGA HN GmbH, Werner Kuhnle
127 (1) BUGA HN GmbH, Jürgen Häffner
(2) BUGA HN GmbH, Werner Kuhnle
128/ 129 (1, 4) Danièle Dugré
(2, 5) BUGA HN GmbH
(3) DBG, Sibylle Esser
(6, 7) Bund deutscher Staudengärtner
130/ 131 (1, 3) Loma
(2) Roland Schweizer
132 (1) DBG, Sibylle Esser
(2) BUGA HN GmbH, Werner Kuhnle
(3) BUGA HN GmbH
133 (1, 2) BUGA HN GmbH, Jürgen Häffner
(3) Roland Schweizer
134/ 135 (1) BUGA HN GmbH, Jürgen Häffner
(2, 5) DBG, Sibylle Esser
134/ 135 (3) BUGA HN GmbH
(4) BUGA HN GmbH, Werner Kuhnle
136 (1) BUGA HN GmbH, Joos Keller
(2) BUGA HN GmbH, Jürgen Häffner
(3) Stadtarchiv Heilbronn, Barabara Kimmerle
137 (1) BUGA HN GmbH
(2) Stadtarchiv Heilbronn, Barbara Kimmerle
138 (1) BUGA HN GmbH, Werner Kuhnle
139 (1) BUGA HN GmbH, Anika Kötz
(2) BUGA HN GmbH Werner Kuhnle
(3) BUGA HN GmbH
(4) Graf Luckner
140/ 141 (1, 2, 7-9) BUGA HN GmbH, Jürgen Häffner
(3) Ingolf Pompe
(4, 6) Bezirkslmkerverein Heilbronn e.V.
(5) BUGA HN GmbH, Sinai
(10) Salzwerke
142/ 143 (1) BUGA HN GmbH, Sinai/ Gruppe Sepia
(2) BUGA HN GmbH
(3, 9, 15) Ingolf Pompe
(4-6, 16) DBG, Sibylle Esser
(7, 14) BUGA HN GmbH, Jürgen Häffner
(8) BUGA HN GmbH, Ulrike Zimmer
(10) BUGA HN GmbH, Dennis Walz
(11) DBG
(12) LandFrauenverband Württemberg-Baden e.V.
(13) BUGA HN GmbH, Werner Kuhnle
144 (1) BUGA HN GmbH
(2) Dieter Schwarz Stiftung
145 (1) Bärbel Kistner
(2) BUGA HN GmbH
146/ 147 (1) BUGA HN GmbH
148 (1-3) Dietmar Strauss
149 (1,2) BUGA HN GmbH, Jürgen Häffner
(3) BUGA HN GmbH
151 (1) BUGA HN GmbH
(2) BUGA HN GmbH, Dennis Walz
152 (1) Stadt HN
(2) BUGA HN GmbH
156/ 157 (1) BUGA HN GmbH
159 (1) Roland Schweizer
(2) BUGA HN GmbH, Jürgen Häffner
160/ 161 (1-21) BUGA HN GmbH
162 (1) BUGA HN GmbH, Jürgen Häffner
163 (1) BUGA HN GmbH, Jürgen Häffner
(2) BUGA HN GmbH, AdWorks
164/ 165 (1) BUGA HN GmbH, Werner Kuhnle
(2) BUGA HN GmbH, Sinai
(3-5) BUGA HN GmbH, Jürgen Häffner
166 (1) DBG, Sibylle Esser
167 (1) BUGA HN GmbH
(2,4) BUGA HN GmbH, Jürgen Häffner
(3,5) DBG, Sibylle Esser
168/ 169 (1) Martin Ballein
170 (1) Heilbronner Stimme
171 (1) BUGA HN GmbH
172 (1) BUGA HN GmbH, Werner Kuhnle
173 (1,2) Heilbronner Stimme
174 (1) Bund deutscher Staudengärtner
176/ 177 (1) BUGA HN GmbH
180 (1) BUGA HN GmbH
181 (1) BUGA HN GmbH
186/ 187 (1) Heilbronner Stimme
188/ 189 (1) BUGA HN GmbH
190 (1) BUGA HN GmbH
191 (1) BUGA HN GmbH, Dennis Walz
(2,3) BUGA HN GmbH

192/ 193	(1) BUGA HN GmbH, Manuel Schweinzer
	(2,4) BUGA HN GmbH, Jürgen Häffner
	(3) BUGA HN GmbH
195	(1, 2) Theater Heilbronn, Thomas Braun
	(3) BUGA HN GmbH, Jürgen Häffner
196	(1, 2) BUGA HN GmbH
197	(1) BUGA HN GmbH, Jürgen Häffner
298/ 299	(1) BUGA HN GmbH
200/ 201	(1, 2, 4, 5, 8, 10) BUGA HN GmbH
	(3)Markus Herrmann
	(6-9, 12, 14) BUGA HN GmbH, Jürgen Häffner
	(11) Heilbronner Stimme
	(13) Berger Mario
	(15) BUGA HN GmbH, Werner Kuhnle
202/ 203	(1) BUGA HN GmbH, Martin Weller
	(2) BUGA HN GmbH, Ralt Titzmann
	(3, 11) Popbüro Heilbronn-Franken
	(4-10,12,14,17) BUGA HN GmbH
	(13) Audi
	(15) Stadt HN
	(16, 18, 19) BUGA HN GmbH, Jürgen Häffner
204/ 205	(1) BUGA HN GmbH
206/ 207	(1, 2, 4-9, 11) BUGA HN GmbH
	(3) Heilbronner Stimme
	(10) BUGA HN GmbH, Joachim Richter
208/ 209	(1) Tina Schulze
210/ 211	(1) BUGA HN GmbH, Biegert
	(2) SWR
	(3, 6, 7) BUGA HN GmbH, Jürgen Häffner
	(4) BUGA HN GmbH, Werner Kuhnle
	(5,8) Berger Mario
212	(1) BUGA HN GmbH
214/ 215	(1) BUGA HN GmbH, Westenberger
216/ 217	(1-5) BUGA HN GmbH
218/ 219	(1) BUGA HN GmbH
220	(1) Ralf Seidel
221	(1, 6, 8) BUGA HN GmbH, Jürgen Häffner
	(2, 7, 11) BUGA HN GmbH, Lockstoff
	(3, 4, 12) Bund deutscher Staudengärtner
	(5) BUGA HN GmbH
	(9, 10) BUGA HN GmbH, Werner Kuhnle
222	(1, 2) BUGA HN GmbH
223	(1) Stadtarchiv Heilbronn, Barbara Kimmerle
	(2) BUGA HN GmbH, Werner Kuhnle
224	(1) BUGA HN GmbH, Werner Kuhnle
	(2, 3) BUGA HN GmbH
226/ 227	(1) BUGA HN GmbH
228	(1) BUGA HN GmbH, Jürgen Häffner
230	(1) BUGA HN GmbH
238/ 239	(1) FK BUGA HN 2019 e.V.
240/ 241	(1-45) diverse Autoren
242	(1) Heilbronner Stimme
	(2) BUGA HN GmbH
243	(1, 3) BUGA HN GmbH, Sinai
	(2) Roland Schweizer
	(4) BUGA HN GmbH
244	(1-3) BUGA HN GmbH, Sinai
	(4) BUGA HN GmbH, Jürgen Häffner
245	(1-3) BUGA HN GmbH, Jürgen Häffner
246	(1) Evangelische Stiftung Lichtenstern
247	(1, 3) BUGA HN GmbH, Jürgen Häffner
	(2) BUGA HN GmbH
248/ 249	(1) BUGA HN GmbH, Machleidt/ Sinai
	(2) BUGA HN GmbH, Machleidt
	(3) BUGA HN GmbH, Werner Kuhnle
	(4) Heilbronner Stimme, Bärbel Kistner
	(5, 6) BUGA HN GmbH
250	(1) BUGA HN GmbH
251	(1) Gütegemeinschaft Buskomfort e.V., Thomas Wagner
253	(1, 2) BUGA HN GmbH, Jürgen Häffner
154/ 155	(1) Stadt HN, Mario Berger
	(2) Stadt HN
256	(1) Stadt HN, Jutta Schneider/ Michael Will
	(2, 4) Stadt HN
	(3) Stadt HN, Michael Brand
257	(1) Lichtwerke-photography
	(2, 3) BUGA HN GmbH
258	(1) DBG, Sibylle Esser
	(2) FK BUGA HN 2019 e.V.
259	(1-13) FK BUGA HN 2019 e.V.
260	(1) BUGA HN GmbH, Jürgen Häffner
261	(1) FK BUGA HN 2019 e.V.
262	(1) BUGA HN GmbH
	(2) BUGA HN GmbH, Jürgen Häffner
	(3) Heilbronner Stimme
264/ 265	(1) BUGA HN GmbH, Jürgen Häffner
272/ 273	(1) FK BUGA HN 2019 e.V.
275	(1-3) Dieter Franz Obermaier
	(4) BUGA HN GmbH, Werner Kuhnle
	(5) BUGA HN GmbH, Jürgen Häffner
	(6) Europa Minigärtner gUG
277	(1, 2) BUGA HN GmbH, Jürgen Häffner
	(3, 4) Europa Minigärtner gUG
278/ 279	(1-5) DBG, Sibylle Esser
280	(1) BUGA HN GmbH, Werner Kuhnle
281	(1) BUGA HN GmbH
282	(1) Stadtarchiv
	(2) BUGA HN GmbH
284/ 285	(1) BUGA HN GmbH, Jürgen Häffner
290/ 291	(1, 4) MarcMax-Media
	(2, 6) BUGA HN GmbH
	(3, 5) Ingolf Pompe
	(7) DBG, Sibylle Esser
294/ 295	(1) Matthias Stark
297	(1-3) BUGA HN GmbH
	(4) BUGA HN GmbH, Jürgen Häffner
300	(1) BUGA HN GmbH
	(2) BUGA HN GmbH, AdWorks
301	(1) BUGA HN GmbH, Jürgen Häffner
302	(1) BUGA HN GmbH, Jürgen Häffner
303	(1) BUGA HN GmbH
305	(1) BUGA HN GmbH
306	(1-4) SWR
307	(1) BUGA HN GmbH, Jürgen Häffner
310/ 311	(1) BUGA HN GmbH
312	(1) Heilbronner Stimme
315	(1) BUGA HN GmbH
316/ 317	(1, 2, 9) UN-Dekade Biologische Vielfalt
	(3, 6-8, 10, 15, 16) SWR
	(4) BUGA HN GmbH, Jürgen Häffner
	(5, 11) Reinhold Schmitt
	(12) BUGA HN GmbH, Werner Kuhnle
	(13, 14) BUGA HN GmbH
318/ 319	(1, 2, 7-10) BUGA HN GmbH
	(2, 3, 5) BUGA HN GmbH, Jürgen Häffner
	(4) BUGA HN GmbH
	(6) BUGA HN GmbH, Werner Kuhnle
320/ 321	(1, 5) BUGA HN GmbH
	(2,4) DBG, Sibylle Esser
	(3) Ingolf Pompe
322	(1) BUGA HN GmbH
323	(1) Martin Heimann
324	(1) Heilbronner Stimme
	(2) VGL
325	(1) VGL
	(2-4) BUGA HN GmbH, Jürgen Wastenberger
326/ 327	(1) BUGA HN GmbH, Werner Kuhnle
328	(1) BUGA HN GmbH, Dennis Walz
329	(1) Heilbronner Stimme, Andreas Veigel
334	(1) BUGA HN GmbH

GRÜNDUNGSVÄTER
Helmut Himmelsbach, Oberbürgermeister a. D.; **Stadt Heilbronn** Friedrich Wagner, Gründungsgeschäftsführer

GESELLSCHAFTERVERSAMMLUNG
Mitglieder **Deutsche Bundesgartenschau-Gesellschaft mbH** Jochen Sandner, Geschäftsführer; **Stadt Heilbronn** Harry Mergel, Oberbürgermeister.

AUFSICHTSRAT
Vorsitzender **Stadt Heilbronn** Harry Mergel, Oberbürgermeister.
Stellv. Vorsitzender **Bund deutscher Baumschulen e. V.** Karl-Heinz Plum.

Mitglieder
Gemeinderat Heilbronn Thomas Aurich, Stadtrat; Eugen Gall, Stadtrat; Ulrike Morschheuser, Stadträtin; Thomas Randecker, Stadtrat; Tanja Sagasser-Beil, Stadträtin; Michael Seher, Stadtrat; Nico Weinmann MdL, Stadtrat
Ministerium für ländlichen Raum und Verbraucherschutz Friedlinde Gurr-Hirsch MdL, Staatssekretärin;
Deutsche Bundesgartenschau-Gesellschaft mbH Jochen Sandner, Geschäftsführer;
Bundesverband Garten-, Landschafts- und Sportplatzbau e. V. Hanns-Jürgen Redeker;
Zentralverband Gartenbau e.V. Hartmut Weimann, stv. Präsident.

Ständige Gäste
Stadt Heilbronn Wilfried Hajek, Baubürgermeister Dezernat IV;
Gerd Eberhardt, Projektkoordination Dezernat IV; Heike Wechs, Amtsleiterin Stadtkämmerei;
Heilbronn Marketing GmbH Steffen Schoch, Geschäftsführer.

Stellvertreter
Gemeinderat Heilbronn Andrea Babic, Stadträtin; Dr. Raphael Benner, Stadtrat; Herbert Burkhardt, Stadrat; Gottfried Friz, Stadtrat; Dr. Albrecht Merkt, Stadtrat; Herbert Tabler, Stadtrat; Wolfgang Palm, Stadtrat;
Deutsche Bundesgartenschau-Gesellschaft mbH Ulrike Seibt;
Bund deutscher Baumschulen e. V. Markus Guhl, Geschäftsführer;
Bundesverband Garten-, Landschafts- und Sportplatzbau e. V. Carsten Henselek, stv. Präsident;
Zentralverband Gartenbau e. V. Franz-J. Jäger.

Ausgeschiedene Mitglieder
Stadt Heilbronn Helmut Himmelsbach, Oberbürgermeister a. D.;
Gemeinderat Heilbronn Dr. Anna Christ-Friedrich, Stadträtin; Helga Drauz, Stadträtin; Heiner Dörner, Stadtrat; Alexander Habermeier, Stadtrat; Klaus Hackert, Stadtrat; Gerhard Happold, Stadtrat, verstorben; Andreas Heinrich, Stadtrat; Rainer Hinderer, MdL, Stadtrat; Malte Höch, Stadtrat; Alban Hornung, Stadtrat; Fritz Kropp, Stadtrat; Karl-Heinz Losch, Stadtrat, verstorben; Sibylle Mösse-Hagen, Stadträtin; Helmuth G. Schwarz, Stadtrat; Thomas Strobl, (Stadtrat) Innenminister; Wolf Theilacker, Stadtrat; Alexander Throm, MdB, Stadtrat.
Deutsche Bundesgartenschau-Gesellschaft mbH Matthias Schmauder, damaliger Geschäftsführer;
Zentralverband Gartenbau e.V. Jürgen Mertz, Präsident;

BEIRAT PLANUNG UND PROGRAMM
Mitglieder: **Deutsche Bundesgartenschau-Gesellschaft mbH** Jochen Sandner, Geschäftsführer; **experimenta gGmbH** Dr. Wolfgang Hansch, Geschäftsführer; **Heilbronn Marketing GmbH** Steffen Schoch, Geschäftsführer; **Heilbronner Kulturtage e. V.** Rudi Faul; **Stadtarchiv Heilbronn** Prof. Dr. Christhard Schrenk; **Werner Westenfelder GmbH** Thomas Westenfelder; **Zentralverband Gartenbau e.V.** Hartmut Weimann, Stv. Präsident. Ausgeschiedene Mitglieder: **Bundesverband Garten-, Landschafts- und Sportplatzbau e. V.** Lutze von Wurmb, Vizepräsident;

BEIRAT FINANZEN UND CONTROLLING
Mitglieder: **Bundesverband Garten-, Landschafts- und Sportplatzbau e.V.** Axel-Ralf Liedtke, Geschäftsführer Ausbildungsförderwerk; **Deutsche Bundesgartenschau-Gesellschaft mbH** Ulrike Seibt; **Regierungspräsidium Stuttgart** Dr. Kurt Mezger; **Stadt Heilbronn** Martin Diepgen, 1. Bürgermeister, Heike Wechs; **Zentralverband Gartenbau e. V.** Franz-J. Jäger

BEIRAT GÄRTNERISCHE AUSSTELLUNG
Mitglieder: **Bezirksverband Heilbronn der Gartenfreunde e. V.** Martin Weissert; **Bund deutscher Baumschulen e.V.** Marius Tegethoff; **Bund deutscher Friedhofsgärtner** Norbert Walz, Stv. Vorsitzender des BdF-Arbeitskreises Ausstellung und Gestaltung sowie regionaler Vertreter des BdF für die BUGA Heilbronn; **Bundesverband Garten-, Landschafts- und Sportplatzbau e.V.** Gerald Jungjohann, Vizepräsident; **Ministerium für ländlichen Raum und Verbraucherschutz** Ingrid Bisinger; **Stadt Heilbronn** Hans-Peter Barz. Ausgeschiedene Mitglieder: **Bund deutscher Friedhofsgärtner**, Anja Qayyum-Kocks

BEIRAT PRESSE, WERBUNG UND ÖFFENTLICHKEITSARBEIT

Mitglieder: **Bund deutscher Baumschulen e.V.** Kerstin Kuchmetzki; **Bundesverband Garten-, Landschafts- und Sportplatzbau e.V.** (BGL) Carsten Henselek, Stv. Präsident; **Deutsche Bundesgartenschau-Gesellschaft mbH** Sybille Eßer; **Heilbronn Marketing GmbH** Steffen Schoch, Geschäftsführer; **Tourismus Marketing GmbH Baden-Württemberg** Andreas Braun, Geschäftsführer; **Universität Hohenheim** Prof. Dr. Frank Brettschneider. Gäste: **Deutsche Bundesgartenschau-Gesellschaft mbH** Jochen Sandner, Geschäftsführer; **experimenta gGmbH** Prof. Dr. Bärbel G. Renner; **Stadt Heilbronn** Christian Britzke. Ausgeschiedene Mitglieder: **Bund deutscher Baumschulen e.V.** Julia Peters; Teodora Vasileva

BUGA MITARBEITER

Geschäftsführer: Hanspeter Faas; **Prokuristen:** Christine Renner, Berthold Stückle, Oliver Toellner; **Ausstellungsbevollmächtigter Deutsche Bundesgartenschau-Gesellschaft mbH:** Rüdiger Eckhardt; **Team:** Sabine Andresen, Svenja Bähker, Katharina Balters, Clara Bartke, Tanja Bissinger, Corina Böhme, Barbara Brakenhoff, Suse Bucher-Pinell, Irina Büge, Thomas Donath, Susanne Drüke, Jana Fink, Dana Fischer, Velia Fischer, Jan Fries, Tobias Fritz, Lydia Frotscher, Julie von Gemmingen, Ralph Göppert, Rebecca Grunert, Julia Hagemeister, Friedemann Haug, Sonja Haug, Silvio Havemann, Lukas Heinz, Eva Hoch, Olga Hörner, Thea Jäger, Leila Karich, Doris Keicher, Sarah Klingohr, Alicia König, Andrea Korbanka, Nicola Krauth, Andreas Kühn, Kathrin Lindner, Henrijeta Munega, Petra Pany, Joanne Parsons-Sekiguchi, Vanessa Piqueras-Solana, Jörg Plieschke, Julia Probst, Roland Radenz, Karl Reinwald, Elina Richert, Michaela Ruof, Tabea Salzer, Corinna Schlichting, Christian Schmierer, Eva Schmierer, Benn Spellenberg, Uwe Spickermann, Lina Valnion, Susanne Villinger, Nicole Walter, Mirjam Weber, Ilona Weickum, Katharina Wiemer, Sylvia Wiesner, Mireille Zipf; Geringfügig Beschäftigte: Shanice Armbruster, Hülya Arslan, Wolfgang Baars, Gustav Bräuninger, Mona Daum, Eugen Emmig, Heinz Haferkamp, Lina Kämpf, Kübra Kavak, Michael Klein, Sophie Kleppin, Vivien Multrus, Melissa Münch, Elena Santiny, Dieter Schühle, Roger Staudt, Niels Toellner, Rolf Wenninger; Ausgeschiedene Mitarbeiter: Renate Behrmann, Christopher Bollmann, Ilka Ducoffre, Tanja Hotz, Michael Kizil, Daniela Machmer, Stefanie Münch, Bettina Reinhart, Anke Röttgen, Ralf Schwemmer, Celin Sommer, Jennifer Stolle, Anastasia Tichomir, Lukasz Wenglorz **BUGA-Information:** Roxana Acker, Shanice Armbruster, Ulrike Barthelmes, Sylvia Martschiske, Anette Oechsner, Susanne Röser, Lina Kämpf, Horst Lippke, Vivien Multrus, Michaela Santiny, Monika Schönhut, Volker Schönhut, Claudia Westenberger, Susanne Sander, Andrea Waldbüßer, Ulrike Häffner, Christina Keller

STADT HEILBRONN

Namentlich alle beteiligten Kolleginnen und Kollegen der Stadtverwaltung aufzuführen, würde den Rahmen an dieser Stelle sprengen. Denn die BUGA Heilbronn 2019 ist eine überragende Teamleistung über alle Bereiche der Stadt hinweg. Daher gilt der Dank der Verwaltungsspitze und des BUGA-Aufsichtsrats allen Mitarbeiterinnen und Mitarbeitern der Stadt Heilbronn für ihr großes Engagement.

PLANER, AUSSTELLER UND PARTNER

Planung Daueranlage Freianlagen und Ingenieurbauwerke: Sinai Gesellschaft von Landschaftsarchitekten mbH, Berlin unter Beteiligung von Machleidt GmbH; Städtebau + Stadtplanung, Berlin; BIB Kutz GmbH & Co KG, Karlsruhe-Durlach; CDM Smith Consult GmbH, Stuttgart; ingenieurbüro obermeyer, Potsdam; WALD + CORBE Consulting GmbH Hügelsheim; Freianlage Umfeld experimenta: Hager Partner AG, Berlin; Brückenbau: schlaich bergermann und Partner, Stuttgart; Hyder Consulting GmbH Deutschland; Lichtplanung: Bartenbach GmbH, Aldrans, Österreich; Straßenbau: ARCADIS Germany GmbH, München; Hyder Consulting GmbH Deutschland; pirker + pfeiffer ingenieure GmbH & Co. KG, Münsingen Die Forscherinsel **E1 experimenta Special** Ausstellungspartner: experimenta gGmbH; Stadt Heilbronn – Stadtarchiv; Planer: experimenta Science Dome Produktionsteam; Ausführung: experimenta gGmbH; **E2 Silent Island** Ausstellungspartner: experimenta gGmbH; Petra Pelz Freie Landschaftsarchitektin, Sehnde; Ausführung: Gartengrundausbau: Bietigheimer Gartengestaltung GmbH, Tamm; **1 Stadtdschungel** Planer: Lines: frei raum concept, Rottenburg; Sinai Gesellschaft von Landschaftsarchitekten mbH, Berlin; Ausführung: Lines: Metallbau Brenner; JVA Heilbronn, Projekt GrünRaum GmbH; **1a Frühjahrs- & Sommerflor** Planer: Petra Pelz Freie Landschaftsarchitektin, Sehnde; Ausführung: ARGE Pudell; 1b Stauden & Gehölze Planer: Sinai Gesellschaft von Landschaftsarchitekten mbH, Berlin; Ausführung: Jörg Seidenspinner GmbH, Stuttgart; Pflanzenlieferanten: H. Lorberg Baumschulerzeugnisse GmbH & Co KG; Bruns Pflanzen-Export GmbH & Co. KG; Michael Moll Winterharte Gartenstauden; Stauden Becker; **1c Rhododendron** Planer: frei raum concept, Stuttgart; Ausführung: Vertiko; Arnold GalaBau; Rhododendronlieferant: Baumschulen Schnuuper; Rabben Baumschulen; Böhlje Pflanzenhandel GmbH; **1d Vertikales Grün** Planer: BUGA Heilbronn 2019 GmbH; frei raum concept, Stuttgart; Ausführung: Vertiko; **2 Alter Hafenschlepper** Ausstellungspartner: Schiffsverein Haßmersheim, Technikmuseum Sinsheim/Speyer; Planer: BUGA Umsetzung; OHF Hafen- und Flussbau GmbH für Prüfung Schiffsanleger; Ebert-Werft Neckarsteinach für Schiffstechnische Sanierung; Johann-Jakob von Widmann Schule für optische Restaurierung; **3 Trauweide** Planer: Sinai Gesellschaft von Landschaftsarchitekten mbH, Berlin; Ausführung: Garten- und Landschaftbau: Jörg Seidenspinner GmbH, Stuttgart; Stahlbau: Hans Martin Schmidt GmbH & Co. KG, Kirchheim unter Teck; **4 Wilhelm Schleuse** 1821 Ausstellungspartner: Amt für Straßenwesen; Untere Denkmalbehörde; Stadtarchiv Stadt Heilbronn; Planer: Freianlagen Schleuse: Sinai Gesellschaft von Landschaftsarchitekten mbH, Berlin. Die Stadt im Werden **5 Schlösser & Gärten** Ausstellungspartner: Staatliche Schlösser und Gärten Baden-Württemberg; Planer: hellekes landschaftsarchitektur, Karlsruhe; Ausführung: Fichter Garten- und Landschaftsbau GmbH, Magdala; **6 Spielfeld** Planer: Sinai Gesellschaft von Landschaftsarchitekten mbH, Berlin; Ausführung: Bietigheimer Gartengestaltung GmbH, Tamm; **7 i-Punkt** GRÜN Ausstellungspartner: Deutsche Bundesgartenschau-Gelesschaft mbH; Hauke Erden GmbH; Unterstützer: Bundesministerium für Ernährung und Landwirtschaft; **8 Gartenwelten** Ausstellungspartner:

Verband Garten-, Landschafts- und Sportplatzbau Baden-Württemberg e.V. (VGL); Sozialversicherung für Landwirtschaft, Forsten und Gartenbau; Unterstützer: Agrargewerbe Bildung Stiftung; Andreas Stihl AG & Co. KG; Artemide Deutschland GmbH & Co. KG; Ausbildungsförderwerk Garten-, Landschafts- und Sportplatzbau e.V.; Birco GmbH; Birkenmeier Stein+Design GmbH; blätterwerk redaktionsbüro; Blühendes Barock; braunsteine GmbH; Bruns Pflanzen-Export GmbH & Co. KG; Büchner Fertigrasen-Kulturen; Bundesverband Garten-, Landschafts- und Sportplatzbau e.V.; Bundesverband GebäudeGrün e.V. (BuGG); Bürgschaftsbank Baden-Württemberg GmbH; COMPO EXPERT GmbH; DATAflor; Deutsche Bundesgartenschau-Gesellschaft mbH; Fachverband Beton- und Fertigteilwerke Baden-Württemberg e.V.; InformationsZentrum Beton GmbH; Fehrle-Stauden GmbH; Gartenmetall; Georg von Koppen; Godelmann GmbH & Co. KG; Greenleaf Deutschland KG; Greenwood®; Hauke Erden GmbH; Hauraton GmbH & Co. KG; Häussermann Stauden+Gehölze; Gemeinnützige Haftpflicht-Versicherungsanstalt Kassel; hms easy stretch / Solona Sonnensegel; Heinrich Krieger u. Söhne KG; Mainau GmbH Park Garten Forst; K.S.V. Natursteine; Krauss Der Stein GmbH & Co. KG; Kronimus AG – Betonsteinwerke; KS21 Software & Beratung GmbH; Lemo gartendesign gbr Blumenzwiebeln Knollen Stauden; Messe Karlsruhe; NürnbergMesse; Outdoor Pavillon GmbH Zwickau; Pflanzenhandel Huben GmbH; Possehl Spezialbau GmbH; Rechtsanwälte Witt Merz Scherf Fels; Rinn Beton- und Naturstein GmbH & Co. KG; RUOF Grün.Raum. Konzepte; RWT REUTLINGER WIRTSCHAFTSTREUHAND GMBH; SAKRET Bausysteme GmbH & Co. KG; Jörg Seidenspinner GaLaBau GmbH; SIMTECH Electronicservice Simanowski GmbH; Systhema Unternehmensberatung; Vestre AS; Vohrer GmbH & Co. KG; WCG Consulting AG; Witt Merz Scherf Fels Rechtsanwälte; WoodN Group S.r.l.; Zinco GmbH; Planer: Cornelia Biegert Landschaftsarchitektur GmbH, Bad Friedrichshall; Joos Keller Partnerschaft von Architekten mbB; Ausführung: aqua in motion; Possehl Spezialbau GmbH; Jörg Seidenspinner GaLaBau GmbH; **8a Enzgärten/Mühlacker** Ausstellungspartner: GARTEN-MOSER Holding GmbH u. Co. KG; Hans Hottinger e.K.; Hans Schmid GmbH; Hohenschläger GmbH; natur art GmbH; Unterstützer: ahg Autohandelsgesellschaft mbH; BERGLE BAUMARKT & BAUSTOFFE; Bruns Pflanzen-Export GmbH & Co.KG; corthum Nordschwarzwald GmbH; ECO Rain AG; Fehrle-Stauden GmbH; Garten-Moser GmbH & Co. KG; Hans Hottinger e.K. GaLaBau; Hans Schmid GmbH GaLaBau; Hohenschläger GmbH GaLaBau; Holzwerke Tenta GmbH; Krauss Der Stein GmbH & Co. KG; Mühlacker Tagblatt; natur art GmbH; OASE GmbH; Pflanzenmarkt Seemühle; Sonja Hottinger, Freie Garten- und Landschaftsarchitektin; Sparkasse Pforzheim Calw; Stadtverwaltung Mühlacker; Stadtwerke Mühlacker GmbH; Volker Off Schlosserei; Wyco-Glas GmbH; Planer: Sonja Hottinger Freie Garten- und Landschaftsarchitektin; Ausführung: GARTEN-MOSER Holding GmbH u. Co. KG; Hans Hottinger e.K.; Hans Schmid GmbH; Hohenschläger GmbH; natur art GmbH; **8b Region Bodensee-Oberschwaben** Ausstellungspartner: Paul Saum GaLaBau; Matthias Widenhorn – Gärten am See; Unterstützer: Hauke Erden GmbH; Landesgartenschau Überlingen 2020 GmbH; Mainau GmbH Park Garten Forst; Messe Friedrichshafen GmbH; Stadt Überlingen; Überlingen Marketing und Tourismus; Planer: Herbert Dreiseitl DREISEITLconsulting; Ausführung: Paul Saum GaLaBau; **8c Region Unterer Neckar** Ausstellungspartner: Becker GmbH; Stefan Hach GaLaBau; Andreas Huy – Gartengestaltung und mehr; Anton Schneider GaLaBau; Böttinger GmbH; ERDA-Gartenservice GmbH; Form & Garten – Fleckenstein GmbH; GARTEN-CREATIV GmbH GaLaBau; Garten und Freiraum GmbH; Gartenbau Speckis GmbH;Grewe Heitmann Garten(t)räume GmbH; Herbert Pfeil; Holz-Adrian GmbH; Mayer & Bühler GmbH und Co. KG; Müller Lebensraum Garten GmbH; Olaf Kadner; Otto Müller GmbH; Peter Volk GaLaBau; Schmitt GaLaBau, Hirschberg; Seitz GaLaBau; Thome Gartengestaltung GmbH; Wolf GaLaBau GbR, Ladenburg; Unterstützer: Becker GmbH; Benz GmbH & Co. KG Baustoffe; Bobcat Bensheim GmbH; Bundesgartenschau Mannheim 2023 gGmbH; Grewe Heitmann Garten(t)räume GmbH; Hauke Erden GmbH; Krauss Der Stein GmbH & Co. KG; Luisenpark Mannheim mit Stadtgärtnerei Mannheim; MDT Ges. f. Sonnenschutzsysteme mbH; Pflanzenhandel Huben GmbH; Seitz GaLaBau; Stadtmarketing Mannheim GmbH; Garten und Freiraum GmbH; Lulay Landschaftsarchitekturbüro; Planer: Lulay Landschaftsarchitekturbüro; Ausführung: Becker GmbH; Stefan Hach GaLaBau; **8d Region Stuttgart** Ausstellungspartner: Wolff Gartengestaltung GmbH; Albrecht Bühler Baum und Garten GmbH; Benignus GmbH; Bernhard Heubach Gartenbaubetrieb; Blanke GmbH; BLATTWERK Gartengestaltung GmbH; Gärten von Daiß GmbH; Garten-Schweizer; Glöckle Gärten; Grimm GaLaBau GmbH; Michael Hörr GmbH; Johannes M. Jeutter – Gärten und Pflanzen; Joachim Braitmaier GmbH; Joos Gartenanlagen; Karl Walker GmbH; Köber GmbH; Langner Freianlagen e.K.; LINDENLAUB GmbH; Marohn und Binder Gartengestaltungs-GmbH; Otto Arnold GmbH; Plan-Garten GaLaBau GmbH; R + E Hiller GaLaBau GmbH; Rigon & Littmann GaLaBau; Schurr GmbH GaLaBau; Thomas Heumann GmbH Gartenanlagen; Weber GmbH GaLaBau; Zipperlen GaLaBau; Unterstützer: Frank Bossert Industrievertretungen e.Kfm; Gartenmetall; Gesellschaft für Wertstoff-Verwertung mbH; Godelmann GmbH & Co. KG; Häussermann Stauden+Gehölze; HEDISA Haustechnik GmbH; Jakob NOE Nachfolger; Stuttgarter Baugeräte Industrie GmbH & Co. KG; Kemmler Baustoffe GmbH; Lauster Steinbau GmbH; Landesmesse Stuttgart; Lanz Hebebühnen- & Nutzfahrzeugevermietung GmbH; Naturstein – Pflasterbau; Bercher & Malejko GmbH; OY Lunawood LTD; Pflanzenhandel Huben GmbH; re-natur GmbH; Schanz Natursteine GmbH & Co. KG; Teich & Gründach Klute GmbH; TerraGrün GbR Rollrasen/Fertigrasen; Weltholz I Standort Bremen; Planer: Glück Landschaftsarchitektur GmbH; Projektsteuerung: Thomas Heumann GmbH Gartenanlagen; Ausführung: Wolff Gartengestaltung GmbH; **8e Region Nordschwarzwald** Ausstellungspartner: Andreas Ade GaLaBau; Wilfried Aichele Traumgärten; Bräuninger GmbH; Unterstützer: BAC pool systems GmbH; POOL EXKLUSIV | assimili ug (haftungsbeschränkt); Birco GmbH; Bruno Nebelung GmbH; Deutsche CUXIN Marketing GmbH; Förstner Pflanzen GmbH; Gebr. Zimmermann GmbH Kalk- und Schotterwerk; Gesellschaft für technische Kunststoffe mbH; Hauke Erden GmbH; Häussermann Stauden+Gehölze; Kenngott-Treppen; Kern Holzbau & Bedachungen e. K.; Lignatur AG; Mirage Granito Ceramico Spa; Baumschule Münkel GdbR; POOL EXKLUSIV assimili ug (haftungsbeschränkt); Reli Glastechnologie GmbH & Co. KG; Natursteinwerk Weinsberg GmbH & Co. KG; Planer: Garten für Genießer; Ausführung: Andreas Ade GaLaBau; Wilfried Aichele Traumgärten; Bräuniger GmbH; **8f Region Franken** Ausstellungspartner: Biegert GmbH; A. Walter GmbH; ARTTERRA GmbH; Garten-Stahl GmbH; Grünteam – Schöneck & Veltwisch GmbH; Heiko Schubert GaLaBau; Jörn Göller GÄRTEN GmbH; José Soares GaLaBau; Josef Moormann Gartenkonzepte; KLOTZ I garten & exterieur; Kurt Banzhaf Gartengestaltung; Landvatter & Schuh GbR; Martin Gurr GaLaBau; Matthias Blechschmitt – GRÜN GmbH; N. C. Thomas GaLaBau; Ostberg GmbH; Projekt GrünRaum GmbH; Roland Jung GmbH; Stephan Brütsch GaLaBau; Team Weller; Landes – Gartengestaltung; Thomas Haldenwanger GaLaBau; Georg und Martina Uihlein GbR GaLaBau; Unterstützer: Balena GmbH; Bruns Pflanzen-Export GmbH & Co. KG; C. Schrade GmbH Handel & Dienstleistungen; Hauke Erden GmbH; Häussermann Stauden+Gehölze; Heinrich Krieger u. Söhne KG; Kresko GmbH; Scheuermann Naturstein GmbH & Co. KG; Planer: Cornelia Biegert, Cornelia Biegert

Landschaftsarchitektur GmbH; Ausführung: Biegert GmbH; **8g Haus der Landschaft** Ausstellungspartner: Verband Garten-, Landschafts- und Sportplatzbau Baden-Württemberg e.v. (VGL); Duale Hochschule Baden-Württemberg; Fachverband Beton- und Fertigteilwerke Baden-Württemberg e. V.; Industrieverband Steine und Erden Baden-Württemberg e.V.; InformationsZentrum Beton GmbH; Planer: Losberger Modulas System GmbH; **8h Landschaftsgärtner-Cup** Ausstellungspartner: Verband Garten-, Landschafts- und Sportplatzbau Baden-Württemberg e. V. (VGL); **8i Pflanzinseln** Ausstellungspartner: Verband Garten-, Landschafts- und Sportplatzbau Baden-Württemberg e. V. (VGL); Duale Hochschule Baden-Württemberg; **9 BDLA – Garten Heilbronn 2.0** Ausstellungspartner: Bund Deutscher Landschaftsarchitekten bdla; Landesverband Baden-Württemberg e.V.; Verband Garten-, Landschafts- und Sportplatzbau Baden-Württemberg e.V.; in Kooperation mit: BUGA Heilbronn 2019 GmbH;Stadt Heilbronn – Grünflächenamt; Unterstützer: Birco GmbH; Bruns Pflanzen-Export GmbH & Co. KG; Godelmann GmbH & Co. KG; Greenleaf Deutschland KG; Häussermann Stauden & Gehölze GmbH; hms easy stretch GmbH – Solona Sonnensegel; Paola Lenti – Interdesign München; Planer: Preisträger Nachwuchswettbewerb; Arbeitsgemeinschaft Dipl.-Ing. Florian Rüster und M. Sc. Anna Dierking, Berlin; Ausführung: Jörg Seidenspinner Gartenund Landschaftsbau GmbH; Künstlerische Gestaltung: Peter Riek; **10 Forum Heilbronn** Ausstellungspartner: Stadt Heilbronn, HVG; Büro des Oberbürgermeisters, Stadt Heilbronn; Stabsstelle Stadtentwicklung und Zukunftsfragen, Stadt Heilbronn; Hochbauamt, Stadt Heilbronn; Heilbronn Marketing GmbH; Heilbronner Versorgungs GmbH; Bundegartenschau Heilbronn 2019 GmbH; Planer: Architektur: Joos Keller Architekturbüro, Stuttgart; Innenraumkonzept/Medientechnik: Schmutz & Partner, Freie Architekten/Innenarchitekten, Stuttgart; Mediengestaltung: Studio Tillack Knöll und Nam Huynh, Stuttgart; Außenanlagen: biegert landschaftsarchitektur, Bad Friedrichshall. **Das Inzwischenland** **11 Gläsernes SWR Studio** Ausstellungspartner: Südwestrundfunk Baden-Württemberg; Planer: ARGE Umnutz (Peanutz & Umschichten); Technikplanung: Südwestrundfunk Baden-Württemberg; **12 Treffpunkt Baden-Württemberg** Ausstellungspartner: Ministerium für Ländlichen Raum und Verbraucherschutz; Unterstützer: Ministerien, Landeseinrichtungen u. a.; Planer: Förderungsgesellschaft für die Baden-Württembergischen Landesgartenschauen mbH; **13 Gartenbaumuseum Erfurt BUGA Erfurt 2021** Ausstellungspartner: Deutsches Gartenbaumuseum Erfurt; Unterstützer: Bundesministerium für Ernährung und Landwirtschaft (BMEL); Planer: ARGE Umnutz (Peanutz & Umschichten); Ausstellungsplanung Gartenbaumuseum Erfurt Beteiligung externer Fachleute; **14 Blumenschauen** Ausstellungspartner: Deutsche Bundesgartenschau-Gesellschaft mbH mit Gärtnereien & Floristen; Planer: ARGE Umnutz; Floristenmeisterin Gabi Haufe Inzwischenwald Planer: Sinai Gesellschaft von Landschaftsarchitekten mbH, Berlin; gruppe sepia; Ausführung: HMS Easystretch **15a Blütensaum Inzwischenwald** Planer: Orel + Heidrich Landschaftsarchitekten; Herzogenaurach; Ausführung: Gartenbaubetrieb e.K. Wilhelm Mohrenweiser; International Seeds Processing GmbH; Gartenbau Rieckhoff; TINPLANT; Biotechnik und Pflanzenvermehrung GmbH; Gärtnerei Ziereis; Küpper Blu- menzwiebeln & Saaten GmbH; 1**5b Garten der Heilbronner** Ausstellungspartner: BUGA-Freunde; Planer: Sinai Gesellschaft von Landschaftsarchitekten mbH, Berlin; Ausführung: Bietigheimer Gartengestaltung; Fichter Garten- und Landschaftsbau GmbH; Ausstattung: Modellbaustein, HMS Easystretch; Modellbau Stein GmbH; **15c Bunter Garten** Ausstellungspartner: BUGA; Planer: Sinai Gesellschaft von Landschaftsarchitekten mbH, Berlin; Ausführung: Arnold GalaBau; HMS Easystretch; Pflanzenlieferant: Bruns Pflanzen-Export GmbH & Co. KG; Michael Moll Winterharte Gartenstauden; **15d Garten der Europa Minigärtner** Ausstellungspartner: DGGL; Europa Minigärtner Gug; Gartenbaufirmen aus der Region; Unterstützer: Baden-Württemberg Stiftung; Heidehof Stiftung; Mainau GmbH; Lennart-Bernadotte-Stiftung; Stoll VITA Stiftung; Klaus Tschira Stiftung gemeinnützige GmbH; Bundesverband Garten-, Landschafts- und Sportplatzbau e. V.; Bund deutscher Baumschulen e. V.; Alfred Kärcher SE & Co. KG; Ökohum; Mundloch GmbH; STANGL AG; Bruns Pflanzen; Staudengärtnerei Moll; Verver Export GmbH; Bruno Nebelung GmbH; Gärtnerei Umbach; Gärtnerei Widmann; Blumenteam Bäuerle; Stadtgärtnerei Heilbronn; ZinCo GmbH;Stangl AG, Waldkraiburg; Kooperationspartner; Schulgartenforum im Rahmen der Gartenakademie BW e. V. – Kind und Natur, Heidelberg; Planer: Brandl Masterstudentin Landschaftsarchitektur TU München; Brandl Architekten; Ausführung: Projekt Grünraum GmbH, Flein; HMS Easystretch; **15e Ankommen im Netzwerk** Ausstellungspartner: Landfrauenverband, MLR in der Unterstützung von Veranstaltungen; Unterstützer: Küchen Eberhard, Heilbronn-Böckingen; Alpinholz Deutschland GmbH, Neuenstadt a. K.; BayWa AG; Planer: Sinai Gesellschaft von Landschaftsarchitekten mbH, Berlin; gruppe sepia; Ausführung: HMS Easystretch; UNITAINER Trading GmbH; **15f Kunst Handwerk Garten** Ausstellungspartner: Bund der Kunsthandwerker Baden-Württemberg e. V.; Unterstützer: Pflanzenhandel Huben GmbH; Planer: Sinai Gesellschaft von Landschaftsarchitekten mbH, Berlin; gruppe sepia; HMS Easystretch; UNITAINER Trading GmbH; **15g Interkultureller Garten** Ausstellungspartner: verschiedene freiwillige Heilbronner und Heilbronnerinnen, Flüchtlinge und Heilbronner mit Migrationshintergrund; Planer: Sinai Gesellschaft von Landschaftsarchitekten mbH, Berlin; gruppe sepia; Ausführung: BUGA Heilbronn 2019 GmbH gemeinsam mit den Ausstellungspartnern; HMS Easystretch; UNITAINER Trading GmbH; **15h Laubengarten** Ausstellungspartner: Bezirksverband Heilbronn der Gartenfreunde e. V.; Aufbaugilde Heilbronn gGmbH; Unterstützer: Müller Lebensraum Garten GmbH/Fruchtbengel; Planer: Sinai Gesellschaft von Landschaftsarchitekten mbH, Berlin; gruppe sepia; Ausführung: HMS Easystretch; **15i Schlingergarten** Planer: Sinai Gesellschaft von Landschaftsarchitekten mbH, Berlin; gruppe sepia; Ausführung: Schlinger Lieferanten: Bruns Pflanzen-Export GmbH & CoKG; Pflanzenhandel Huben GmbH; Projekt GrünRaum GmbH; **15j Terra Australis** Ausstellungspartner: Wilhelma Stuttgart; Planer: Wilhelma Stuttgart; Hütte: strebewerk. Architekten GmbH; Ausführung: Dachdeckermeisterbetrieb Dirk Schrottge; Firma Grimm, Projekt-Spielart; Wilhelma Stuttgart; Stein: Natursteinwerk Picard; Pflanzen: Wilhelma, Stuttgart; Flora Toskana; Stauden Fehrle; **15k Mehr.WERT.Garten** Projektträger: Ministerium für Umwelt, Klima und Energiewirtschaft Baden-Württemberg; Entsorgungsbetriebe der Stadt Heilbronn; Bundesgartenschau Heilbronn 2019 GmbH; Sponsoren: GreenCycle GmbH; DSD – Duales System Holding GmbH & Co. KG; SER SANIERUNG IM ERD- UND RÜCKBAU GMBH; Projektpartner: 2hs Architekten und Ingenieur PartGmbB Hebel Heisel Schlesier; AMF Theaterbauten GmbH; Deutsche Foamglas GmbH; Glas Trösch GmbH; Hagedorn GmbH; Handy-Aktion Baden-Württemberg; Heinrich Feeß GmbH & Co. KG; IDEE-n – Büro für nachhaltige Kommunikation; Institut für Umwelt- und Zukunftsforschung – Sternwarte Bochum; KIT + Nachhaltiges Bauen; Kunststoff- schmiede / Konglomerat e.V.; Magna Naturstein GmbH; Really ApS; Schröder Bauzentrum GmbH / DeFries; Smile Plastics; SPITZER-Rohstoffhandelsgesell. mbH Selb; StoneCycling BV; Studio Dirk Vander Kooij; GrünRaum GmbH; Frank Roser Landschaftsarchitekten; Projektrealisierung Pavillon Entwurf: Studierende des Fachgebiets Nachhaltiges Bauen, KIT Karlsruhe; Planung, Statische Berechnung und Ausführung: 2hs Architekten und Ingenieur PartGmbB Hebel Heisel Schlesier; Statische Formfindung: Fachgebiet Bautechnologie, KIT Karlsruhe; Prüfingenieur: Prof. Matthias Pfeifer; Objektbau: AMF Theaterbauten GmbH; Elektro- und Lichtplanung: FC-Planung GmbH; Blitzschutz: Gebr. A. & F. Hinderthür GmbH; Elektroinstallation: Elektro-Scheu GmbH; Möbelbau: Kaufmann Zimmerei und Tischlerei GmbH; Visualisierungen: Manuel Rausch; Filmische Dokumentation: Fülmbüro – Videoproduktion Stuttgart; Projektrealisierung Garten und Ausstellung Landschaftsarchitektur: Frank Roser Landschaftsarchitekten PartGmbB; Land- schaftsbau: GrünRaum GmbH; Ausstellungskonzeption, Design und Didaktisches Konzept: IDEE-n – Büro für nachhaltige Kommunikation; Ausstellungsbau: ING.Büro Weg- weiser; Recyclingwerkstatt: Kunststoffschmiede /Konglomerat e.V.; Elektroschrott- Kunst: Fakultät Gestaltung, Hochschule Pforzheim; Veranstaltungs-Programm: Handy- Aktion Baden-Württemberg; Institut für Umwelt- und Zukunftsforschung – Sternwarte Bochum; Konglomerat e.V.; IDEE-n – Büro für nachhaltige Kommunikation; **15l Salzgarten** Ausstellungspartner; Südwestdeutsche Salzwerke AG; Planer: Sinai Gesellschaft von Landschaftsarchitekten mbH, Berlin; gruppe sepia; Ausführung: HMS Easystretch; UNITAINER Trading GmbH; **15m Zwergenkabinett** Planer: Sinai Gesellschaft von Landschaftsarchitekten mbH, Berlin; gruppe sepia; Bundesgartenschau Heilbronn 2019 GmbH; Ausführung: HMS Easystretch; **15n Genetische Schätze** Ausstellungspartner: LVWO Weinsberg; Grünflächenamt Stadt Heilbronn; Planer: Sinai Gesellschaft von Landschaftsarchitekten mbH, Berlin; gruppe sepia; Ausführung: Projekt Grünraum GmbH, Flein; HMS Easystretch; Modellbau Stein GmbH;**15o Robotic Garten** Ausstellungspartner: Code for Heilbronn e.V., Coworking Heilbronn e. V.; Unterstützer: experimenta gGmbH; Helmers Baumschulen GmbH, Westerstede; Pflanzenhandel Huben GmbH, Ladenburg; Planer: Sinai Gesellschaft von Landschaftsarchitekten mbH, Berlin; gruppe sepia; Ausführung: Code for Heilbronn e.V., Coworking Heilbronn e.V.; HMS Easystretch; UNITAINER Trading GmbH; **15p Bienengarten** Ausstellungspartner: beyerdynamic GmbH & Co. KG, Bezirkslmkerverein Heilbronn e.V. 1882, farbtex GmbH & Co KG; HOBOS Julius-Maximilians-Universität Würzburg; SWR Südwestrundfunk; Planer: Sinai Gesellschaft von Landschaftsarchitekten mbH, Berlin; gruppe sepia; Ausführung: UNITAINER Trading GmbH; **15q Leben schmecken Kirchengarten** Ausstellungspartner: Evangelische und katholische Kirche Heilbronn; Die Kirchen des ACK Heilbronn (Arbeitskreis christlicher Kirchen); Planer: Cornelia Biegert Landschaftsarchitektur GmbH, Bad Friedrichshall; gruppe sepia; Ausführung: Biegert GmbH Garten- und Landschaftsbau, Leingarten; UNITAINER Trading GmbH; **15r Essbarer Garten** Planer: Sinai Gesellschaft von Landschaftsarchitekten mbH, Berlin; gruppe sepia;**15s Pilzgarten** Ausstellungspartner: Bund Deutscher Champignon- und Kulturpilzanbauer (BDC) e.V.; Unterstützer: Pflanzenhandel Huben GmbH, Ladenburg; Planer: Sinai Gesellschaft von Landschaftsarchitekten mbH, Berlin; gruppe sepia; Ausführung: UNITAINER Trading GmbH; Steinmonument: Klaus Waldbüßer; **15t Obst- und Ziergarten** Ausstellungspartner: Landesverband für Obstbau, Garten und Landschaft Baden-Württemberg e.V. (LOGL); Kreisverband der Obst- und Gartenbauvereine Heilbronn; Fachwartevereinigung Heilbronn; Unterstützer: Müller Lebensraum Garten GmbH/Fruchtbengel; Planer: Sinai Gesellschaft von Landschaftsarchitekten mbH, Berlin; gruppe sepia; Landesverband für Obstbau, Garten und Landschaft Baden-Württemberg e.V. (LOGL); Ausführung: HMS Easystretch; UNITAINER Trading GmbH; gruppe sepia; **15u Apothekergarten** Ausstellungspartner: Landesapothekerkammer Baden-Württemberg mit Unterstützung der Heilbronner Apotheker; Unterstützer: MB Holding/ Greuther Teeladen; Bionorica SE; Planer: Sinai Gesellschaft von Landschaftsarchitekten mbH, Berlin; gruppe sepia; Ausführung: HMS Easystretch; gruppe sepia; Modellbau Stein GmbH; **16 Kulturgut Wein** Ausstellungspartner: LVWO Weinsberg; Winzer der Weinvilla Heilbronn; Planer: Sinai Gesellschaft von Landschaftsarchitekten mbH, Berlin; gruppe sepia; **17 Dahliengarten** Planer: Tim Meyer M. Sc. Garten-/Pflanz-/Freiraumplanung; Ausführung: Gartenbau Choritz; Funk Gartenbau; Küpper Blumenzwiebeln & Saaten GmbH; Wirth Zickelbein GbR Gartenbaubetrieb; Gartenbaubetrieb Engelhardt Dahlienheim; Gartenbau Steffen Koschker; Gartenbau Paul Panzer; Dahlien-Schwieters; Gärtnerei Wagschal; **18 Stihl Pavillon** Ausstellungspartner: Stihl AG & Co.KG; Planer: NORDLITE Veranstaltungstechnik GmbH; die mission; **19 Spielmobil** Ausstellungspartner: miteinander e.V.; **20 Lidl/Kaufland Beet** Frühjahrs & Sommerflor Ausstellungspartner: Lidl Dienstleistung GmbH & Co. KG; Kaufland Dienstleistung GmbH & Co. KG; Planer: Petra Pelz Freie Landschaftsarchitektin, Sehnde; **21 ForstBW** Ausstellungspartner: ForstBW; WaldNetzWerk e.V.; Planer: Bruce B. corporate communication GmbH; **22 Süddeutsches Eisenbahnmuseum** Ausstellungspartner: Süddeutsches Eisenbahnmuseum Heilbronn; Unterstützer: Stadt Heilbronn; Planer: gruppe sepia; Süddeutsches Eisenbahnmuseum Heilbronn; **23 Kakteengarten** Planer: Kakteengarten Graf; Kakteenland Steinfeld; Deutsche Kakteen-Gesellschaft e. V.; **24 bwegt** Ausstellungspartner: Verkehrsministerium Baden-Württemberg; Nahverkehrsgesellschaft Baden-Württemberg (NVBM); Deutsche Bahn AG; Abellio GmbH; Go-Ahead Verkehrsgesellschaft Deutschland GmbH; SWEG Südwestdeutsche Landesverkehrs-AG; Hohenzollerische Landesbahn (HzL); Schweizerische Bundesbahnen SBB; Planer: Statement GmbH; **25 Romantischer Rhein** Ausstellungspartner: Generaldirektion Kulturelles Erbe Rheinland-Pfalz; Planer: atelier le balto; **26 Echsengarten** Ausstellungspartner: verschiedene Naturschutzverbände; Planer: Sinai Gesellschaft von Landschaftsarchitekten mbH, Berlin; Ausführung: Wolff & Müller Tief- und Straßenbau GmbH & Co KG, Waldenburg; Toriello GmbH Landschaftspflege, Nagold; **27 Baumhoroskop** Ausstellungspartner: Baumschule Lorenz von Ehren GmbH & Co. KG; Planer: Baumschule Lorenz von Ehren GmbH & Co. KG; **28 ContainerArt** Ausstellungspartner: Künstlerbund Heilbronn; Kunst- und Kulturwerkstatt Zigarre; Produzentengalerie B27; Planer: Sinai Gesellschaft von Landschaftsarchitekten mbH, Berlin; Ausführung: Projekt GrünRaum GmbH, Flein; UNITAINER Trading GmbH; HMS Easystretch; Kunstausstellung: Nadine Rösch; Miriam Wilke; Klaus Schaeffer; Diethelm Wonner; Michael Zeuch; Klaus Flachsbarth; Evi Böhringer-Kerner; Gitta Georger; Petra Grupp; Rea Siegel Ketros; Claudia Böhm; Gabriele Wanner; Nathan Richardson; Klaus Rensch; Klaus Maschanka; Kiki Brunner; Horst Strümann; Hakan Mandalinci; Karin Dorn-Tetzlaff; Gabriele Hauck-Bungert; Günther Zitzmann; Bärbel Flohr; Regine Weimar; Jörg Jauß; Rainer Bergmann; Vera Reschke, B27; **29 Kölle's Duftrosen** Ausstellungspartner, Planer & Ausführung: Pflanzen-Kölle Gartencenter GmbH & Co. KG. **Die Sommerinsel** **30 Rosengarten** Planer: Entwurf und Planung: LOMA architecture landscape urbanism Brunnhofer Vukorep Schück, Kassel; Ausschreibung und Bauleitung: Riehl Bauermann Landschaftsarchitekten, Kassel; Pflanzplanung: Christian Meyer, Berlin mit Wolfgang Schück, Kassel; Ausführung: Bietigheimer Gartengestaltung GmbH, Tamm; Wassertechnik: Firma Benz, Gölheim/Pfalz; Geophyten: Firma Verver; Stauden: ehrhardt Staudengärtnerei, Weisendorf; Rosen: Clausen, Böklund; Deegen, Bad Köstritz; Dräger, Bad Nauheim; Kordes, Klein Offenseth-Sparriesdhoop; Morjan, Erkelenz-Grambusch; Müller, Oschatz; Noack, Gütersloh; Rönihk, Bad Langensalza; Rosaier, Heidgraben; Rosen-Union, Bad Nauheim; Tantau, Uetersen; Weinsberger Rosenkulturen, Weinsberg; Wohlhüter, Gundelfingen; **31 Bionischer Faserpavillon** Ausstellungspartner: Universität Stuttgart; Land Baden-Württemberg; Planer: Universität Stuttgart, ICD und ITKE; Fa. Fibr GmbH Unique Filament Structures; BIB Kutz GmbH & Co KG;

Zukunftskarussell Ausstellungspartner: Stadt Heilbronn, Land Baden-Württemberg; Planer: beier+wellach Projekte, Berlin, ICD Stuttgart; **32 Florales Himmelsband Stauden & Gräser** Planer: Sinai Gesellschaft von Landschaftsarchitekten mbH, Berlin; **33 Kletterfelsen** Planer: Sinai Gesellschaft von Landschaftsarchitekten mbH, Berlin; **34 Wassershow** Planer: ARGE BUGA Wassershow GbR bestehend aus Compactteam GmbH, Berlin & Consortium Eventtechnik GmbH, Wien; **35 Pflanzbänder** führen in die Sommerinsel Planer: Entwurf und Planung: LOMA architecture landscape urbanism Brunnhofer Vukorep Schück, Kassel; Ausschreibung und Bauleitung: Riehl Bauermann Landschaftsarchitekten, Kassel; Pflanzplanung: Christian Meyer, mit Wolfgang Schück, Berlin; Ausführung: Bietigheimer Gartengestaltung GmbH, Tamm; Wassertechnik: Firma Benz, Gölheim/Pfalz; Pflanzenlieferanten: Geophyten: Verver, Goch; Faschinen: WeidenArt, Freising; Stauden: Ehrhardt Staudengärtnerei, Weisendorf; Rollrasen: Juzeler, Stuttgart; Wechselflor: Becker, Rheinbrohl; BluGeSa, Beetzsee; Funk, Bad Friedrichshall; Haase, Bad Kreuznach; Huben, Ladenburg; Kühne, Dresden; Leiensetter, Heilbronn; Welzel, Straupitz; Wirth-Zickelbein, Seevetal; Zürn, Möckmühl; **36 Bionischer Holzpavillon** Ausstellungspartner: Universität Stuttgart; Land Baden-Württemberg; Planer: Universität Stuttgart, ICD und ITKE; Fa. Müller Blaustein Holzbau; BIB Kutz GmbH & Co KG Holz & Innovation **37 Klimabäume** Ausstellungspartner, Unterstützer & Planer: Baumschule Lorenz von Ehren GmbH & Co. KG, Fellbach; LOMA architecture landscape urbanism Brunnhofer Vukorep Schück; **38 Uferstauden am Karlssee** Planer: Sinai Gesellschaft von Landschaftsarchitekten mbH, Berlin; Ausführung: Bietigheimer Gartengestaltung GmbH, Tamm; 39 S Strandspielplatz Planer: geskes.hack Landschaftsarchitekten GmbH. **Die neuen Ufer** **40 Brückenschlag** Ausstellungspartner: Stadt Heilbronn Amt für Straßenwesen; Planer: Vorlandbrücke: Hyder Consulting GmbH; Freianlage: sinai Gesellschaft von Landschaftsarchitekten, Berlin; Ausführung: Straßenbau: Wolff & Müller Tief- und Straßenbau GmbH & Co. KG, Waldenburg; Garten- und Landschaftsbau: Jörg Seidenspinner GmbH, Stuttgart; **41 Zeitreise Neckar** Ausstellungspartner: Landesamt für Denkmalpflege; Regierungspräsidium Stuttgart; Unterstützer: gefördert vom Ministerium für Wirtschaft, Arbeit und Wohnungsbau Baden-Württemberg; Oberste Denkmalschutzbehörde; J. Rettenmaier & Söhne (JRS); Planer: Landesamt für Denkmalpflege, Regierungspräsidium Stuttgart; Ausführung: AHA Systeme; ARCHÄO ausstellungen + projekte; Gerüstbau Kramer; PIXEL- GURUS Werbung Werbetechnik Digitaldruck; strebewerk. Architekten GmbH; Unitainer Trading GmbH; Günter Weinreuter GmbH **42 TII Windflügeltransporter** Ausstellungspartner: TII Group; Unterstützer: TransnetBW GmbH; Planer: Hettenbach GmbH & Co. KG Werbeagentur GWA; Ausführung: SCHEUERLE Fahrzeugfabrik GmbH (Member of TII GROUP); **43 Strom/Netz/Sicherheit** Ausstellungspartner: TransnetBW GmbH; Unterstützer: TII Group; Planer: ressourcenmangel Stuttgart GmbH; **44 Naturgarten** Ausstellungspartner: Naturgarten e.V. Heilbronn; Unterstützer: Natursteinpark Rongen, Tübingen; Kronimus AG, Betonsteinwerk, Heilbronn; Naturspur e. V., Otterstadt, Steckstühle; Klaus Klasen – Gartengestaltung, Troisdorf; Werner Krauß, Naturgärten; Woodline Gartenzäune, F – Heimsbrunn; Kukuk GmbH, Spiel. Und Sinnesräume, Stuttgart; CR City Rohrreinigung GmbH, Heilbronn; Naturanum, Naturbaustoffe und Naturmöbel, Jena; HKL Baumaschinen GmbH, Heilbronn; Oliver Krach, Gestalter für Naturlandschaft und Gärten, Kreuzlingen; Gärtnerei Strickler, Alzey-Heimersheim; Ahornblatt Naturgarten, Mainz; Hof Berggarten, Herrischried; Staudengärtnerei Spatz und Frank GbR, Oberhausen; Willi Tangermann e. K. – Staudenkulturen, Nordstemmen; Teichpflanzen und Teichbau Bernd Teichmann, Melle; Giselas Saatfabrik, Gisela Twenhoeven, Bohmstedt; Naturkräutergarten, Maiga Werner, Kleinich; Syringa Duftpflanzen und Kräuter, Binningen; Naturgartenwelt; Gartenhof Backhaus, Heinsberg; Nicole Döbert, Natürliche Gärten; Möbeldesign Berlin;Neudorff; Sebastian Frey, Freyraum-Konzepte; Christof Wegner, NaturGestaltung; Planer: Naturnahe Freiraumplanung Kebernik; Sebastian Frey, Freyraum-Konzepte und Christoph Wegner Naturgestaltung und Mitglieder; **45 Garten der Umweltverbände** Ausstellungspartner: BUND – Naturschutzverband; NABU – Naturschutzverband; Natur- Freunde–Naturschutzverband; Unterstützer: Energeno-Energieunternehmen; Stiftung Naturschutzfonds Baden-Württemberg – Geldgeber; Planer: Büro Hink – Landschaftsarchitekt; Ausführung: Ihle – Schreiner; Koß – Gartenbau; Krauß – Baumschule; Murtezi –Gartenbau; Schwandt – Bauunternehmen; **46 Weltgarten** Ausstellungspartner: Dachverband Entwicklungspolitik Baden-Württemberg e.V.; Unterstützer: Förderer: Staatsministerium; Engagement Global und BMZ; Brot für die Welt; Aktion Hoffnung; Kooperation: EPIZ, BtE, Promotorenprogramm; Eine Welt Netz NRW; Planer: Sinai Gesellschaft von Landschaftsarchitekten mbH, Berlin; Ausführung: Büro Hink Landschaftsarchitektur GmbH; EnerGeno Heilbronn-Franken eG; Schreinerei Ihle GmbH; Baumschule Huben; Schwandtbau GmbH; Thilo Koß Garten- und Landschaftsbau; **47 Naturerfahrungsraum** Ausstellungspartner: Ministerium für Umwelt, Klima und Energiewirtschaft Baden-Württemberg; Unterstützer: Landesanstalt für Umwelt; Regierungspräsidium Stuttgart; Planer: Büro Hink Landschaftsarchitektur GmbH; Ausführung: Schwandtbau GmbH; Thilo Koß Garten- und Landschaftsbau; **48 Black Box Gardening** Ausstellungspartner: Jonas Reif; Planer: Wegebau, Holzbau: Sinai Gesellschaft von Landschaftsarchitekten mbH, Berlin; Pflanzplanung: Jonas Reif; **49 Buchenplatz** Planer: Sinai Gesellschaft von Landschaftsarchitekten mbH, Berlin; Ausführung: Garten- und Landschaftsbau: Jörg Seidenspinner GmbH, Stuttgart; Ausstattung: Modellbau Stein GmbH, Frankfurt/O.; Made in Heilbronn-Franken Ausstellungspartner: WHF; Handwerkskammer; Landkreis HN; IHK; Pro Region HN-Franken; LTZ Augustenberg; Bauernverband Heilbronn-Ludwigsburg; Planer: Grundausbau: Sinai Gesellschaft von Landschaftsarchitekten mbH, Berlin **50 Rotes Band** Ausstellungspartner: Wirtschaftsregion Heilbronn-Franken GmbH; Bür- gerinitiative proRegion Heilbronn-Franken e.V.; Pakt Zukunft Heilbronn-Franken gGmbH; Planer: herzog+herzog, freie Architekten; Kornter Schlosserei GmbH; Biegert GmbH Garten- und Landschaftsbau;TWINSISTERS; Ausführung: Kornter Schlosserei GmbH; Biegert GmbH Garten- und Landschaftsbau; **51 Pavillon des Handwerks** Ausstellungspartner: Das Handwerk; Gewerbliche Schule Schwäbisch Hall; Unterstützer: Signal Iduna; LTS Licht & Leuchten; Lidl; Würth; Planer: herzog + herzog; Holzbau Thiele; Baustatik Peter; Maler Plieninger; Firma Hoyer; Firma Biegert; Volksmöbel, Baumann Creatives Wohnen; Elektro Rothenburger; **52 Gartenschau Eppingen 2021** Ausstellungspartner: Fördergesellschaft Landesgartenschauen; Unterstützer: Zimmerei Bürger; Hohenschläger GmbH Garten- u. Landschaftsbau; corthum Nordschwarzwald GmbH; Planer: PLANORAMA Landschaftsarchitektur; **53 Landwirtschaft in Baden-Württemberg** Ausstellungspartner: Ministerium für Ländlichen Raum und Verbraucherschutz Baden-Württemberg; Landwirtschaftliches Technologiezentrum Augustenberg; Staatliche Lehr- und Versuchsanstalt für Wein- und Obstbau Weinsberg; Staatsschule für Gartenbau und Landwirtschaft Hohenheim; Bauernverband Heilbronn-Ludwigsburg e.V.; Erlenbacher Ölmühle; Kartoffel Stahl; VOEN GmbH & Co. KG; Planer: Sinai Gesellschaft von Landschaftsarchitekten mbH, Berlin; **54 Am Puls der Zeit** Ausstellungspartner: Touristikgemeinschaft HeilbronnerLand e.V.; Landkreis Heilbronn; Planer: Architekten: sint/flut, Flein; Ausstellung: Reinecke New Media, Stuttgart; Ausführung: Holzbau Muny GmbH; Christiane-Herzog-Schule; **55 Genuss**

hoch vier Ausstellungspartner: Touristikgemein- schaft Hohenlohe e.V.; Kraichgau-Stromberg Tourismus e.V.; Touristikgemeinschaft Odenwald e.V. und Tourismusverband Liebliches Taubertal e.V.; Unterstützer: Ministerium der Justiz und für Europa Baden-Württemberg; Tourismus Marketing GmbH Baden-Württemberg; Planer: Roland Steinbach – Freier Landschaftsarchitekt bdla; Ausführung: Sonnensegel: HMS easy stretch GmbH; **56 Gemüsegarten** Ausstellungspartner: Gärtner Fachgruppe Gemüsebau; Landesverband BaWü Hessen; Planer: Gärtnerei Büchle; **57 Angebeetet** Frühjahrs- und Sommerflor; Planer: Petra Pelz Freie Landschaftsarchitektin, Sehnde; Ausführung: Goji-Beeren: Gärtnerei Umbach, Heilbronn; **58 Stauden im Neckaruferpark** Planer: Sinai Gesellschaft von Landschaftsarchitekten mbH, Berlin; Ausführung: Jörg Seidenspinner GmbH, Stuttgart; **59 Beachvolleyballfeld** Planer: Sinai Gesellschaft von Landschaftsarchitekten mbH, Berlin; Ausführung: Jörg Seidenspinner GmbH, Stuttgart; **60 Ufersteg** Planer: Sinai Gesellschaft von Landschaftsarchitekten mbH, Berlin; Ausführung: Stegbau: Adam Hörnig Baugesellschaft mbH & Co. KG, Aschaffenburg; Ausstattung: Modellbau Stein GmbH, Frankfurt/O.; **61 Biotop Neckarufer** Planer: Sinai Gesellschaft von Landschaftsarchitekten mbH, Berlin; **62 MS experimenta** Ausstellungspartner: experimenta gGmbH; Planer: OHF Hafen und Flussbau GmbH; Ausführung: Jörg Seidenspinner GmbH, Stuttgart; Die Stadt im Werden **63 Wassertreppe** Planer: Sinai Gesellschaft von Landschaftsarchitekten mbH, Berlin; Ausführung: Betonarbeiten und Metallbau: Wolff & Müller Tief- und Straßenbau GmbH & Co KG Waldenburg; Holzbau: Schmees & Lühn Holz- und Stahlingenieurbau GmbH & Co. KG, Fresenburg; **64 Unsichtbare Stadt** Ausstellungspartner: Entsorgungsbetriebe der Stadt Heilbronn; Planer: Agentur Hammer Rall; **65 ZEAG Energie** Ausstellungspartner: ZEAG Energie AG; **66 Gräsertreppe** Planer: Sinai Gesellschaft von Landschaftsarchitekten mbH, Berlin; Ausführung: Bietigheimer Gartengestaltung GmbH, Tamm; **67 Wechselflor in der Stadtausstellung** Planer: Petra Pelz Freie Landschaftsarchitektin, Sehnde; **68 Kinderhaus** Ausstellungspartner: Stadt Heilbronn; Planer & Ausführung: Finckh Architekten Stuttgart; **69 Heilbronn – Eine Stadt entwirft sich neu** Ausstellungspartner: Stadt Heilbronn; Dieter Schwarz Stiftung; Planer & Ausführung: OFICINAA architecture + urban design; **70 Grüne Brücke** Planer: BUGA Heilbronn 2019 GmbH; Ausführung: Wilhelm Layher GmbH & Co KG; Vertiko-GmbH; **71 Hof der Generationen** Planer & Ausführung: Dupper Landschaftsarchitekten BDLA, Bad Friedrichshall; Latz + Partner Landschaftsarchi- tektur Stadtplanung Architektur Partnerschaft mbB , Kranzberg; **72 Ausstellung Lichtenstern** Ausstellungspartner: Evangelische Stiftung Lichtenstern; **73 Hof der Vielfalt** Planer & Ausführung: Pfrommer + Roeder Freie Landschaftsarchitekten BDLA, IFLA; **74 Wasserspielplatz** Planer: Sinai Gesellschaft von Landschaftsarchitekten mbH, Berlin; Ausführung: Jörg Seidenspinner GmbH, Stuttgart; **75 Sparkasseninsel** Unterstützer: Sparkassen-Finanzgruppe Baden-Württemberg vertreten durch Kreissparkasse Heilbronn; Planer: sinai Gesellschaft von Landschaftsarchitekten mbH, Berlin; Ausführung: Betonarbeiten: Wolff & Müller Tief- und Straßenbau GmbH & Co KG, Waldenburg; Holzbau: Schmees & Lühn Holz- und Stahlingenieurbau GmbH & Co. KG, Fresenburg; Effektbeleuchtung: Ruven Baumgärtner elektronik GmbH, Massenbachhausen; Garten- und Landschaftsbau: Jörg Seidenspinner GmbH, Stuttgart; **76 Wasserspiel** Planer: Arge BUGA Wassershow GbR; **77 Material Labyrinth** Unterstützer: Ed. Züblin AG / STRABAG AG; Planer: Haute Innovation Berlin; OFICINAA architecture + urban design; Ausführung: OFICINAA architecture + urban design; **78 BUGA Lounge mit Stadtmodell** Planer: BUGA Heilbronn 2019 GmbH; **79 Barrierefrei Wohnen** Ausstellungspartner: Sozialverband VdK Baden-Württemberg e.V.; **80 Schaufenster der Baukultur** Ausstellungspartner: Bund Deutscher Architekten BDA; Architektenkammer Baden-Württemberg; Bund Deutscher Landschaftsarchitekten bdla; **81 NSU Museum** Ausstellungspartner & Planer: Deutsches Zweirad- und NSU-Museum Neckarsulm und Stadtmuseum Neckarsulm; Ausführung: gruppe sepia, Heilbronn; **82 impact.hn society / mobility** Ausstellungspartner: Hochschulen Heilbronn (HS Heilbronn, DHBW, DHBW-CAS, GGS TU München), vertreten durch den Förderverein der Hochschulen Heilbronn Franken e.V.; Planer & Ausführung: Hochschule Heilbronn, Kompetenzzentrum LogWert, andree.kommunikation; **83 Audi Zukunft der Mobilität** Ausstellungspartner, Planer & Ausführung: AUDI AG; **84 impact.hn life / smart tec** Ausstellungspartner: Hochschulen Heilbronn (HS Heilbronn, DHBW, DHBW-CAS, GGS TU München), vertreten durch den Förderverein der Hochschulen Heilbronn Franken e.V.; Planer & Ausführung: Hochschulen Heilbronn; andree.kommunikation; **85 Bauen & Leben mit Holz** Ausstellungspartner: Stadtsiedlung Heilbronn GmbH; Planer & Ausführung: JSB Architekten; **86 Hof der Urbanität** Planer: AG FREIRAUM; Jochen Dittus + Andreas Böhringer;Landschaftsarchitekten PartGmbB; **87 Alte Kalistraße** Planer: Sinai Gesellschaft von Landschaftsarchitekten mbH, Berlin; **88 Wildstauden** Planer: Sinai Gesellschaft von Landschaftsarchitekten mbH, Berlin; Ausführung: Bietigheimer Gartengestaltung GmbH, Tamm; **89 Sonnenstauden** Planer: Sinai Gesellschaft von Landschaftsarchitekten mbH, Berlin; Ausführung: Bietigheimer Gartengestaltung GmbH, Tamm. **Die Forscherinsel** **90 Laufstrecke** Ausstellungspartner: INTERSPORT Deutschland eG; Planer: INTERSPORT Deutschland eG; BUGA Heilbronn 2019 GmbH; **91 Bloomerang** Frühjahrs- & Sommerflor Planer: Petra Pelz Freie Landschaftsarchitektin, Sehnde; **92 Schwebende Baumschule** Ausstellungspartner: Bund deutscher Baumschulen (BdB); Landesverband Württemberg e.V.; GartenBaumschule Schlotterbeck, Reutlingen-Betzingen; Waller Baumschulen GmbH, Schwäbisch Hall; Pflanzenhandel Huben GmbH, Ladenburg; Baumschule Schimmele, Neckarsulm; Hohenloher Baumschulen, Künzelsau; Michael Moll – Winterharte Gartenstauden, Leinfelden-Echterdingen; Lorberg Baumschulen Baden-Baden GmbH, Baden-Baden; Müller Lebensraum Garten GmbH, Mauer; Häussermann Stauden + Gehölze GmbH, Möglingen; Förstner Pflanzen GmbH, Bietigheim-Bissingen; Christoph Ulmer Baumschulen, Weilheim/Teck; Weinsberger Rosenkulturen GbR, Weinsberg; Baumschulen Vogg GmbH, Neuenstein; Baumschule Rall e.K., Eningen unter Achalm; Kotte Baumschulen, Heilbronn-Horkheim; Fehrle Stauden, Schwäbisch Gmünd-Lindach; Planer: Sinai Gesellschaft von Landschaftsarchitekten mbH, Berlin; **93 Grabgestaltung & Denkmal** Ausstellungspartner: Bund deutscher Friedhofsgärtner im Zentralverband Gartenbau e.V.; Gesellschaft deutscher Friedhofsgärtner mbH; Unterstützer: Dauergrabpflege, TBF Treuhandgesellschaft bayerischer Friedhofsgärtner mbH; THW Ortsverband Heilbronn, Feuerwehr Heilbronn; Planer: ARGE Siegmund; Ausstellung & Kunst: Daniel Bräg; Ausführung: Garten- und Landschaftsbau: Bietigheimer Gartengestaltung GmbH, Tamm; Bau Kunst: Heyd GmbH ZImmerei-Holzbau, Heilbronn; **94 Durchatmen & Bewegen** Planer: Laura Vahl Landschaftsarchitektur; Planer: lavaland GmbH, Berlin; Ausführung: Garten- und Landschaftsbau: Fichter Garten- und Landschaftsbau GmbH, Magdala; Gradierwerk: Weise & Partner, Bad Berka; **95 Stauden im Campuspark** Planer: Sinai Gesellschaft von Landschaftsarchitekten, Berlin; lavaland GmbH, Berlin; Ausführung: Jörg Seidenspinner GmbH, Stuttgart; Fichter Garten- und Landschaftsbau GmbH, Magdala

FACHFIRMEN DES GARTENBAUS

Blumenzwiebellieferanten Gärtnerei W. Becker; Gärnerei & Floristik Bauer; BluGeSa Floristik und Gartenbau GmbH; Gartenbau Choitz; Gärtnerei Förth; Funk Blumenhandwerk GbR; Gärtnerei Haase; Gärtnerei Heckel; E. Heublein Gartenbau; Gärtnerei Hofmann; Kühne Jungpflanzen Claus Kühne ; Gärtnerei Leiensetter; Gartenbaubetrieb Wilhelm Mohrenweiser; Gärtnerei Pudell; Gartenbau Rieckhoff; Ideen Gärtnerei Roth; Ausstellergemeinschaft International Seeds Processing GmbH Quedlinburg, Tinplant GmbH, Klein Wanzleben; Gartenbau Matthias Welzel; Wirth-Zickelbein GbR Gartenbaubetrieb; Gärtnerei Ziereis; Gärtnerei Zürn; Küpper Blumenzwiebel und Saaten GmbH; Bruno Nebelung GmbH; Dix-Export BV; Tinplant Biotechnik und Vermehrungs GmbH; Blumen Zürn; **Staudenaussteller und -lieferanten** Staudenkulturen Doris Ehrhardt – Stefan Ort; Lohhof Stauden; Michael Moll – Winterharte Gartenstauden; Staudengärtnerei Siegmar Poltermann; Floragarten Weinreich; Michael Moll Winterharte Gartenstauden; Fehrle-Stauden GmbH; Stauden Becker GmbH; Staudengärtnerei Siegmar Poltermann; Burkhard Früchtenicht Lohhof Stauden; Staudengärtnerei Gaißmayer GmbH & Co KG; Kräuter- und Wildpflanzengärtnerei Strickler; Die Staudengärtnerei Fine Molz & Till Hofmann GbR **Baumschulen** Bruns Pflanzen-Export GmbH & Co KG; Lorberg Baumschulerzeugnisse; Pflanzenhandel Huben GmbH; Müller Lebensraum Garten GmbH; Baumschulen Haage GmbH & Co. KG; Heckmann GbR; **Zierpflanzenlieferant** Fachjan Project Plants BV; Schlingerlieferant Gärtnerei Heckel; Saatgutlieferanten Chiltern Seeds; Rieger–Hofmann GmbH; **Kultivierung Geophyten** Funk Blumenhandwerk GbR; **Ausführung Gärtner** Gartenbau Dirk Hörsch; Gärtnerei Pudell; Gärtnerei Hofmann; Ideen Gärtnerei Roth; Gärtnerei Zürn; Funk Blumenhandwerk GbR; Gebhardt – Ihr Dienstleistungsgärtner; Weinsberger Rosenkulturen GbR

KUNST

Ausstellungspartner Sammlung Würth; Alice Aycock; Arman; Wolfgang Becksteiner; Daniel Bräg; Andreas Mayer-Brennenstuhl; Susanne Egle; Carol A. Feuerman; Laura Ford; Sean Henry; Ewerdt Hilgemann; Irene Hoppenberg; Ulrike Kessel; Christel Lechner; Vera Röhm; Sophie Ryder; Hans Schüle; **Kuratorin** Helga Irion M.A., Kulturmanagement, Stuttgart

SONSTIGE BEREICHE, BAUTEN ODER PROJEKTE

Geschäftsstelle GCL-IT · GRÖZINGER Computer Lösungen GmbH, tsbkorsch GmbH, S.C.O. Gebäudereinigungs GmbH **Agenturen** ADWORKS / Medien & Werbeagentur, andree. gesellschaft für kommunikation und design mbh, DIE NECKARPRINZEN Kommunikation und Design GmbH, Filmakademie Baden-Württemberg GmbH, gruppe sepia, Heidelberg Mobil International GmbH, Heilbronner Stimme GmbH & Co. KG, Hettenbach GmbH & Co KG Werbeagentur GWA, Innfa GmbH, Lockstoff Design GmbH, pVS – pro Verlag und Service GmbH & Co. KG, rrooaarr interactive solutions GmbH, TD Die Agentur Tomy Design Werbeagentur Gmbh, veleum GmbH, **Stadtausstellung Neckarbogen** Kruck + Partner Wohnbau und Projektentwicklung GmbH & Co. KG, Baumschlager Hutter München GmbH, BUGA H1 GbR Heilbronn, Bechtle und Widder GmbH und Co. KG, Birke Designhaus Plus GmbH, Birke Architekten, PlanQuadrat Projekt GmbH & Co. KG, LEHEN drei Feketics Schuster GbR, Bechtle & Widder GmbH & Co. KG, Mattes Riglewski Architekten, weisenburger projekt gmbh, joa • studio für architektur gmbh, Stadtsiedlung Heilbronn GmbH, Finckh Architekten BDA, Dupper Landschaftsarchitekten BDLA, Îlot für Landschaftsarchitektur, Lichtenstern Wohnkonzepte am Neckarbogen eG, weinbrenner.single. arabzadeh. Architektenwerkgemeinschaft, TRITHESIO GmbH, Kauffmann Theilig & Partner, Apollo 19 Baugemeinschaft GbR, Motorlab Architekten, Siedlungswerk GmbH, Harter + Kanzler Freie Architekten BDA, Fink+Jocher Gesellschaft von Architekten und Stadtplanern mbH, Städtebauliche Begleitung pesch partner architekten stadtplaner GmbH, Pfrommer + Roeder Freie Landschaftsarchitekten, Kaden + Lager, HP Wohnresidenzen GmbH, Architektur 6H Kugler Eckhoff Freie Architekten BDA, weisenburger pro- jekt gmbh, Müller & Huber Architekturbüro, STEINHOFF / HAEHNEL ARCHITEKTEN GmbH, Paulus Wohnbau GmbH, BECHLER KRUMMLAUF TESKE Architektengesellschaft mbH, müller . Architekten, VARiOhaus Baugemeinschaft GbR, Schreiner Architekten, STRENGER Bauen und Wohnen GmbH, Architekturbüro Frank Ludwig GmbH, AG Frei- raum J. Dittus + A. Böhringer Dipl.-Ing.Freie Landschaftsarchitekten, HAUTE INNOVATION Zukunftsagentur für Material und Technologie, Dr. Sascha Peters, OFICINAA architecture + urban design, Alexander Häusler; **Baukommission Stadtausstellung** Dr. Christoph Böhmer, Architekt, Amtsleiter Planungs- und Baurechtsamt Heilbronn; Barbara Brakenhoff, Architektin, Leiterin Stadtausstellung Bundesgartenschau Heilbronn 2019 GmbH; Hanspeter Faas, Geschäftsführer, Bundesgartenschau Heilbronn 2019 GmbH; Antje Ferchau, Stadtplanerin, Planungs- und Baurechtsamt Heilbronn; Jan Fries, Leiter Stadtausstellung Bundesgartenschau Heilbronn 2019 GmbH; Prof. Joachim Frowein, Architekt, Stuttgart; Wilfried Hajek, Architekt, Baubürgermeister Heilbronn; Reiner Nagel, Vorsitzender der Baukommission, Vorstandsvorsitzender der Bundesstiftung Baukultur in Potsdam; Iris Neitmann, Architektin, BDA, Hamburg; Wolfgang Riehle, Architekt, Stuttgart; Prof. Dr. Christina Simon-Philipp, Stadtplanerin, Stuttgart; Oliver Toellner, Landschafts- und Stadtplaner, Bundesgartenschau Heilbronn 2019 GmbH; **Beratungsunternehmen/ Wirtschaftsprüfer** EversheimStuible Treuberater GmbH; Ellenberger + Dürr GmbH & Co. KG (bis 2015); Revisa GmbH & Co. KG

GASTRONOMIE

Planung Gastronomie Ingo Wessel hospitality development, München; **Alte Reederei** Voltino Betriebsrestaurant & Catering, Heilbronn; **Bootshaus** Fantastic Gartenschau Catering GmbH & Co. KG, Leipzig; **Brücken-Café** Fantastic Gartenschau Catering GmbH & Co. KG, Leipzig; **grillGUT** Fantastic Gartenschau Catering GmbH & Co. KG, Leipzig; **Hafen-Lounge** Fantastic Gartenschau Catering GmbH & Co. KG, Leipzig; **Kunstpause** Fantastic Gartenschau Catering GmbH & Co. KG, Leipzig; **Markthalle** Fantastic Gartenschau Catering GmbH & Co. KG, Leipzig; **pflanzBAR** pflanzBAR GmbH – Zinser‘s Flämmle, Brackenheim Neipperg; **Regionale Genussmeile** Arbeitsgemeinschaft Regionale Genussmeile, Heilbronn; **Riva** WTZ-Tagungszentrum, Heilbronn; **Strandbar** Fantastic Gartenschau Catering GmbH & Co. KG, Leipzig; **Wein Villa** GbR Heilbronn

OFFIZIELLE PARTNER

Audi · Kaufland · Sparkasse · Lidl · STIHL

Pflanzen Kölle · Stadtsiedlung Heilbronn · TTI GROUP · WÜRTH · ZEAG energie

AOK Die Gesundheitskasse. · beyerdynamic · FÖRCH · GreenCycle · HNE Heilbronn Entsorgungsbetriebe · hofmeister Die Erlebnis-Wohnzentren

INTERSPORT · LOTTO Baden-Württemberg · RENZ · Südwestdeutsche Salzwerke AG

Bionorica · BRUNS Pflanzen · Der Grüne Punkt · Lorenz von Ehren · GROSS Reisen · Hauke Erden · HELIX Pflanzen

HETTENBACH Werbeagentur GWA · hms easy stretch · HNVG · JRS · Lappen Die Baumschule · Lorberg · Losberger De Boer

MEFA Arbeitsbühnen · Backstube Hermann Handtner Mitterer · SER ...mehr bewegen RUZ · SWHN Stadtwerke Heilbronn · TRANSNET BW · VISHAY · ZÜBLIN STRABAG Teams Work.

Medienpartner

Heilbronner Stimme · Plakat Union · SWR

Genusspartner

Natur in Saft Gunkel Heilbronn · HAGEN Kaffeeröstandwerk seit 1934 · LANGNESE · Palmbräu Stolz des Kraichgaus · Teusser Mineralbrunnen · Wein Villa

Förderer

IMPRESSUM

Stand Juli 2020
Herausgeber Bundesgartenschau Heilbronn 2019 GmbH · Edisonstraße 23 · 74076 Heilbronn · Telefon: +49 (0) 7131 2019
E-Mail: info@BUGA2019.de · www.BUGA2019.de · Aufsichtsratsvorsitzender: Oberbürgermeister Harry Mergel
Geschäftsführer: Hanspeter Faas
Redaktion Bärbel Kistner, freie Autorin · Oliver Toellner, BUGA HN 2019 GmbH
Grafik Svenja Bähker, BUGA HN 2019 GmbH
Druck Schweikert Druck GmbH · Wieslensdorfer Straße 36 · 74182 Obersulm-Eschenau · Telefon: +49 (0) 7130 40345 0
E-Mail: info@druck-schweikert.de · www.druck-schweikert.de

ISBN 978-3-00-066284-3